国家社科基金
后期资助项目

国家与市场
——英国重商主义时代的历史解读

State and Market of British Mercantilism of Historical Interpretation

李新宽 ◎ 著

中央编译出版社

图书在版编目(CIP)数据

国家与市场:英国重商主义时代的历史解读／李新宽著.
—北京:中央编译出版社,2013.7
ISBN 978-7-5117-1709-2

Ⅰ.①国…
Ⅱ.①李…
Ⅲ.①经济史-研究-英国-近代 ②重商主义-研究
Ⅳ.①F156.194 ②F091.31
中国版本图书馆CIP数据核字(2013)第162743号

国家与市场:英国重商主义时代的历史解读

出 版 人	刘明清
出版统筹	贾宇琰
责任编辑	杜永明
责任印制	尹 珺
出版发行	中央编译出版社
地 址	北京西城区车公庄大街乙5号鸿儒大厦B座(100044)
电 话	(010)52612345(总编室)　(010)52612341(编辑室)
	(010)66161011(团购部)　(010)52612332(网络销售)
	(010)66130345(发行部)　(010)66509618(读者服务部)
网 址	www.cctphome.com
经 销	全国新华书店
印 刷	北京瑞哲印刷厂
开 本	787毫米×1092毫米 1/16
字 数	290千字
印 张	17.25
版 次	2013年7月第1版第1次印刷
定 价	69.00元

本社常年法律顾问:北京市吴栾赵阎律师事务所律师　闫军　梁勤
凡有印装质量问题,本社负责调换。电话:(010)66509618

国家社科基金后期资助项目
出版说明

后期资助项目是国家社科基金设立的一类重要项目，旨在鼓励广大社科研究者潜心治学，支持基础研究多出优秀成果。它是经过严格评审，从接近完成的科研成果中遴选立项的。为扩大后期资助项目的影响，更好地推动学术发展，促进成果转化，全国哲学社会科学规划办公室按照"统一设计、统一标识、统一版式、形成系列"的总体要求，组织出版国家社科基金后期资助项目成果。

全国哲学社会科学规划办公室

目 录

序 言 ……………………………………………………………………… 1

绪 论 ……………………………………………………………………… 1

    第一节　本课题的研究现状 …………………………………………… 2

    第二节　基本概念的演变和时段 ……………………………………… 5

    第三节　本课题的意义和研究方法 …………………………………… 11

第一章　国家与市场经济关系的历史背景 ……………………………… 15

    第一节　市场经济对国家管理的要求 ………………………………… 15

    第二节　国家经济职能的增强和管理机构的完善 …………………… 26

第二章　国家与市场经济关系的思想和政策背景 ……………………… 39

    第一节　思想背景——重商主义思想的演变 ………………………… 41

    第二节　政策背景——重商主义政策的演进 ………………………… 52

第三章　国家与日常经济：从全面控制到逐步放松 …………………… 67

    第一节　平抑物价 ……………………………………………………… 68

    第二节　调节工资 ……………………………………………………… 73

    第三节　管制食品交易 ………………………………………………… 80

    第四节　济贫 …………………………………………………………… 85

    第五节　解决就业 ……………………………………………………… 90

第六节　促进消费 …………………………………… 99

第四章　国家与国内产业：从干预管理到取消管制 …… 115
　　第一节　为商业发展铺路 …………………………… 115
　　第二节　对工业的控制 ……………………………… 121
　　第三节　政府与农业变革 …………………………… 132
　　第四节　对技术革新的复杂态度 …………………… 137

第五章　国家与海外贸易：从强力助推到自由贸易 …… 145
　　第一节　外贸特许制度 ……………………………… 145
　　第二节　禁止金银出口 ……………………………… 156
　　第三节　促进工业品出口 …………………………… 159
　　第四节　管制粮食进出口 …………………………… 163
　　第五节　支持殖民开拓市场 ………………………… 166

第六章　财政与税收：国家与市场力量的博弈 ………… 173
　　第一节　国家的财政危机 …………………………… 174
　　第二节　对制税权的争夺 …………………………… 179
　　第三节　近代国家税制的形成 ……………………… 184

第七章　国家与市场经济互动的结果 …………………… 189
　　第一节　国家对市场经济发展的促进 ……………… 190
　　第二节　国家控制对市场发展的阻碍 ……………… 196
　　第三节　市场经济发展促进国家构建 ……………… 208
　　第四节　国家与市场经济关系的整体结构 ………… 214

参考文献 …………………………………………………… 224

附录一：英国重商主义思想的分期问题 ………………… 238

附录二：论英国重商主义政策的阶段性演进 …………… 247

主要人名地名译文对照表 ………………………………… 260

序　言

向　荣

　　重商主义是 1500~1750 年间在欧洲普遍流行的经济思想和相关实践，其基本特征是鼓励出口，限制进口，以实现有利的贸易平衡。重商主义是在欧洲民族国家兴起的大背景之下出现的，追求的是国富国强的双重目的，因此，同 18 世纪后期兴起的自由放任主义思想不同，重商主义将国家利益放在突出位置，并采取了一系列国家干预政策。亚当·斯密对重商主义进行过系统批判，在他看来国家对经济的干预绝无必要，自由贸易能使贸易参与国都获利；重商主义不过是商人的阴谋罢了。但 19 世纪晚期德国的历史学派经济学家古斯塔夫·施莫勒反对从纯经济理论角度解读重商主义，他认为重商主义是 16、17 世纪欧洲特定历史发展阶段，即国家形成过程的产物，"这种制度的实质不在于某种货币理论，或贸易平衡理论；也不在于关税壁垒，保护关税，或航海法；而是在于某种大得多的事物——即国家及其制度，还有社会及其组织的整个改变；民族国家的经济政策对地方的和区域的经济政策的取代"。由于重商主义可以用不同的方法，不同的观点去研究，因此直到今天西方学界对重商主义的争议仍然很大。

　　重商主义是近代早期英国政府的基本国策。正是由于成功地推行了该政策，英国才能够在这一时期欧洲群雄逐鹿的斗争中最终胜出；重商主义也使英国传统的农本经济得到了改造，从而奠定了英国工业革命的基础。因此，重商主义是近代早期英国史研究绕不开的问题。但遗憾的是，由于该问题难度太大，到目前为止国内的相关研究成果，特别是有分量的研究成果尚不多见。李新宽在多年研究和积累的基础上，推出本书《国家与市场——英国重商主义时代的历史解读》，弥补了国内近代早期英国史研究中一个大的薄弱环节，显示了作者不畏艰险，敢于啃硬骨头的精神。

　　本书直面重商主义研究中最根本，但也是争议最大的课题，即国家与市场经济的关系课题。作者在充分吸收前人研究成果的基础上,通过对史实的具体分析,指出在重商主义时代英国国家和市场经济的关系并非一成不变的,事实上,它经历了一个递次演进的过程。作者将该过程划分为三个阶段,并通过比较分析揭示出国家的职能随着市场经济的发展不断调整,由对市场经济的全面控制逐步过渡到取消管制,最终实现了国家与市场经济的共生共荣。全书观点鲜明,言之成理,富有创新性。

  李新宽曾在武汉大学做博士后研究,我是他的合作导师。本书就是他在博士后研究成果基础上,进一步扩充完善而成的。李新宽淡泊名利,潜心向学,给我留下了深刻印象。我相信他会以本书的出版为出发点,攀登新的学术高峰。

绪　　论

英国重商主义时代（1500～1750），是从封建社会向资本主义社会转型的关键时期。史学界一般也把这一时期称为商业资本主义时期。在这一历史时期，英国经历了前所未有的大变局，英国的市场经济和资本主义借助国家力量获得了飞速发展，国家在市场力量的推动下实现了现代转型。随着民族国家的形成、市场经济的深化和资本主义的发展，中世纪时存在的城市、地方和教会等各种分裂要素逐渐被国家控制。国家和市场经济的关系在重商主义时代经历了一个动态的演变过程。

在重商主义时代这个大历史时段内，从国家形态来说，经历了王朝国家、过渡型国家和现代国家三个历史阶段；从市场经济形态来说，经历了特许垄断市场经济、反特许垄断市场经济和自由市场经济三个历史发展阶段。与之相对应，国家和市场经济的相互关系经历了递次演进的总体结构和趋势。第一个阶段是从都铎王朝到斯图亚特王朝初期，英国国家与市场经济的主要关系是王朝国家对市场经济的干预不断加强，市场经济也需要国家的管理，形成了特许垄断市场经济，这在伊丽莎白时期和斯图亚特王朝初期到达历史的顶峰；第二个阶段是从斯图亚特王朝前期到光荣革命期间。在这一阶段，国家遇到了新兴市场力量对特许垄断的抵制和反对，进入过渡型国家。国家与市场经济的关系主要体现在国家力量和市场力量之间进入了一个不断博弈和斗争的过程；第三个阶段是从光荣革命之后到1750年左右，国家演进到现代国家阶段，市场经济从国家的控制下解放出来，获得了极大程度的自由发展，国家与市场力量共生共荣，形成了世界性的资本主义商业帝国。

国家与市场经济关系的三阶段演进模式，与英国重商主义时代大背景相契合，与重商主义思想和政策的三阶段发展进程相印证，是本课题进行实证研究的总体分析框架。重商主义研究名家赫克歇尔看到了国家与市场经济的关系是解读重商主义时代的总钥匙，他认为："国家是重商主义经济政策的主题和目标"①。因此，要理解和解读英国重商主义时代——这个孕育了工业革命的大变局时代，这个兴起了资本主义的大过渡时代，这个发展出现代社会的大转型时代——就必须从国家与市场经济的关系问题入手。

第一节　本课题的研究现状

如何看待英国重商主义时代国家与市场经济的关系，本身经历了一个复杂的历史演变过程，随着时代的变迁不断发生变化。

亚当·斯密首开系统研究的先河，他在《国民财富的性质和原因的研究》一书中，详细列举了英国重商主义时代的各种国家干预措施，包括采用高关税或绝对禁止的办法限制进口，采用退税、发放奖励金、订立通商条约以及建立殖民地等办法鼓励出口等，指出这些国家管制措施限制了自由贸易和市场经济的发展，只是对被保护的某些产业提供了垄断市场的机会，对全社会不利，或者只对生产者有利，而牺牲了消费者的利益。亚当·斯密从而提出了著名的"看不见的手"论断，要求国家不要干预，实行自由放任的政策："各个人都不断地努力为他自己所能支配的资本找到最有利的用途。固然，他所考虑的不是社会的利益，而是他自身的利益，但他对自身利益的研究自然会或者毋宁说必然会引导他选定最有利于社会的用途。"② 正如 D. C. 科尔曼所指出的那样，亚当·斯密创造重商主义这一概念的目的是"摧毁它"，③ 以倡导所谓的自由放任的思想和政策。亚当·斯密的主张反映了英国正处于资本主义上升阶段和建立世界贸易帝国的扩张性要求。在亚当·斯密的影响下，19 世纪的经济学者，大多都对国家在市场经济发展过程中的作用做出了否定性的评价，认为国家是财富增长和自由贸易的障碍。

到了 19 世纪中后期，德国等后发展国家希望借助国家力量实现工业化，改变落后的面貌。因此，德国历史学派的李斯特主张由国家实行贸易保护主义，等德国的工业发展起来了，具备了竞争能力，再实行自由

---

① Heckscher, Eli. F., 1983: *Mercantilism*, Vol. 1, New York, Carland Publishing, Inc., p. 21.

② 〔英〕亚当·斯密：《国民财富的性质和原因的研究》下卷，王亚南、郭大力译，北京，商务印书馆，1974 年，第 25 页。

③ Fritze R. H. and Robison, W. B., 1996: *Historical Dictionary of Stuart England 1603 ~ 1689*. London, Greenwood Press, p. 330.

贸易。新历史学派的古斯塔夫·施穆勒也从德国现代化的角度肯定了国家对市场经济发展的作用，认为重商主义的核心是国家建设，肯定国家干预市场经济的必要性。① 受其影响，英国学者威廉·坎宁安、W. J. 阿什利、W. A. S. 赫文斯都肯定了英国重商主义时代国家的作用，如坎宁安就为都铎王朝的国家干预政策进行了辩护。

到了 20 世纪二三十年代，随着世界经济危机的加深和美国罗斯福新政的实施，凯恩斯理论成为最有影响力的经济思想。凯恩斯否定了古典经济学关于市场可以自动调节达到均衡的传统，对国家和重商主义的作用进行了肯定性评价。② 当然，凯恩斯意在通过国家的政策来解决资本主义危机和失业问题，与资本主义初兴时期的英国国家与市场经济的关系处于不同的历史语境。

20 世纪七八十年代，随着美国经济在高速发展之后出现滞胀，美国经济学家米尔顿·弗里德曼反对国家干预，提倡让政府最小化，让市场自由运作。他提出经济大萧条是政府对货币供应管制不当所致。随着货币主义的盛行，英国重商主义时代国家与市场经济关系的历史研究没有受到足够的重视。

在 20 世纪 80 年代，随着新制度经济学派的兴起，为研究英国重商主义时代的国家与市场经济关系提供了新的理论视野。伊克隆德和托利森就利用寻租理论来研究英国重商主义的历史③，丰富了国家与市场经济关系的研究角度。当然，他们对国家对市场经济的发展作出了否定性评价，只是一家之言，并不全面客观。J. O. 埃普利贝对 17 世纪英国经济思想和意识形态的关注虽然也注意到了国家的作用，但其考察的重点是 17 世纪中后期国家作用的变化，并未对整个重商主义时代英国国家的作用作出全面的梳理和分析。④

一些学者从英国重商主义的研究角度切入国家与市场经济关系的研究，但经济史家或经济思想史家多忽视或回避明确讨论国家对近代早期英国市场经济发展的作用，仅仅将重商主义视为一种经济政策或经济学

---

① Schmoller, G. 1931: *The Mercantile System and Its Historical Significance*, New York, Van Rees Press.
② 〔英〕约翰·梅纳德·凯恩斯：《就业、利息和货币通论》，高鸿业译，北京，商务印书馆，1999 年。
③ Ekelund, Robert E and Tollison, Robert D., 1981: *Mercantilism as a Rent-Seeking Society*, Texas A & M University Press.
④ Appleby, J. O., 1980: *Economic Thought and Ideology in Seventeenth-Century England*, Princeton University Press.

说的角度来分析。

以瑞典经济学家赫克歇尔的两卷本《重商主义》为例①，这一巨著的出版虽然对重商主义研究而言具有里程碑式的意义，但赫克歇尔主要从经济政策史和经济学说史的角度来分析英国重商主义，对国家与市场经济的关系有一定程度的涉及，但并不全面和深入。研究经济史或经济思想史的学者 C. 威尔逊、D. C. 科勒曼、H. 希尔顿、J. 维纳、W. D. 格拉普、R. 戴维斯、E. A. J. 约翰逊、L. 马格努松等人都围绕英国重商主义展开过讨论，但也都侧重于将重商主义作为一种经济学说或经济政策来论述，对国家与市场经济关系的史实论述得不够深入细致。

在国内学术界，吴于廑先生十分重视开展对西方重商主义的研究，他对东西方重农抑商政策下封建农本经济的不同发展趋势进行了比较分析，指出重商主义和贸易自由并不是绝对对立的，重商主义意义最深远的结果"不在于转瞬消逝的封建国家统一政权的威力，而在于国内外封建农本经济闭塞状态的空前突破，在于商业、跟着是工业的空前发展"②。但限于当时的资料条件，还有许多具体问题有待进一步探讨，如国家与市场经济的发展到底是什么样的关系。此外，鲁友章的《重商主义》、郭方的《英国近代国家的形成》、张卫良的《英国社会的商业化历史进程》、张亚东的《重商帝国：1689～1783 年的英帝国研究》、张乃和的《16 世纪英国早期重商主义特征的历史考察》等著作和文章虽然都在不同程度上涉及重商主义时期国家与市场经济的关系问题，但其研究重点并不是国家与市场经济的关系。总体来说，我国学者对重商主义时代的关注点主要集中在英国从农本向重商的转变、现代化的演进、社会的转型、从封建生产方式向资本主义生产方式的过渡等方面，从宏观角度揭示了重商主义时期英国经济变革和社会演进的历史过程，为深入解读英国重商主义时代国家与市场经济的关系奠定了坚实的基础。

因此，国内外学术界对该问题的相关研究虽然成果不菲，但仍有不小继续开拓的空间。从现实来看，当今世界全球金融危机的发生和深化，又一次引发了关于国家与市场经济关系的讨论，国家究竟应该发挥什么样的作用，成为讨论的焦点，为深入研究英国重商主义时代国家与市场经济关系提供了新的历史契机；从国际学术研究的趋势来看，倾向于把当时国家与市场经济关系放在重商主义的思想和政策的具体历史语境中

---

① Heckscher, Eli. F., 1983: *Mercantilism*, Vol 2, New York, Carland Publishing, Inc.

② 吴于廑：《世界历史上的农本与重商》，见吴于廑主编：《十五十六世纪东西方历史初学集》，武汉，武汉大学出版社，2005 年，第 29 页。

加以辩证研究，具体问题具体分析，不轻率根据以往的观点下结论。按照这一思路，可以从多个方面开拓研究新方向，进一步细致地探讨国家与市场经济的关系符合这一研究趋向。

第二节　基本概念的演变和时段

在所有概括国家与市场经济关系的词汇中，没有哪个词比"重商主义"更容易让人引起误解的了。什么是重商主义？这是研究近代早期国家与市场经济关系必须面对的问题，但这又是一个令学者们困惑不已的问题，因为重商主义这个名词的确切定义一直是个有争议的问题。一位历史学家就曾放心大胆地指出："有多少个重商主义者，就有多少种重商主义。"① 因此，要全面分析国家与市场经济的关系，就必须首先厘清重商主义的概念。

造成重商主义概念至今模糊不清的原因很多，既有历史认识的原因，也有学术方法的问题，这里作一简要分析。

首先，自亚当·斯密以来，学者们在研究重商主义的时候，不断赋予重商主义以新的意义，使得重商主义的概念不断发生位移和扩展。亚当·斯密把重商主义等同于国家管制经济，认为重商主义反映的是商人和制造业者的特殊利益。而到了德国新历史学派手里，重商主义变成了国家建设的过程，代表了民族国家的利益。施穆勒认为，重商主义的"内核是国家建设，不是狭义的国家建设，而是国家建设和民族经济形成的同时进行……这一体系的本质不在于其货币理论，或者贸易平衡，不在于关税壁垒，保护税，或航海法案；而在于更为宏大的事物，也就是在于社会和制度的整体转型，由民族国家的经济政策代替地方的和领地的经济政策。"② 这样，重商主义为以后德国的统一奠定了基础。重商主义在施穆勒的眼里变成了一个与亚当·斯密眼中十分不同的事物，且内涵大大地扩展。德国历史学派在英国的追随者 W. 坎宁安在其所著《英国工商业的增长》中把重商主义描绘为一个寻求权力的体系，国家权力是君主和政治家实施管制政策的根本目的。赫克歇尔走得更远，他认为每个人都可以自由地赋予"重商主义"一词意义和范围，以更好地适应

---

① 〔法〕费尔南·布罗代尔：《15 至 18 世纪的物质文明、经济和资本主义》第 2 卷，顾良译，北京，生活·读书·新知三联书店，1993 年，第 599 页。

② Schmoller, G. 1931: *The Mercantile System and Its Historical Significance*, New York, Van Rees Press, pp: 50~51.

他自己设定的特殊任务。从这个角度来说，对这个词的使用没有对与错的问题，只有恰当性大小的问题。① 这样经过赫克歇尔之手，重商主义的概念扩展得十分宽泛，成为一个无所不包的名词，成为思想和政策搅拌在一起的大杂烩，变得面目不清，使得重商主义的一些基本问题在20世纪引起了广泛的争论。

原因之二是，许多重商主义著作中混杂着政策建议，并不纯粹是理论阐述。因此，学者们长期以来把重商主义思想和重商主义政策混为一谈，许多人甚至在两者之间直接画上了等号。亚当·斯密实际上就把重商主义思想与政策混在一起加以批判，认为重商主义是一种商人和制造业者谋求获取特殊利益的学说和政策。② 19世纪德国历史学派的罗雪尔、斯穆勒、桑巴特，以及受该派思想影响的英国经济史家坎宁安、阿什利等人都把重商主义看作一个旨在通过保护经济和民族主义手段促进经济增长与现代化的经济思想和经济政策学派。③ 此后，西方经济学家或经济史家虽然有的侧重于从经济思想演进的角度来考察重商主义，有的侧重于从经济政策史发展的角度来诠释重商主义，但是，他们有一个共同点，不管是有意或无意，都把重商主义定位为一种经济学说和经济政策的混合体。如赫克歇尔在其巨著《重商主义》导言中开宗明义地把重商主义定义为"经济政策史的一个阶段"。④ 但由于他在书中把重商主义设定为一种"统一体系"、"权力体系"、"保护体系"、"货币体系"、"社会概念"，为了阐释和充实他的这种复杂的宏大分析框架，他既需要通过重商主义政策来加以说明，又需要不时地征引重商主义思想加以解释，这样，在他的笔下，重商主义又成为一种经济学说体系，从而把重商主义思想与政策的界限于无形中一笔勾销了。W. D. 格拉普也指出，"重商主义"一词过去习惯上指这一时期的经济论著及其经济实践。⑤

此外，对于是否存在一个统一的重商主义体系，学术界也争论不已。布罗代尔就认为："重商主义萌芽于14世纪……直到18世纪仍依然存

---

① Heckscher, Eli. F., 1983: *Mercantilism*, Vol. 1, New York, Carland Publishing, Inc., p. 2.

② 〔英〕亚当·斯密：《国民财富的性质和原因的研究》下卷，王亚南、郭大力译，北京，商务印书馆，1974年，第四篇。

③ Magnusson, L. 1994: *Mercantilism: The Shaping of an Economic Language*. New York, Routledge, p. 22.

④ Heckscher, Eli. F., 1983: *Mercantilism*, Vol. 1, New York, Carland Publishing, Inc., p. 2.

⑤ Grampp, W. D., 1952: "the Liberal Elements in English Mercantilism", *Quarterly Journal of Economics*, Vol. LXVI, No. 4, p. 465.

在。这样长的寿命意味着,它绝对不是轻易下个定义就能一劳永逸地确定的'体系',亚当·斯密硬说重商主义是个结构严密的体系,那是为了便于批驳。"① 科尔曼认为:"重商主义是不存在的实体之一,它被创造出来的目的是防止历史研究滑入好古癖的深渊。"② A. V. 贾吉斯对是否存在一种连贯的重商主义学说持怀疑和否定态度,他认为:"重商主义从来没有信条,也没有为其献身服务的神父。"③ 此外,苏普莱、科尔曼、熊彼特等人也持同样的看法,苏普莱认为:"把这些作者称为'重商主义者'是危险的,等于含蓄地赋予他们一种学说的连续性,建立在一系列预设的逻辑原则之上,而这是他们所不具备的。"④ 赫克歇尔则持肯定态度,他认为,重商主义的经济理论考察了经济体系是如何创造的,以及怎样才能以一种预期的方式影响它。许多人指出不同的重商主义者提出了相反的要求,赫克歇尔认为,这反而是重商主义一致性的证据,在一定范围内,相反的要求出自同一个或者有着紧密联系的原则,这种对实践的分歧表明他们的预设不是奠基于实际利益,而是或多或少奠基于公认的原则。⑤

原因之三是语义的变迁导致易生歧义。许多现代学者一般都把重商主义一词放在现代语境中来理解,⑥ 这样很容易造成极大的误解。其实,"商业"一词在现代用法中意义狭窄得多,通常指流通过程的一个方面,这一用法误导人们认为重商主义者忽视农业、制造业、航运业和其他产业,事实上根本不是这样。重商主义者在当时使用"商业"一词时,通常包括所有的经济活动。⑦

此外,许多经济学家或经济史家都是用现代经济学理论来研究重商

---

① 〔法〕费尔南·布罗代尔:《15 至 18 世纪的物质文明、经济和资本主义》第 2 卷,顾良译,北京,生活·读书·新知三联书店,1993 年,第 599~600 页。

② Coleman, D. C., 1980: "Mercantilism Revisited", *The Historical Journal*, Vol. 4, p. 791.

③ Judges, A. V., "The Idea of a Mercantile State", in Coleman. D. C. ed., 1969: *Revisions in Mercantilism*, Methuen and CO LTD, p. 35.

④ Supple, B., *Commercial Crisis and Change in England* 1600 – 1642, quoted from Magnusson, L. 1994: *Mercantilism*: *The Shaping of an Economic Language*. New York, Routledge, p. 44.

⑤ Heckscher, Eli. F., 1983: *Mercantilism*, Vol. 1, New York, Carland Publishing, Inc., p. 27.

⑥ 在中国的语境里,还可能存在着另一重误解,因为"重商"是与"重农抑商"处在同一语境中,就像把"商"与"农"放在了跷跷板的两端,"重商"也就意味着"抑农"。实际上,用中国语境中的"重商主义"来与亚当·斯密的"mercantile system"或者"mercantilism"相对应,本身就容易造成语意不对称。

⑦ Grampp, W. D., 1952: "The Liberal Elements in English Mercantilism", *Quarterly Journal of Economics*, Vol. LXVI, No. 4, p. 471.

主义。维纳、赫克歇尔、凯恩斯、威尔逊、科尔曼、格拉普、马格努松等，这些人都在不同程度上用现代经济理论来研究重商主义。如雅格布·维纳就明确宣称是根据现代的贸易和货币理论来研究重商主义学说。① 当然最典型的是凯恩斯用他的宏观经济分析框架、伊克隆德和托利森利用寻租理论来研究重商主义。这样一种研究方法，很容易造成削足适履的效果。在已经形成系统体系的现代经济学的眼里，重商主义这种很多时候都是在讨论实际政策问题的理论，只能被看作是一种含混不清的经济学说和经济政策的综合体。

这种对重商主义概念的混淆和误用导致学术界至今对英国重商主义的诸多问题争讼不已，特别是在重商主义是不是可以等同于国家干预经济的问题上，没有形成明确的答案。鉴于其容易引发争议，许多历史学者主张取消"重商主义"一词，认为重商主义像许多如资本主义、封建主义等以"主义"结尾的词一样含糊不清和令人讨厌。科尔曼就认为，为了更好地理解 17 世纪的英国经济，首先要做的就是抛弃重商主义思想这一历史包袱。② 但越来越多的学者认识到，我们还不能抛弃这一词语，因为不管这个词如何之坏，借用它可以方便地把一系列行为、态度、计划、观念和经验归纳在一起，它们表明 15～18 世纪期间的现代国家在必须解决的具体问题时采取的第一位立场。③ 赫克歇尔也指出："它只不过是一个工具性概念，如果运用得当，能使我们比以别的方式更清楚地理解一个特殊的历史阶段。"④ 马格努松反问："这一词语对理解十七八世纪的智力和政治环境仍然有用，为什么不用呢？"⑤ 根据马格努松的看法，可以通过把重商主义嵌入西欧的商业资本时期赋予其"合理的内容"，这一时期"原始积累"掌握在商人资本家手中，他们享受着垄断权力，允许他们降低成本，抬高售价。因此，"重商主义者强调贸易是价值的源泉和进步的驱动力，在商人资本主义的语境下可以予以充分的理解，就像理解国家在不平等交换的再生产中的作用一样。从这一途径来

---

① Viner, J., 1930: "English Theories of Foreign Trade before Adam Smith", *The Journal of Political Economy*, Vol. 38, p. 250.

② Coleman, D. C., 1956: "Labour in the English Economy of the Seventeenth Century", *Economic History Review*, Vol. VIII, p. 295.

③ 〔法〕费尔南·布罗代尔：《15 至 18 世纪的物质文明、经济和资本主义》第 2 卷，顾良译，北京，生活·读书·新知三联书店，1993 年，第 599 页。

④ Heckscher, Eli. F., 1983: *Mercantilism*, Vol. 1, New York, Carland Publishing, Inc., p. 2.

⑤ Magnusson, L., 1994: *Mercantilism*: *The Shaping of an Economic Language*. New York, Routledge, p. vii.

看，重商主义理论和概念基本上是对现实的合理化"①。

那么，重商主义到底是什么？笔者认为，要理清这一问题，鉴于上述重商主义概念复杂的演变过程和模糊不清的面貌，首先要分析的是，重商主义不是什么。

第一，重商主义不等于国家管制和干预。把重商主义等同于国家管制经济或贸易保护主义，是亚当·斯密建构起的分析模式，在19世纪以后被许多人广泛接受，就像许多人只知道一枚硬币的正面图案，永远对其背面的图案视而不见，却自以为很了解这枚硬币一样。J. O. 埃普利贝实际上就持有这种想法，她把17世纪明确地划分为"自由的"和"贸易保护的"两个阶段，由于从17世纪90年代起，英国采取措施阻止印度印花布的输入，以保护本国的纺织业，不断提高关税打击法国的竞争，所以，她认为从此时起，英国才真正出现了重商主义。②但赫克歇尔对此有清醒的认识，他指出："重商主义至少有两个面相，一个指向自由主义，另一个则刚好相反。"③也就是说，自由主义思想也是重商主义的内核之一。从17世纪中后期开始，重商主义逐渐走出了早期那种国家对经济生活进行全面控制的理论主张和政策实践，在思想上主张自由贸易，在政策目标中追求放松对经济的控制。

第二，重商主义并不具有一个一成不变的结构，也就是说重商主义有一个阶段性的演进过程，每一阶段都有自己的特点和主要内容。以英国重商主义政策为例，第一阶段是都铎王朝时期，国家干预范围广，规模大，并不断向纵深发展，从国内产业的发展，到海外贸易的开拓，甚至日常生活的背后都矗立着国家巨大的身影；第二阶段是从斯图亚特王朝到光荣革命期间，是过渡阶段，反对国家干预和控制的呼声日益高涨，如特许公司的垄断权就受到了持续不断的攻击，被大大削弱，出现了重商主义自由贸易学说，主张发挥市场机制的作用，并且开始影响国家政策；第三阶段是光荣革命到18世纪50年代，主要采用关税等间接手段来调节经济，对百姓日常生活的控制开始消失，形成了一个由市场来分配资源、调节经济的社会。

第三，重商主义思想不等于重商主义政策。尽管在研究重商主义的

---

① Magnusson, L., 1978: "Eli Heckscher, Mercantilism, and the Favourable Balance of Trade", *Scandinavian Economic History Review*, Vol. XXVI, p. 114.

② Appleby, J. O., 1980: *Economic Thought and Ideology in Seventeenth - Century England*, Princeton University Press, p. 250.

③ Heckscher, Eli. F., 1983: *Mercantilism*, Vol. II, New York, Carland Publishing, Inc., p. 323.

时候，时刻都不能忘记重商主义思想和重商主义政策两者之间的紧密关系及相互影响，但英国重商主义思想和重商主义政策都有自己独立的发展轨迹，只有在学理上把两者清楚地区分开来，从结果的研究转向过程的研究，弄清楚重商主义思想是通过什么样的传播途径转化为可操作的制度、法律与政策的，才能真正看清国家与市场经济关系演进的轨迹，寻得一幅更加完整的重商主义历史图景。

清楚了重商主义不是什么，再来探讨重商主义是什么。从本质上讲，重商主义探讨和处理的主要问题是中世纪晚期至工业革命之前的国家与市场经济的关系。简而言之，重商主义就是商业资本主义时期关于国家与市场经济关系的学说，也是国家与市场经济关系互动的一种实践，这种思想和实践的目的是国家的权力和富有[1]。无论是重商主义思想还是重商主义政策，都有两个面相，一个是国家干预，一个是自由贸易，这两个面相就是重商主义这枚硬币的两面，缺一不可。把重商主义等同于国家干预，或者把重商主义等同于自由贸易都是不全面的，没有把握住重商主义的实质。重商主义和古典经济学之间的区别在于前者主张一个相对受到控制的市场，而后者主张一个相对不受控制的市场，"自由主义者希望通过市场来完成经济组织的功能，这个市场越自由越好。重商主义者相信，如果对市场以某些方式加以控制，那么这种功能将发挥得更好"[2]。本课题正是以这一定位为研究基点开展研究的。

本课题所指的重商主义时代，大致上处于1500年到1750年之间。在国内外学术界，多数人主张把英国重商主义时代定位在1500～1750年，如经济史家W. D. 格拉普、J. 维纳等。赫克歇尔对重商主义的时间定位略为宽泛，认为在中世纪到自由放任时代之间。[3] 也有学者主张重商主义应该从17世纪20年代开始，如L·马格努松认为在这一时间点发生了"重商主义革命"。还有人主张从18世纪开始，如J. O. 埃普利贝。

---

[1] 赫克歇尔认为重商主义是一种"权力体系"，重商主义者对外政策的唯一的目的是国家的权力，维纳认为，应该加上国家的富有。Heckscher, Eli. F., 1983: *Mercantilism*, Vol. II, New York, Carland Publishing, Inc., part II; Viner, J., "Power versus Plenty as Objectives of Foreign Policy in the Seventeenth and Eighteenth Century", in Coleman. D. C. ed., 1969: *Revisions in Mercantilism*, London, Methuen and CO LTD.

[2] Grampp, W. D., 1952: "The Liberal Elements in English Mercantilism", *Quarterly Journal of Economics*, Vol. LXVI, No. 4, pp: 466～467、495.

[3] 但是赫克歇尔的研究到1714年为止，遗漏了对1715年以后的重商主义的分析。赫克歇尔自己也承认，通过研究这一时段来证明重商主义和自由放任之间的相互影响，会取得富有成效的成果。见 Heckscher, Eli. F., 1983: *Mercantilism*, Vol. II, New York, Carland Publishing, Inc., p. 183.

对"重商主义"概念的认识差异,是导致时间划分上限不同的原因。本课题认为重商主义时代应从 1500 左右开始,至 18 世纪 50 年代逐渐终结。

第三节 本课题的意义和研究方法

本书具有较强的理论意义和现实针对性。亚当·斯密在批判重商主义的基础上,给政府分派的三大职责是:司法管理、国家防御和公共工程供给。但在亚当·斯密所处的时代,英国已经完成资本的原始积累,市场经济体制基本形成,正迈向工业革命的门槛,亚当·斯密描绘的是一幅理想的自由主义经济图景和政府图景。那么,国家在市场经济兴起、发展和成熟过程中究竟起了什么作用?应该起到什么作用?"小政府,大社会"还是"大政府,小社会"一直是现代学界和社会争论不休的话题。现代一些学者大力主张"管得最少的政府是最好的政府",政府的角色是"守夜人"。另外一些学者则主张,必须通过政府的干预措施来补救市场失灵。特别是在当今由美国次贷危机引发的全球经济危机讨论中,在后金融危机时代全球经济大洗牌中,国家在各国市场经济发展中究竟应该承担什么样的监管责任,成为热门话题。通过本书的全面研究,有助于厘清国家在向市场经济转轨时的功能和作用,丰富现有的国家和市场经济理论。这一研究对进一步完善我国市场经济体制改革、全面认识和调适我国政府的现有功能具有借鉴意义,现实针对性强。

通过对国家与市场经济二者之间复杂关系的研究,也可以进一步加深对英国重商主义时代大背景的认识,推进对重商主义思想的理解,认清重商主义与自由放任之间并不是完全对立的关系,从而掌握重商主义政策的本质,深化对重商主义的研究,纠正以往经济学界和史学界的偏识和误读。只有对重商主义有了全面客观的认识和研究,才能认清 20 世纪以来发达国家随着商业服务业在国民经济中代替制造业占据主导地位而形成的以贸易保护主义和国家主义思潮为主要内容的"新重商主义"现象。

本书在参考国内外相关研究论著的基础上,力图在资料特别是原始资料的运用上有所创新和突破。近年来我国在英国史研究资料的引进上出现了革命性的变化,主要表现在四大数据库的引进。EEBO(Early English Books Online)是早期英语图书在线数据库,收录了 1473 年至

1700 年共计 227 年间目前仍存留的英国及其殖民地以及这一时期世界上其他地区所有早期英语纸本出版物；ECCO（Eighteenth Century Collections Online）是十八世纪作品在线数据库，收录了 1700～1799 年间所有在英国出版的图书。利用这两个图书数据库中，可以查阅到大量的重商主义小册子，大大拓展了重商主义研究的资料范围；JSTOR（Journal Storage）是西文电子期刊数据库，以历史、哲学等人文社会学科主题为中心的代表性学术期刊的全文库；PAO（Periodicals Archive Online）是典藏学术期刊全文数据库，提供访问世界范围内从 1802 年至 2000 年著名人文社科类期刊回溯性内容全文。这四大期刊数据库为梳理英国重商主义时代国家与市场经济关系提供了十分便利的条件。本书还参考了《王国法令》（*Statutes of the Realm*）、《都铎王室公告》（*Tudor Royal Proclamations*）、《斯图亚特王室公告》（*Stuart Royal Proclamations*）等原始文献。

本书将严格遵循马克思主义历史唯物主义和辩证唯物主义的基本原理，运用历史的方法展开辩证分析。历史的方法是历史唯物主义的重要原则，是历史学的基本研究方法。马克思确立的辩证思维方式以批判的历史意识（历史感）为基础。中外学者阅读马克思的著作，即使是经济学著作，都会被其中强烈的历史感所折服。"当代著名历史学家，甚至包括对马克思的分析抱有不同见解的历史学家，无一例外地交口称誉马克思主义历史哲学对他们产生的巨大影响，启发了他们的创造力。"[1] 列宁说："历史唯物主义也从来没有企求说明一切，而只是企求指出'唯一科学的'说明历史的方法。"[2] 历史的方法就是要求把客观历史事实作为历史研究的出发点，注重客观历史发展过程的时序和范围，具体问题具体分析，实事求是，"历史的方法对任何一种经济制度决不轻易地一律予以颂扬或一律予以否定"[3]，而是把历史现象放在一定的历史范围内观察和研究。注重逻辑分析与历史分析的统一，是马克思分析方法的最大特点，《资本论》就是这种分析的范本，从具体到抽象和从抽象到具体，在历史发展的连续性和阶段性的统一中发现规律，围绕历史实践揭示历史发展的过程和规律。马克思主义历史的方法历经时代的检验，仍然是

---

[1] 〔英〕杰夫里·巴勒克拉夫：《当代史学主要趋势》，杨豫译，上海，上海译文出版社，1987 年，第 261 页。

[2] 《列宁选集》第 1 卷，北京，人民出版社，1972 年，第 13 页。

[3] 〔德〕威廉·罗雪尔：《历史方法的国民经济学讲义大纲》，朱绍文译，北京，商务印书馆，1981 年，第 8 页。

分析经济社会现象的正确的方法,它"提供了合理地排列人类历史复杂事件的使人满意的唯一基础",① 因此,"在详细描述长期变迁的各种现存理论中,马克思的分析框架是最有说服力的"②,本书将采用历史的方法进行深入研究。

本书将从历史事实出发,通过文本解读和史实诠释来阐述国家与市场经济的关系,研究国家在英国从一个农业社会走向工业社会过程中的真实作用,而不囿于后世经济学、政治学及历史学建构的国家理论及市场经济理论模式。在运用历史方法的基础上,本书还将采用历史学与经济学研究手段交叉使用的研究方法。对英国重商主义时代国家与市场经济关系的研究离不开经济学的方法。国家与市场经济关系问题,既是经济学研究的课题,又是历史学关心的问题。凯恩斯说:"经济学与其说是一种学说,不如说是一种方法,一种思维工具,一种构想技术。"③ 所以,吴承明主张:"在经济史研究中,一切经济学理论都应视为方法论。"④ 通过经济学和历史学研究方法的交叉运用,可以走出单一学科研究的樊篱,打破其既有的理论模式,又可使研究更加全面、深刻。从亚当·斯密对国家干预提出批评以来,学术界对英国国家在向近代过渡过程中的作用多持否定态度,本书则通过具体的实证研究,全面分析国家在市场经济演进中的作用,既对其负面作用作具体的分析,也肯定其积极的影响和作用。此外,本书对国家与市场经济的互动关系进行全方位的研究,不仅仅研究国家对市场经济的作用,而且研究市场经济对国家功能重塑和拓展的促进作用。

---

① 〔英〕杰夫里·巴勒克拉夫:《当代史学主要趋势》,杨豫译,上海,上海译文出版社,1987年,第26~27页。
② 〔美〕道格拉斯·诺斯:《经济史中的结构与变迁》,厉以平译,上海,上海三联书店,1994年,第68页。
③ 转引自吴承明:《经济学理论与经济史研究》,载《经济研究》1995年第4期,第3页。
④ 同上。

第一章　国家与市场经济关系的历史背景

民族国家的形成与资本主义的发展，是西欧走出中世纪最为引人瞩目的事件。在中世纪晚期近代早期，随着农本经济的瓦解，市场经济的发展，资本主义组织的兴起，民族国家登临历史的舞台，英国民族国家经历了从王朝国家向现代国家的转变过程，通过运用国家理性完成了国家构建的过程，国家的作用日益明显。特别是在争夺海外市场和殖民地的过程中，单凭资本家的一己之力，没有国家作为强大靠山是不可想象的。实际上，正是由于市场经济的发展才出现了国家管理经济的要求。

与此同时，在民族国家形成过程中，国家财政需求不断膨胀，国家对市场经济的控制和管理冲动越来越强大，国家的经济职能不断扩张。市场经济的发展越来越多地与国家纠缠在一起，早期资产者与政府结为盟友，国家功能也随着市场经济的发展不断整合与完善。这就构成了英国重商主义时代国家与市场经济关系形成的真实历史背景。

第一节　市场经济对国家管理的要求

到中世纪晚期和近代初期，英国社会面临着前所未有的深刻变革。虽然此时英国仍然是一个农业社会，但是整个社会已深深地卷入了商业化浪潮，初步形成了一个全国性的市场网络。

市场的重要性在当时得到了人们的普遍承认。根据克里斯托弗·戴尔的研究，15世纪末16世纪初的巨富阶层年收入超过1000英镑，只有一些谷物和肉类从自己的领地获得，其他东西都依赖于市场供给。14世纪以后，随着领主自营地的大规模出租，许多领主的粮食和饲料都需要从市场购买。他们从伦敦大量采购他们需要的奢侈品，特别是进口货物如香料、珠宝、蜡烛、干果、杏仁、葡萄酒等，以及南欧的丝绸，荷兰、佛兰德尔和德国的亚麻布。有时，他们也从大的城镇或港口城市购买这些东西，甚至不惜花费巨额的运输费用。他们充分利用集市、港口、地区首府进行交易活动，有时也光顾小城镇，甚至直接与附近乡村生产者达成交易；中层地主每年收入在 200~400 英镑之间，一些人也从伦敦获得供给，当然这取决于距离伦敦的远近。中层地主一般都从地方城镇、地区首府和港口购买葡萄酒、鱼、白蜡等物品，他们更多地利用小城镇的便利，与地方商人建立起了长期的商业联系，这些市镇足以供给他们的所需；收入少于 100 英镑的乡绅和教士一般在方圆 6 英里范围的小镇和集市购买所需，从附近乡村工匠手中定购呢绒；农民和工匠等社会下层的交易范围主要在附近的小市镇和村庄市场。他们的债务纠纷表明，他们的消费需求范围很广，并不仅仅限于农产品和农具，也包括种类繁多的工业品和专业化服务。农民的交易并不限于本村，有时也达到几英里甚至十几英里之外。① 内部商业需求成为促进农业商品化的动力。侯建新认为，在 15~16 世纪，英国农户有 "60% 的余粮可出售；而在两个世纪前，粮食富余量仅占 16%。粮食如此，工副业的商品率无疑更高。总之，15~16 世纪的商品率肯定不会低于 80%。如果说，13~14 世纪英国中等农户的劳动产品约有一半左右进入市场，因而还是半个小商品生产者的话，那么，现在至少已有相当大一部分中等农户的主要经济活动与市场联系在一起了"②。而在城市里，更是如布罗代尔所言："最穷的市民也必定通过市场取得生活必需品；总而言之，城市普及了市场。"③

总而言之，到 1500 年，英国社会迎来了一个大变革的时代，市场经济的发展趋向已经不可逆转。在这种情况下，就提出了国家管理经济的要求，国家走到了市场经济发展的前台。F. J. 费希尔通过对英国呢绒出口数量的研究，认为 16 世纪上半期英国经济迎来了一个繁荣时期，下半期则是一个危机时期。正是呢绒出口危机导致了国家对经济的管理和干预。④ 而 L. 斯通则认为是战争压力、民族主义和社会正义理论导致国家对整个经济体制进行干预，"重商主义是对经济民族主义体系的接受和发

---

① Dyer, C., 1989: "The Consumer and the Market in the Later Middle Ages", *Economic History Review*, Vol. 42, pp: 305~320.
② 侯建新：《社会转型时期的西欧与中国》，济南，济南出版社，2001 年，第 82 页。
③ 〔法〕费尔南·布罗代尔：《15 至 18 世纪的物质文明、经济和资本主义》第 1 卷，顾良译，北京，生活·读书·新知三联书店，1992 年，第 570 页。
④ Fisher, F. J., 1940: "Commercial Trends and Policy in Sixteenth-Century England", *Economic History Review*, Vol. 10.

展，主要动因不是经济繁荣的兴衰，而是无情的战争压力和战争恐惧"①。这两种解释模式都具有一定的解释力，但也都具有局限性。事实上，市场经济发展必然带来新的利益冲动和利益冲突，原有的庇护力量——领主、城市和行会等已经无力为其保驾护航了，甚至逐渐成为市场扩张的绊脚石，市场经济的发展要求新兴的民族国家承担全新的使命，格拉斯拜看到了这一点："商人们希望中央政府对度量衡进行标准化，统一市场，维护国内和平和秩序，保护财产权。他们承认强有力的扩张性政府既是经济稳定的原因，又是经济稳定的结果。"②

一、摆脱中世纪羁绊

在英国重商主义时代，市场经济的发展既要求克服中世纪城市和地方的特殊性，又要求克服教会的普世性对经济社会生活的羁绊。虽然中世纪英国王权相对强大，较早就获得了欧洲大陆国家无法比拟的统一，但进入重商主义时代，英国仍保留了许多中世纪的残余。③

在中世纪，经济活动的控制权掌握在城市、地方和社团等手中。在市场经济初兴时，它们对商人的保护功不可没。当商人的脚步跨出了城市和地方，迈向全国，并且走向海外市场的时候，城市和社团自行其是、自我封闭的管理越来越成为市场活动的障碍。同时中世纪教会形成的普世权力使得英国教会成为一股听命于教皇的拥有政治、经济特权的力量，教会向英国人民滥征税收，教堂和修道院占用大量土地，挥霍浪费，与市场经济和资本主义的发展要求背道而驰。

在这种背景下，市场经济的发展向新兴的民族国家提出了摆脱地方分裂和中世纪羁绊的任务，正如马克·布洛赫所指出的那样："就市民而言，作为不动产的投机者，他们发现对其地产的封建限制是难以容忍的，因为他们的生意需要得到迅速处理，随着生意的发展，它继续产生新的问题，所以传统司法程序、复杂和拟古风气，使市民感到恼怒。城镇管理机构的叠床架屋，妨碍了商业交易的正常管理，损害了市民等级的团结，因而伤害了他们的感情。他们附近的教会或骑士等级享受的各种各样的豁免权，在他们看来是自由追求利润的许多障碍。在他们穿梭不息

---

① Stone, L., 1947: "State Control in Sixteenth – Century England", *The Economic History Review*, Vol. 17, p. 110.
② Grassby, R., 1995: *The Business Community of Seventeenth – Century England*, Cambridge University Press, p. 213.
③ Heckscher, Eli. F., 1983: *Mercantilism*, Vol. 1, New York, Carland Publishing, Inc., p. 464.

的路途上，他们也同样怒视着贪得无厌的通行税征收人，以及常常从城堡里冲出来对商队发动突然袭击的掠夺成性的贵族。简言之，这个社会所创立的各种制度中几乎每件事情都使他们焦恼不安、烦躁不已。"① 早在中世纪时，为了摆脱地方暴政的无理束缚，早期资产者采取了一种看似是铤而走险，但经验常常证明最有效的方法，那就是自投于强大王室政府的保护之下，王室政府是广袤领土上法律和秩序的保护者。它们对财政收入的关心，使得王室政府有兴趣维护富裕纳税人的兴旺发达。② 于是，重商主义成为国家统一的代理人。

地方当局、封建领主等在路、桥、河上设卡收取通行税是中世纪贸易发展的最大障碍。由于英国王权相对强大，在英国建立一个统一的通行税体制相对容易得多，且英国的海运比陆路和内陆水路运输具有压倒性的重要性。中世纪存在的各种道路、桥梁、河流通行税在随后的几个世纪里逐渐消失了。

早在 1275 年到 1350 年间，英国就在国家的指导下形成了国家的关税体制。这一体制的确立，对国家在经济事务中的权威具有里程碑式的意义。关税从此完全掌握在国家手中，并对内外贸易有所区分。"关税"一词在英国指对外贸所征之税，"通行税"一词指对国内贸易所征之税。当然，这种关税的统一仅仅存在于英格兰。在英格兰、苏格兰和爱尔兰之间，关税壁垒一直存在到 18 世纪甚至 19 世纪。③ 威廉·配第就谴责这三岛"彼此之间不单简直像外国人一样，而且有时甚至像敌人一样"，④严重地妨碍了彼此之间的贸易。

在统一度量衡方面，英国也走到了欧洲大陆的前面。然而，即使在英国，也不存在完全统一的问题。各地一直采用不同的度量标准。英国从来没有忽视在国王的控制下统一币制。但在亨利八世统治时期，具体来说，在 1542~1551 年，英国的货币经历了一次空前绝后的货币混乱，那就是著名的货币大贬值，引发了极度的通货膨胀。到伊丽莎白一世时期，在托马斯·格雷欣爵士的帮助下恢复了货币的成色，即每 12 盎司黄金含 11.1 盎司白银，成功稳定了币值，其后虽多次经受考验，但这一币

---

① 〔法〕马克·布洛赫：《封建社会》下卷，张绪山译，北京，商务印书馆，2004 年，第 576~577 页。
② 同上书，第 577 页。
③ Heckscher, Eli. F., 1983: *Mercantilism*, Vol. 1, New York, Carland Publishing, Inc., pp: 51~53.
④ 〔英〕威廉·配第：《配第经济著作选集》，陈冬野等译，北京，商务印书馆，1981 年，第 68 页。

值创造了三百多年未变的奇迹。

中世纪城镇自治对英国经济的束缚相对轻得多，但"即使在这里，城市的经济政策在相当长的时期产生了决定性的影响"①。按照赫克歇尔的总结，城镇经济有五大目标，第一是确保城市本身的供应，特别是食物和工业原料的充分供应；其次是为了本市生产者的利益，抑制乡村手工业和商业的发展；第三是为了城市市民的利益，排挤外人、其他城市的商人和工匠以及附近乡村的农民；第四是实行商站制度，将交易活动集中到城市中来；第五是从中世纪的社会道德出发，通过行会等组织限制竞争。② 各个城市以自我为中心的自主自由性经济发展政策与国家追求的统一经济目标相矛盾。早在 1222 年，贝弗利的市民经过林肯镇中心前往圣艾夫斯市集，林肯镇的执行官由于他们没有交通行税，带走了他们的呢绒和其他物品，他们向林肯镇投诉，认为他们有国王授予的特许状，可以免除王国土地上一切通行税和类似的税收。林肯镇的官员则认为，他们也有国王授予的特许状，有权在自己的镇里征收通行税。③ 正是由于城市向国王购买了组织市场和管理工业的特权，城市便利用该特权为本市市民提供有利的条件，而把其他人当作外人来加以限制④。此外，城市还通过行会等组织把非本市市民都排斥在生产、流通和消费活动之外，使得行会成为"手工业传统的守护者"。⑤ 在民族国家的统治下，重商主义国家接管了城市、地方当局和行会的部分管理职能，以统一的视野组织和发展经济，地方和城市的利益不得不服从于国家的利益。重商主义努力把地方和城市的独自区域经济转换成民族国家经济，从而释放受到地方因素束缚的经济力量，增加流动性，为市场经济开辟道路。当然，城市是工商业发展的中心，国王也依赖城市和其富有的市民的财政资助，国家不得不随时照顾城市的利益，只不过放在全国视野里加以考虑，不像城市完全以自我为中心。在这种情况下，国家不得不依赖城市当局和行会作为政府政策的执行机构。经济政策的控制权转到国家手中后，实际上城市获得了更广阔的发展空间。

---

① Heckscher, Eli. F., 1983: *Mercantilism*, Vol. 1, New York, Carland Publishing, Inc., p. 40.
② *Ibid*, pp: 128~130.
③ Bland, A. E., Brown, P. A, and Tawney, R. H. ed., 1915: *English Economic History*, *Select Documents*, London, G. Bell and Sons, LTD., pp: 121~122.
④ 这里所说的外人（foreigner），是指非自由民，也就是不享有城市特权的人。
⑤ Coleman, D. C., 1977: *The Economy of England* 1450 – 1750, Oxford University Press, p. 73.

二、规范经济秩序

在重商主义时代的初期,商业化浪潮不仅给产业经营方式带来了革命性的变革,而且也使得传统经济和社会秩序在商业浪潮的冲击下趋于瓦解,为此需要政府采取一系列国家控制和调整措施,渡过难关,这些措施虽然可能暂时限制了市场活动,但可以保证市场经济不至于因社会秩序混乱而发展中断。

在中世纪,饥荒如影随形地威胁着人们的生存,直到都铎王朝时代,英国特别是北部地区仍存在着周期性的食物危机。在1594~1597年和17世纪20年代早期这两个饥荒年代,整个英国都经历了困难,不仅仅局限于英国北部地区。① 在饥荒年代,谷物的成长和交易,面粉的磨制,面包的烘焙,基本上是一个社会活动,而不是经济活动,谷物不是一种可以运出乡下寻求最高价格的商品。② 直到17世纪中期,周期性的歉收灾难和食物短缺仍是徘徊在近代早期欧洲的幽灵。③ 由于食物短缺,盗窃和骚乱时有发生。在伊丽莎白女王统治时的艾塞克斯,偷窃指控在匮乏年代显著上升。在1592~1594年,偷窃指控每年平均有78.6起,而在1595~1597年,这一数字达到178.3起。在17世纪早期的萨默塞特郡、威尔特郡和兰开夏郡,可以看到同样的情形。④ 由于1629年和1630年英国粮食歉收,再加上从1620年开始的贸易危机仍在延续,出现了这一时期最严重的骚乱。在1629年1月,艾塞克斯南部发生了暴乱,男男女女近挥舞着干草叉,劫持了运往泰晤士地区的运粮车。两个月后,荷兰代理商购买谷物的行为激起了人们的争论,来自于莫尔登的一百多位妇女和小孩登上一艘运粮船,强迫船员给她们的围裙和帽子装满黑麦。⑤ 档案显示在1585~1660年间,总共有大约40起由于食物匮乏而引发的谷物骚乱。⑥ 由于盗窃和食物骚乱威胁着经济和社会秩序,中央政府不得不采取各种措施应对饥荒和食物短缺问题。

---

① Appleby, A. B., 1973: "Disease or Famine? Mortality in Cumerland and Westmorland 1580-1640", *The Economic History Review*, Vol. 26, p. 430.

② Appleby, J. O., 1980: *Economic Thought and Ideology in Seventeenth - Century England*, Princeton University Press, p. 28.

③ Walter, J. and Wrighson, K., 1976: "Dearth and the Social Order in Early Modern England", *Past and Present*, Vol. 71, p. 22.

④ Ibid.

⑤ Hunt, W., 1983: *The Puritan Moment*, Harvard University Press, pp: 238~239.

⑥ Walter, J. and Wrighson, K., 1976: "Dearth and the Social Order in Early Modern England", *Past and Present*, Vol. 71, p. 26.

到中世纪晚期，农业经营方式发生了巨大的变化，传统的庄园制瓦解，许多领主将自营地出租，出现了租地农场。没有出租领地的地主，也开始采取商业化的经营方式。圈围土地为市场提供羊毛，或者为城市提供农产品，不仅改变了农业经营方式，而且带来诸多经济和社会问题。虽然最新的研究表明，"圈地运动不再被认为是一场破坏了平等与和谐的农民社会的大灾难，而是一个巩固在中世纪的农庄就已出现了的土地权和财富分配的过程"。并且在 16 世纪，"圈地运动只限于局部地区，其中 2/3 发生在英格兰中部各郡"①。但是，圈地运动使得流离失所者增多，增加了社会不安定因素，仍然是一个基本的事实。如何应对农村新的经济问题，是重商主义政府必须考虑的问题。

在 16 世纪上半期，英国商业严重依赖低地国家，从经济意义上说，伦敦不过是安特卫普的卫城，英国出口羊毛的大部分在佛兰德斯的织布机纺织成布，英国的呢绒不仅通过安特卫普到达荷兰消费者手中，而且到达德国、东欧、意大利和利凡特消费者的手中，几乎从安特卫普进口一切。② 这就使英国的工业品生产不可避免地随着欧洲市场和政治情势的波动而波动。之后，虽然英国呢绒出口市场不断扩大，但仍然受到欧洲市场的影响。任何一次市场波动，都发引发羊毛产地和呢绒产地的经济困难。在 17 世纪 20 年代呢绒出口危机中，坎伯兰和威斯特摩兰深受这一危机影响，羊毛需求剧减，收入减少，再加上在 1623 年饥荒席卷了这两个地区，死者不绝于途。③ 艾塞克斯督尉为枢密院准备的报告披露了此次危机的深重，呢绒生产直线下降，大量产品积压。呢绒工人处在绝望的境地，工资大幅缩水，许多人不得不被迫卖掉床来购买食物。博金（Bocking）的穷人"失去了控制"，危机使得"富人住在这座城镇里是一种冒险"。威塔姆（Witham）镇的呢绒商害怕面对他们的工人，因为他们付不出工资。大约 200 名纺织工人的代表与艾塞克斯治安法官对话，陈情说，他们"极端需要但没有能力维持……他们自己和家人的生活"。治安法官告诉枢密院，纺织工人的请愿满是大声疾呼，打动了他们的同情心，这样的请愿随处都是，都要求马上给予答复，几乎不给他们时间来考虑能为其做点什么。在博金的季审法庭上，呢绒商提交了一份

---

① 〔英〕罗伯特·杜普莱西斯：《早期欧洲现代资本主义的形成过程》，朱志强等译，沈阳，辽宁教育出版社，2001 年，第 87 页。

② Fisher, F. J., 1940: "Commercial Trends and Policy in Sixteenth-Century England", *Economic History Review*, Vol. 10, p. 97.

③ Appleby, A. B., 1973: "Disease or Famine? Mortality in Cumerland and Westmorland 1580-1640", *The Economic History Review*, Vol. 26, p. 430.

请愿书，乞求政府采取行动恢复他们的生意。① 如何应对这种贸易危机，都铎和斯图亚特王朝可谓殚精竭虑，成为政府的头等大事。

英国国内工业种类单一，据估计，在16世纪初，呢绒和羊毛出口占到了出口总值的79%。虽然纺织业一枝独秀，但是此时尚不强大，仍需国家保护，另一方面也需要国家支持发展新产业。在伊丽莎白女王统治时期，英国引进和发展了新工业，开辟了新的财富来源。这些新工业主要满足两类市场的需求，国家的军事需要和劳苦大众的基本生活物质，大量资本开始涌向采煤、炼铜、炼锌、冶铁、炼铅、炼锡等新的冶金工业，酿造业、建筑业、制炮业、火药业、钢铁业、金属丝业、肥皂业、制盐业等行业也都发展了起来，为英国工业的全面发展奠定了坚实的基础。没有政府的支持，这些新兴工业不可能发展起来。以采矿和冶金业为例，所需资本巨大，风险极高，"只有政府做出持续大量购买铜的保证，才能诱使资本家承担必需的巨额投资"②。

经济关系的变革也带来了其他经济和社会问题，在16世纪之前，乞丐和流浪汉的存在是一个偶然现象，从亨利八世统治时起，流民开始大量增加，许多流浪者大胆狡诈，"他们不仅半夜闯进屋子偷走猪和家禽，而且敢于从窗户递进钩子，吊走熟睡中人们的衣服；他们在公路上抢劫从集市回家的人，半夜来到偏僻的房屋，逼迫房主交出他们要的钱财"③。流浪汉能够成为影响市场社会发展的因素，原因就在于重商主义时代是一个过渡时代，虽然商业和制造业发展速度很快，但是，旧有的职业已经过时了。在中世纪时，向贵族提供战争和其他服务是大多数男人的职业，但从都铎王朝起，大贵族的权力受到控制，私战和私人武装被禁止。从16世纪起，权力转移到财富所有者手里，这一权力基础的革命对劳动力市场产生了深远影响。过去贵族喜欢招募的人现在不得不寻找其他的谋生手段。此外，工业品出口危机时有发生，危机时在呢绒产区就有大量人口失业。"在16世纪，另一个原因往往增加了穷人的困苦，新大陆白银的流入导致价格的整体上升。食品、衣服和租金比工资上升得更快，亨利八世在1527、1543、1545和1546年，爱德华六世在1551年的货币贬值，进一步增加了英国的不幸。过渡时代，穷人是最主要的

---

① Hunt, W., 1983: *The Puritan Moment*, Harvard University Press, p. 239.
② Stone, L., 1947: "State Control in Sixteenth-Century England", *The Economic History Review*, Vol. 17, pp: 104、108、112.
③ Leonard, E. M., 1900: *The Early History of English Poor Relief*, Cambridge University Press, p. 12.

受害者。"① 如何解决这些人的吃饭和就业问题,是重商主义时代政府始终面临的问题之一。

此外,在重商主义时代,社区内邻居间互助的义务已经不复存在。在饥荒年代,有钱的村民越来越不愿按照传统承担接济贫困邻居的义务,而是依靠法律来解决邻里之间的冲突,贫困的邻居偷挤一次奶或拿走一条面包也会受到偷窃的指控。按照过去的地方传统,打谷者可以在地里拾穗或留下一部分谷物,现在都会被指控为偷窃。② 过去修道院是重要的救济机构,随着都铎时期修道院的解散,这一功能消失了。更何况,中世纪修道院和收养所的救济是小规模的、零散的,无法应对新时期大量穷人涌现的局面。于是,济贫不可避免地成为国家的责任。

在这种形势下,商人、企业家需要国家维持社会稳定,并迫使有劳动能力的人按照较低工资就业。由于16世纪上半期呢绒出口增长势头迅猛,从伦敦出口的窄幅呢绒数量50年增长了150%。③ 在这种形势带动下,乡村工业发展很快,大量资本和新手涌入这一行业,使得耕地荒废,谷物依赖进口,农业和城市手工业劳动力短缺。在英国呢绒出口出现衰退时,涌入呢绒行业的许多人因此失业,只能去乞讨或偷盗,引发社会秩序混乱。处于上升阶段的商人和乡绅在经济不景气的情况下,一方面由于害怕下层民众的骚乱,希望国家整顿秩序,他们也意识到,正是他们的市场化行为导致了社会秩序的变动和混乱,所以他们能够接受国家对他们工商业活动的限制。④ 另一方面,他们希望在物价不断上升的情况下固定劳动者的工资,提高进入这一行业的门槛,以增加他们的利润。正因如此,才有了国家控制济贫、工资、就业及调整学徒制度的一系列法令。

三、争夺海外市场

英国商人经营海外贸易起步较晚,因此要想发展本国的外贸,第一,必须取消外国商人对本国外贸的垄断和特权,第二,争夺海外市场和殖民地。而这两项活动没有政府强有力的支持是不可能完成的。

---

① Leonard, E. M., 1900: *The Early History of English Poor Relief*, Cambridge University Press, p. 16.
② Walter, J. and Wrighson, K., 1976: "Dearth and the Social Order in Early Modern England", *Past and Present*, Vol. 71, p. 25.
③ Coleman, D. C., 1977: *The Economy of England* 1450~1750, Oxford University Press, p. 96.
④ Stone, L., 1947: "State Control in Sixteenth-Century England", *The Economic History Review*, Vol. 17, p. 116.

在爱德华三世以前，英国的国际贸易大部分操纵在意大利商人手中，但是随着本国商人经济实力的增长，英国国王开始改变对外国商人的依赖政策，转而倚重本国商人，巩固本国商人在国内外贸易中的地位。政府抑制外商的政策和活动，打击外商的竞争，加强了英商的实力和地位。爱德华三世手中握有169名本国富商的名单，需要时可以向他们借款。但是到15世纪中期以后，汉萨商人和其他外国商人特别是意大利人仍控制着英国外贸的40%。① 汉萨商人仍拥有许多特权，并且极力反对英国商人向波罗的海地区渗透，随着16世纪50年代英国呢绒出口危机的出现，反对汉萨商人的情绪再次高涨。他们的行动得到了英国政府的鼎力支持，汉萨商人的特权一再被缩减，到1552年被完全废除，此后，经历了恢复、修正和再次取消，到1560年通过谈判，给予汉萨商人比其他外国人更多的关税优惠，但对英国本土商人而言，已没有优势。此后，随着英国商人在政府的支持下，放弃安特卫普市场，转向德意志市场，汉萨商人与英国商人的矛盾激化，最终在1598年被逐出英国市场。此外，英国政府对法国、意大利等国家的商人设置了许多障碍，帮助本国商人提高竞争力。②

发现新大陆以后，欧洲掀起了探险和殖民的热潮。但是，航海大发现给欧洲国家的外贸带来新的问题，首先是投资大，资本需求增加，资本匮乏更严重，其次是资金周转时间长，再次是需要建立贸易点和防御工事，国家必须提供军事力量和外交代表以及管理机构，这就把国家功能和对外贸易的发展紧密地联系在一起。对英国来说，更严重的问题恐怕是，争夺殖民地和新市场不可避免地要与捷足先登者西班牙和葡萄牙发生冲突，必须有国家的统筹领导，以国家的力量为后盾。在16世纪上半期，英国呢绒出口量增长了150%，商人们在安特卫普市场获利甚丰，对与欧洲的贸易联系十分满意，不愿冒犯西班牙和葡萄牙对新大陆的垄断地位而招致贸易报复，英国政府对此也十分谨慎。只有少数热心人对探险和开发新土地感兴趣。早在16世纪20年代初，亨利八世就向伦敦人建议，他们应该资助成立一家公司与纽芬兰及更远之地开展贸易。30年代初，桑恩和巴洛已经制定了开辟西北通道的计划。40年代初，巴洛重提这一计划，事实上，他已经从塞维利亚带来一位领航员，希望在冰

---

① Coleman, D. C., 1977: *The Economy of England* 1450~1750, Oxford University Press, p. 48.

② Fisher, F. J., 1940: "Commercial Trends and Policy in Sixteenth - Century England", *Economic History Review*, Vol. 10, p. 109.

岛和格陵兰之间发现一条航线。直到16世纪下半期，不时发生的出口危机，使得英国商人和政府都深切地认识到，纯粹依赖欧洲市场是不行的，政府这才放手让商人开展开辟海外市场的行动，①甚至支持商人们对西班牙运银船和殖民地开展私掠行动。此外，当时英国有名的外贸路线被商站商人公司、商人冒险家公司和东地公司所垄断，要想扩展英国的外贸，必须走向更远的市场。16世纪中后期，在政府的支持下，成立了莫斯科公司、东印度公司等一系列公司，开始为英国产品开拓出一个世界市场。在走向世界市场的过程中，商人迫切希望国家能够在平时清除海盗和私掠者，在战时保护商船不受敌对国的掳掠，帮助他们获得和维护在国外的利益和贸易优惠。

英国民族国家作为一种政治力量和经济力量兴起后，英国的市场经济处于特许垄断阶段，因此，身处商业化浪潮中的社会各阶层，特别是工商业阶层，希望得到国家的有力保护。埃里克·罗尔指出："重商主义要求有一个强大的国家以保护贸易并粉碎阻挡商业扩张的种种中世纪羁绊。然而他们同样也认识到，管理和限制本身——通过垄断与保护，现在实施的规模更大了——是这个国家的主要基础。因为商业资本需要更广阔和更巩固的市场，这些市场还没有得到充分可靠的保障以供剥削。"②因此，国家也把对经济的干预视为自己的责任，面对一个急剧变化的社会，国家有责任保护弱者，使遵纪守法的公民能够免于流浪汉威胁的恐惧，大众的焦虑使得国民欣然接受政府的严格控制，③国家也本能地认为政府的干预和管制是适当的，事实上这也是经济问题的唯一解决之道。④到英国进入反特许垄断市场经济阶段以后，虽然反对国家推行特许垄断政策，要求贸易自由提上了市场经济发展的日程，但有时也需要国家出面帮助，如打击荷兰的强力竞争，就需要国家出面来完成。到了英国市场经济发展的第三阶段，经济自由已经成为英国市场经济发展的主流，国家对市场经济的干预只能通过间接手段来进行，如通过高关税来排挤法国产品，促进本国的技术革新。因此，即使在这一阶段，

---

① Fisher, F. J., 1940: "Commercial Trends and Policy in Sixteenth – Century England", *Economic History Review*, Vol. 10, p. 106.

② 〔英〕埃里克·罗尔：《经济思想史》，陆元诚译，北京，商务印书馆，1981年，第63页。

③ Kiernan, V. G., 1980: *State & Society in Europe 1550 ~ 1650*, Basil Blackwell Ltd, pp: 121 ~ 122.

④ Clay, C. G. A., 1984: *Economic Expansion and Social Change: England 1500 ~ 1700*, Vol. II, Cambridge University Press, p. 205.

英国的市场经济发展也离不开国家的鼎力支持。罗斯托看到了这一点："1750年以前一种非常流行的思想认为，为了国家的利益，政府有权力，甚至有义务来管理经济……从臣民到政府，到要求保护而免受贪婪地主的剥削的贫苦农民，以及要求可以随意自由使用自己土地的地主，人人都有这样的要求。"① 这样的要求正是英国重商主义时代国家与市场经济关系产生的社会情境。

第二节　国家经济职能的增强和管理机构的完善

英国遭受了百年战争和玫瑰战争之苦，才由亨利七世结束了地方贵族纷争，拉开了建设民族国家的序幕。在整个重商主义时代，英国经历了从王朝国家向现代国家的转变过程。

在王朝国家阶段，英国形成了所谓的绝对主义君主制，君主拥有较大的权力和诸多"特权"，比如在海外贸易和国内产业等诸多方面的特许权。在其统治行为中还保留着"传统的"、"封建的"和"王朝性的"中世纪因素，国王与国家、王朝利益与国家利益还没有完全区别开来，最典型的表现就是王室财政即为国家财政。在这样的一种国家形态下，市场经济的主体是国王颁发特许状垄断市场的特许公司等，这样的市场经济还离不开国家的大力帮助。同时，由于王朝国家普遍都面临着财政困境，国家也需要市场力量的鼎力帮助，如特许公司在财政借贷上为国家出力甚多，王室借助与武装商船的联盟来发展海军，等等，都说明此时国家与市场经济是一种紧密的同盟关系；从斯图亚特王朝前期到光荣革命，是英国的过渡性国家阶段，也是英国国家理性发展的关键阶段，霍布斯、洛克等理论家都提出现代国家构建的理性原则。在实践层面，为了限制君主撇开议会随心所欲的非理性统治，议会与国王之间的斗争不断，体现在诸多方面，举一个明显的例子就是，由于市场力量与国家力量之间的紧张关系，使得在17世纪20年代，武装商船船主不愿借船给王室服务。② 最终双方的斗争诉诸战争和革命才得以解决，期间英国还进行了护国政体的实验；光荣革命后，英国通过1689年的《权利法案》和1701年的《王位继承法》等议会立法确立了现代国家的理性统

---

① 〔美〕W. W. 罗斯托：《这一切是怎么开始的——现代经济的起源》，黄其祥等译，北京，商务印书馆，1997年，第44页。
② Canny, N. , 1998：*The Origins of Empire: British Overseas Enterprise to the Close of the Seventeenth Century*, Oxford University Press, p. 287.

治原则,"权势成为国家的首要利益",① 国家理性强势崛起。英国通过纵横捭阖的战争和外交政策,追求自己的利益,最终成就了一个贸易网络覆盖全球的贸易帝国。

在这一国家转型的过程中,英国首先解决了与法国人之间的领地纠葛,形成一个与大陆隔开的独立地域。此外,通过宗教改革摆脱了天主教会对国家权力的干扰。新兴民族国家面临的真正的紧箍咒就是不时出现的财政困难,为此,政府不得不依赖新兴的市场经济力量来解决这一难题。同时,政府也必须处理国内市场化不断深入、国际市场竞争日趋激烈所带来的经济问题,从城市和地方手里接管管理经济的职能,并且按照市场经济的要求不断创立、完善中央和地方的经济管理机构。

一、民族国家兴起后经济职能的增强

随着近代国家形态的形成,王权日益集中,形成了绝对主义君主制。绝对君主制由等级君主制演变而来,带着封建等级社会的深深印迹,据佩里·安德森分析:"在任何前工业社会,占有基本生产手段的领主当然是贵族地主。在整个近代初期,不论在经济上还是政治上,占主导地位的阶级与中世纪并无二致:仍是封建贵族。在中世纪结束后的几个世纪中,这个贵族阶级经历了深刻的变化,不过,它的政治统治地位是与绝对主义历史相始终的。"② 但是,随着封建制度瓦解,商品经济发展,资本主义经济关系渗透加强,封建贵族为了在变动了的经济基础上维护政治统治,不得不谋求新的统治形式,向王权靠拢。新兴的资产阶级由于实力不断增强,其愿望和诉求也通过不同渠道在绝对君主制国家机构中反映出来。

随着西欧国家体系的形成,"15 至 18 世纪间,所有的国家所最为关注的事务是准备并有效地进行战争"。军队大量增加,财政支出急剧上升,于是不断强化税收体制,"这样,西欧的专制制度就遵循以下途径发展起来:(1)增加全国财政开支,'最大最执著的刺激是建立军队和进行战争';(2)统治者与臣民的暴力冲突最根本的原因是征税;(3)扩大和重组官僚机构的最重要动机是向不服从的居民征税。总之,战争、

---

① Heckscher, Eli. F., 1983: *Mercantilism*, Vol. II, New York, Carland Publishing, Inc., p.15.
② 〔英〕佩里·安德森:《绝对主义国家的系谱》,刘北成等译,上海,上海人民出版社,2001 年,第 5 页。

征税、镇压对征税的反抗，成了西欧专制制度发展的强大动力"①。王朝国家专制君主无穷的战争给现行的税收体制带来了前所未有的压力，"如何使国家的预算最终保持平衡，这是欧洲'新型君主国'所面临的一个最大挑战"②。因此，政府的任务是"程度不同地监督经济生活，清醒地或不清醒地安排财富的流动，掌握一大部分国民收入，以保证国家的开支"③。例如，伊丽莎白时期政策的显著特点是无所不在的财政主义，这本身反映了战争对16世纪生活形成压力的一个方面。王室的正常收入能够满足日常管理的需要，但是，在和平时期获得战争储备和在战时满足军工企业的花费，对经济政策产生了持续的且不断增长的影响。④ 国家需要财政收入，而市场经济需要保护，正是在相互需要的基础上，新兴经济力量和国王及资产阶级化的新贵族走到了一起，重商主义成为国家的政策取向。

近代国家职能在民族国家的形成过程中逐步扩张，国家政策能够直接帮助工商业资产阶级在世界市场上展开竞争。科尔曼认为，在重商主义时代，国家在经济和社会事务中主要有四个目标：维护社会和秩序稳定、鼓励和管制国内经济、鼓励和管制海外贸易和航运、增加财政收入。⑤ 为了实现这些目标，国家行政机构逐步完善和官僚制度不断发展，能够有效执行国家的战略决策，消除地方主义对经济发展的阻碍。王国斌通过对中英对比研究发现，不论从何种立场来探讨近代早期英国政治经济的变化，"都会发现有新的政治原则在运作，而这些原则的目的在于保护个人的经济机会。地方政府急于保护本地集团的利益，从而要求控制资源与市场。而民族国家则与单个的经济行动者结盟，以消除地方政府控制资源与市场的权利"⑥。沃勒斯坦也看到了这一点："国家官僚制度的发展是至关重要的，因为它将要从根本上改变从政规则，确保今后经济方针的决策，非经国家机构，不得轻易制定。"⑦

---

① 马克垚主编：《中西封建社会比较研究》，上海，学林出版社，1997年，第337~338页。

② 〔意〕卡洛.M.齐波拉：《欧洲经济史》第2卷，贝昱等译，北京，商务印书馆，1988年，第482页。

③ 〔法〕费尔南·布罗代尔：《15至18世纪的物质文明、经济和资本主义》第2卷，顾良译，北京，生活·读书·新知三联书店，1993年，第567页。

④ Stone, L., 1947: "State Control in Sixteenth – Century England", *The Economic History Review*, Vol. 17, p. 114.

⑤ Coleman, D. C., 1977: *The Economy of England 1450~1750*, Oxford University Press, p. 173.

⑥ 〔美〕王国斌：《转变的中国——历史变迁与欧洲经验的局限》，李伯重等译，南京，江苏人民出版社，1998年，第112页。

⑦ 〔美〕伊曼纽尔·沃勒斯坦：《现代世界体系》第1卷，孙立田等译，北京，高等教育出版社，1998年，第176页。

国家武装的建立，特别是海军的创立，在大航海时代为实施重商主义政策提供了强有力的保障。绝对君主在军事上禁止封建私战，亨利七世时，英国通过《禁止蓄养家丁法》，把组建军事机器的权力收归中央。当然，国家武装也经历了一个从封建骑士军队到雇佣军或民兵的过程。"雇佣军增强了国王的力量，而且削弱了传统贵族，不仅由于它建立了强大的武装足以贯彻国王意志，而且由于它为小贵族造成了就业空间。"① 在都铎王朝时期，英国正式创立海军，亨利八世通过自己建造、购买和掠夺等方式，把海军从原有的3艘战舰扩大到85艘的规模。到伊丽莎白一世时，英国的海上力量空前强大，英国不但在战舰制造上，而且在海战技术上，逐渐领先于欧洲其他国家。在欧洲，各国都把视野投向海洋的时代，不经过战争就不能维持贸易，没有贸易就不能维持战争。而"英国的海上力量为其赢得的主要好处可能是殖民地和商业"②。

国家的经济职能不断加强，不断为经济发展创造条件，制定政策直接推动甚至参与到工商业活动中来。"现在，国家不仅有意愿，而且有能力控制其边界内几乎所有的商品、支出和信息活动。"③ 在这样一种国家形态下，无论是出于富国的目的对经济活动进行干预，还是为增加国家收入的目的而推行的有利于工商业的政策，都构成了重商主义的重要内容。英国的国家力量努力通过经济立法和财政政策来为工商业的发展创造统一的国内市场，帮助其开拓国外市场。

二、中央经济管理机构的完善

现代民族国家经济管理职能的扩展必须以较为完备的国家机构为基础。英国从亨利七世时开始，就积极对行政机构开始改造，以加强中央集权。但是，直到此时，英国的行政机构仍是沿袭中世纪的王室政府，行政机构不发达，职能不清。到亨利八世在1509年继位时，英国从各方面来说，仍旧处在中世纪的状态。④ 亨利八世时，在克伦威尔主持下，进行了政府改革，完善了财政机构，把首席国务大臣的官署提升为国家

---

① 〔美〕伊曼纽尔·沃勒斯坦：《现代世界体系》第1卷，孙立田等译，北京，高等教育出版社，1998年，第180页。
② 〔美〕杰弗里·帕克等著：《剑桥战争史》，傅景川译，长春，吉林人民出版社，1999年，第342页。
③ Heckscher, E. F., 1950: "Multilateralism, Baltic Trade, and the Mercanttilists", *Economic History Review*, Vol. 2, p. 223.
④ Hoskins, W. G., 1976: *The Age of Plunder: King Henry's England 1500~1547*, London, Longman, p. 1.

的主要行政机构，由枢密院取代宫廷会议。这些国家管理机构在伊丽莎白统治时期得到进一步完善。同时，地方形成了郡长、治安法官、督尉分权治理、直接对中央负责的管理架构。① 埃尔顿把 16 世纪英国的政府改革视为一次"革命"，而不是一次"变革"，他认为这次改革引进了"官僚管理以代替国王的个人控制，全国的管理以代替王室集团的管理"。② 实际上，此次改革虽然基本确立了的国家行政架构，但权力仍集中于国王和下属于国王的枢密院手中，英国仍处于王朝国家阶段。

自诺曼征服以来，英国的王权相对欧陆国家一直较为强大，"在 13 世纪的英格兰，自由民已摆脱了庄园法庭的管辖，并开始处于国王朝廷的保护下。佃农渐渐地也接受了国王的公正，庄园法庭慢慢地失去了管辖权"③。到 15 世纪时，英国逐步走向绝对君主制，这时议会仍是国王的议会，是国王下属的政府机构，并且所有重要官员都由国王任命，直接向国王负责。亨利八世时通过的《上诉法》中宣称："英国是一个帝国，这已为世界所承认。她由一个至尊的首脑即国王统治，……由按照教俗条件及名义划分的各级人等组成的政治实体，对他必须而且应当像对上帝一样自愿谦卑地服从。"④ 都铎王朝及斯图亚特王朝的国王也都把君权神授作为意识形态来大肆宣扬。但是，正如马拉瓦利所说："无论近代国家的初期或后期，'绝对王权'都不意味着不受限制的君主政体。它是一种相对的专制。"⑤ 王权之所以是绝对的，只是对比过去分散的封建权力而言。为集中和增进强权所需的各种资源和要素，英国国王与新兴的经济力量联盟，不断加强与工商业者的联系，通过完善政府机构，推行重商政策，把工商业者纳入国家管理体制，强化对经济发展的干预能力。但也应看到，英国君主对经济的发展永远是把双刃剑，既有正面作用，也带来不少负面影响，并且最终可能成为资本主义经济发展的绊脚石。

国王主要通过王室公告来发布命令。王室公告是"国王根据枢密院

---

① Powell, K. and Cook, C., 1977: *English Historical Facts* 1485~1603, London, Macmillan, pp: 77~78.

② Dodgshon, R. A., 1998: *Society in Time and Space*, Cambridge University Press, p. 89.

③ 〔美〕道格拉斯·诺斯：《经济史中的结构与变迁》，厉以平译，上海，三联书店，1994 年，第 152 页。

④ Stephenson C. and Marcham, F. G. ed., 1937: *Sources of English Constitutional History*, New York, Harper & Brothers Publishers, p. 304.

⑤ 〔美〕伊曼纽尔·沃勒斯坦：《现代世界体系》第 1 卷，孙立田等译，北京，高等教育出版社，1998 年，第 182 页。

的建议、依据皇家特权、通过皇室令状发布的盖有国玺的公共法令"①。到亨利八世时期，王室公告的制定和颁布形成了明确的固定模式。所有主要的立法由议会法令（statute）来完成，王室公告（royal proclamation）以法令的权威为基础，或者只用于处理特定的紧急情况，在这种情况下，不能拖延到下次议会开会时才采取措施。当议会再次开会时，每一次特殊情况采取的措施都会被制定成法令。R. W. 黑恩兹的研究表明，依靠议会法令来调节诸如肉类价格等时有变化的东西是无效的，如果中央政府打算插手这类管制，王室公告是更有效更现实的法律工具，因为王室公告不需要暂停执行，或者等到下次议会开会时才能做出改变，1539年的王室公告法授予了王室公告法定的权威。②

英国王权受到的最大限制，就是议会的存在和发展。议会从14世纪起就拥有批准税收的权力，并逐渐被乡绅和早期资产者所控制，成为新兴经济力量参与国家管理的重要机构，特别是议会下院，16世纪以来，日益独立，立法功能和权力逐渐增强，以有利于工商业的发展的经济立法强化其影响力。议会在16世纪以前是下属于国王的一个协商税收和咨询国是的机构。在宗教改革期间，议会权力大增。在这个开创近代国家的过程中，议会和国王携手同行，正如亨利八世在议会演讲时所言："朕在任何场合都不如在议会那样高居王位之上。在这里，朕是首脑，你们（指两院议员）是四肢，我们合为一体，组成国家。"③ 威廉·塞西尔也说："这三个等级（女王、上院议员和下院议员）组成了王国的整体，能够制定法律。"④ 艾尔默主教也认为："英国政府不纯粹是一种君主制……不纯粹是一种寡头制，也不是纯粹的民主制，而是一种混合统治，这一形象可以在议会中看到，在这里你能找到这三个等级。"⑤ 因此，到16世纪，随着专制君主制的确立，议会在宗教改革和政府改革中起到了重要作用，王权的强大与议会的兴起并行不悖，因为议会本身就是加强王权的得力工具。但是，也要看到，此时议会的其他功能在淡化，立法功能不断加强。"在英国，议会

---

① Hughes, P. L. and Larkin, J. F., 1964: *Tudor Royal Proclamations*, Vol. I, New York: Yale University, introduction. p. xxix.

② Heinze, R. W., 1969: "The Pricing of Meat: A Study in the Use of Royal Proclamation in the Reign of Henry VIII", *The Historical Journal*, Vol. 12, pp: 595、593.

③ Elton, G. R., 1982: *Tudor Constitution*, Cambridge, Cambridge University Press, p. 277.

④ Edwards, P., 2001: *The Making of the Modern English State* 1460~1660. New York, Palgrave, p. 218.

⑤ *Ibid*.

也渐渐从一个原本主要是发现法律的机构发展成了创制法律的机构……15、16世纪发展起来的具有高度组织性的民族国家，凭借其新获得的权力，首次将立法作为实施那些经过缜密思考的政策的工具加以使用。"① 议会逐渐形成能与国王鼎足而立的政治局面，特别是下院逐渐成为表达新兴经济力量要求的政治舞台。这样的政治格局对英国以后的历史发展影响极大。

议会下院立法功能的增强，促进了经济立法的发展。据统计，英国都铎王朝时期经济立法多达250项左右。从1552年以后到伊丽莎白女王逝世，议会仅对纺织行业就通过了至少11部法律，以此来扩展和修正1552年法案。当然，在1640年以前，经济立法更多的是由枢密院而不是议会发起，尽管政府法案经常被修正。伊丽莎白女王王室公告中有49%处理的是经济问题。到1660年以后，议会立法才取代王室特权。②

在重商主义时代，国王和议会作为国家机构对市场经济发展的影响，在王朝国家阶段、过渡性国家阶段和现代国家阶段是各不相同的。在王朝国家阶段，英国奉行的是绝对君主制，国王是国家权力结构的中心，是国家的最高首脑。"在封建体制或其他权力广为分散的传统政体中，政策创制必不可少的前提乃是使权力得以集中。"③ 在绝对王权初兴时，国王是英国的最高决策机构，"这时议会仍是国王的议会，是国王下属的政府机关"④，是国王创制政策的咨询机关。1539年英国颁布的《王室公告法》规定，议会的立法必须经国王批准方能生效，⑤ 使王的政策创制权日益加强，同时，由于国王拥有议会召集权和解散权，因而，国王对议会立法具有重要影响。宗教改革后，虽然议会的立法权力和职能不断增强，但不能改变国家政策创制权向国王集中的趋势。在过渡性国家阶段，议会和国王围绕国家的政策创制权进行了激烈的争夺，最终通过光荣革命，英国确立了君主立宪政体。光荣革命之后，议会成为国家的最高权力中心，制定了一系列法案来限制国王的权力，国家的实权逐渐转移到议会，开创了议会至上的时代。

---

① 〔英〕弗里德利希·冯·哈耶克：《自由秩序原理》上册，邓正来译，北京，生活·读书·新知三联书店，1997年，第205页。

② Grassby, R., 1995: *The Business Community of Seventeenth - Century England*, Cambridge University Press, p. 223.

③ 〔美〕塞缪尔.P.亨廷顿：《变化社会中的政治秩序》，王冠华译，北京，生活·读书·新知三联书店，1989年，第142页。

④ 马克垚：《英国封建社会研究》，北京，北京大学出版社，1992年，第306页。

⑤ 1993: *Statutes of the Realm*, Vol. III. William S. Hein & Co., Inc., pp: 726~727.

普通法法院在议会和国王的政治斗争中具有举足轻重的地位，在过渡性国家阶段发挥了重要作用，正是"这种政治发展给普通法法院提供了向经济管制施加影响的机会，普通法法学家成为抵制国王及其代理人最有力的力量"①。普通法法学家，特别是科克，向下院提供了与王室特权斗争的智力武器。普通法法院在很多时候与议会联手反对和限制国王的特权。如在反垄断案件中，普通法法院的判决认为，基于王室特权的垄断是无效的。只有由议会法案创立的垄断得到了普通法法院的尊重，基于古老习惯的各种地方权利也才得到了尊重。赫克歇尔认为，对工业管制体系的最后一击来自于普通法法院，在国王失去独立的权威之后，法院的重要性与其他国家机构相比越来越大，影响越来越大，它的判决逐渐导致整个国家管制体系的瓦解，首先是行会，然后是以伊丽莎白工匠法令为代表的一系列立法。②

从都铎王朝的"政府革命"以来，国家的官僚体制开始趋向完备，在中央和地方这两个层次，开始出现一些专门的经济管理机构。

从中央政府来说，主要的经济管理机构是枢密院。枢密院的前身是亨利七世时行政管理的"核心组织"谘议会，于1540年由克伦威尔创立。"约在1534～1536年左右，他（指克伦威尔）把国王谘议会中的核心组织改组为一个完全的中央政府机构，以枢密院的名字为世人所知。"③ 枢密院不再是王室的管理机构，而成为中央政府常设机构，成为都铎王朝国家行政管理的核心机构，主要由行政官员参加，如国务大臣、财政大臣、大法官等，原来为国王管理信札文书的国务秘书地位上升，成为首席国务大臣，是中央政府机构的核心。到伊丽莎白一世时期，枢密院成为女王依靠的主要官僚机构，人员精干，集权高效，其成员逐渐被代表新兴经济力量利益的乡绅和资产阶级化新贵族等专业行政官员所垄断，旧贵族陆续被逐出。在1640年以前，枢密院对国家的社会经济政策负有很大责任，甚至经常对一些微不足道的经济事务也加以处理。④ 它监督地方行政当局在工资、物价、贫民救济、圈地和人口问题方面采取的措施，同时具有贸易公司的批准权。枢密院对粮价的平抑，对贫民、老人、儿童的救济，对流浪者的搜捕，对失业者的

---

① Heckscher, Eli. F., 1983: *Mercantilism*, Vol.1, New York, Carland Publishing, Inc., p. 278.

② *Ibid*, pp: 288、305.

③ Elton, G. R., 1974, *England Under the Tudors*, London & New York, Routledge, p. 184.

④ Clay, C. G. A., 1984: *Economic Expansion and Social Change: England 1500～1700*, Vol. II, Cambridge University Press, p. 203.

安置，等等，都充分体现了国家对经济和社会事务的控制。枢密院成为对国家经济发展具有重大影响的国家机构，面对它的意见，通常连伊丽莎白女王也不得不让步。枢密院通过建立一些专门委员会来管理行政事务，如1622年枢密院为加强对海外贸易的管理，就建立了管理海外贸易事务的常务委员会。枢密院对外贸干预的体现之一就是有权发布禁港令，禁止船只进出英国。在1558~1603年，枢密院共颁布了23次关闭港口的命令。除此之外，枢密院还运用它的权威禁止船只从某些港口、某些地区或在特定的时段出航，枢密院也竭力监管某些产品的进出口，如谷物和其他食品。① 枢密院的财政功能主要包括，向商人等强迫借款，采取措施减轻政府对借款的依赖，通过货币改革和控制外汇交易维持国王的信用，等等。②

经过英国革命时期的混乱，枢密院在17世纪60年代恢复，到17世纪末，仍是英国中央政府运行的中心，下辖财政部、贸易部、殖民部和海军部等部门。但是，光荣革命以后，枢密院的许多功能完全消失了，它对地方行政和地方工业规章的控制也很少了。

三、地方经济管理机构的健全

中央政府负责政策的制定，重商主义政策的执行需要依赖地方管理机构。从地方机构来说，对经济发展具有干预职能和重要影响的官员，是治安法官（justice of the peace）和市镇当局等。

治安法官的经济管理功能是逐渐发展起来的，治安法官最初只协助巡回法官处理地方刑事案件，但都铎王朝为了处理新生的经济社会问题，逐渐赋予治安法官具有司法审判、经济管理、治安警察、行政管理等职能，成为地方政府的核心，被誉为"都铎王朝杂役女佣"。治安法官"都是由国王颁发加盖国玺的特别委任状加以任命的"，③ 中央政府不发给薪酬，国王一般都从乡绅中选任治安法官。从15世纪中期起，当选治安法官者必须拥有年收入20镑以上的土地或租地。

随着地方经济的发展，治安法官在地方管理上的作用越来越重要，职责越来越多，除了维持治安外，他们还负责具体实施国家的成文法规

---

① Ponko. V., 1968: "The Privy Council and the Spirit of Elizabethan Economic Management". *Transactions of the American Philosophical Society*, Vol. 58, pp: 32~34.

② *Ibid*, p. 50.

③ 〔英〕威廉·布莱克斯通：《英国法释义》第1卷，游云庭等译，上海，上海人民出版社，2006年，第386页。

和国王发布的行政命令,"特别是从都铎早期开始,国王越来越多地把无数工业法令的执行工作交给了法官"①。这样,治安法官的权力涉及工商业管理和经济活动的方方面面,主要有:一是制定工资标准。早在黑死病爆发期间,由于劳动力骤减,工资不断攀升,1361年一项法令规定治安法官可以确定工资限度,从而给予治安法官干预劳资关系的权力。1563年伊丽莎白的法令又授权治安法官规定工资额。"由治安法官评定工资的制度在某些地方一直延续到18世纪中叶",甚至"在公元1700年至1750年之间曾颁布过或重新颁布过的工资评定办法就有30次之多,有几次甚至还是在公元1750年之后颁布的"②。虽然赫克歇尔对由治安法官评定的工资,与没有他们的干预而支付的工资相差多少提出了疑问,因为在许多时候同一工资标准年复一年地予以重申,但是,他还是认为这一政策得到了表面上的成功。③ 二是控制市场上谷物和其他基本食品的价格,在发生饥荒或食物短缺时,采取措施打击囤积居奇者,稳定粮价,防止波动;向中间人打听谷物、家畜和其他生活必需品以及工业原料的交易;检查度量衡;根据谷物的价格决定是否允许出口;等等。④ 三是积极推行济贫法。随着圈地运动的开展,流民日众,为解决这一问题,伊丽莎白时通过了一系列济贫法,治安法官是这些法令的具体实施者,他们将贫民登记造册,任命济贫税征税员和管理员等,为流民提供工作机会,建立感化院。治安法官对地方事务的干预是全方位的,所以保尔·芒图认为,治安法官"是旧干涉主义的杰出代理人"。⑤ 从贯彻国王和枢密院的命令,到受理地方诉讼和维持地方治安,从颁布地方性工商业条例,到规范度量衡器具、调整工资与物价,从确定济贫税率、任命济贫官员,到批准酒馆开业、检查慈善机构的基金账目、查禁非法书籍等一切地方事务的管辖权,统统纳入治安法官手中。国家把治安法官看成了"超人",实际上他们不可能完成这么多任务。由于治安法官是地方乡绅和新兴资产者的代表,他们对国家颁布的干预经济的法令,如

---

① Heckscher, Eli. F., 1983: *Mercantilism*, Vol. 1, New York, Carland Publishing, Inc., p. 246.

② 〔英〕约翰·克拉潘:《简明不列颠经济史》,范定九等译,上海,上海译文出版社,1980年,第297页。

③ Heckscher, Eli. F., 1983: *Mercantilism*, Vol. 1, New York, Carland Publishing, Inc., p. 252.

④ Coleman, D. C., 1977: *The Economy of England* 1450~1750, Oxford University Press, p. 177.

⑤ 〔法〕保尔·芒图:《十八世纪产业革命——英国近代大工业初期的概况》,杨人楩等译,北京,商务印书馆,1991年,第370页。

果与自己的利益相背,执行起来就不那么积极热心。① 如他们对都铎王朝的反圈地法令,就置若罔闻,因为他们本身就是圈地运动的积极参与者和受益者。由于辛苦工作却没有报酬,他们有时也接受贿赂。当然,更多的时候是消极怠工,1583 年出版的第一本治安法官手册,就抱怨说,郡里有无数的问题需要处理,而治安法官却很少愿意拿出 3 个小时的时间参加季审法庭。②

面对堆积如山的事务,治安法官不可能一个人完成,在 16 世纪中后期,爱德华六世和伊丽莎白时的立法创造了一个由治安法官任命的监工和检查官的体系,他们负责对呢绒加盖印章,并加盖制造者的标记。③ 1597~1598 年,一项议会法案命令治安法官在每个生产呢绒的教区、村庄或城市任命 2、4、6、8 名或者其他数量的检查官,任期不多于 1 年。这一法令仅适用于英国北部,四年后扩展到全国。检查官每年至少要有一次走进所有能发现呢绒的房间,检查呢绒。如果呢绒不达标,他们就没收呢绒,并将此事送到季审法庭面前。如果没有问题,他们就盖上他们的印章,并标明呢绒的宽度和重量。如果拒绝监管,将受到刑事处罚。对度量衡的监督经历了一个变化的过程。有时它属于治安法官的直接下属高级警察管理,他在百户区拥有单独的法庭。有时属于"市场管理员"监管。治安法官的任务还包括执行农业标准,例如一条法令规定,养 60 只羊就必须育一只牛,目的是阻止以牺牲农耕为代价发展养羊业。④

城市兴起后,它成为工商业活动的中心,形成了独立的管理机构。英国的城市多数是在王权的特许下建立的,虽然英国城市与西欧大陆城市一样,也曾出现过争取自治权的斗争,但因英国王权强大,城市自治的范围和自治的程度较低,受到王室的有力控制。但城市统治者对城镇事务有决策权、征税权和司法权,形成了一个与农村庄园不一样的"独立"王国。在城市中,手工业行会和市政机构是城市工商业的管理者。在中世纪早期,城市商人行会和市政机构有时合二而一,或由行会领导出任城市的行政官员。初期,行会由于国王特许状的授权,掌握了城市

---

① Clay, C. G. A., 1984: *Economic Expansion and Social Change: England 1500~1700*, Vol. II, Cambridge University Press, p. 237.
② Heckscher, Eli. F., 1983: *Mercantilism*, Vol. 1, New York, Carland Publishing, Inc., p. 247.
③〔法〕保尔·芒图:《十八世纪产业革命——英国近代大工业初期的概况》,杨人楩等译,北京,商务印书馆,1991,第 61 页。
④ Heckscher, Eli. F., 1983: *Mercantilism*, Vol. 1, New York, Carland Publishing, Inc., pp: 248、250.

工商业的管理权，但从 13 世纪开始，手工业行会的建立大多由市政当局批准，市政当局加强了对城市经济管理领域的控制。到 15、16 世纪，手工业行会发展到公会阶段，虽然公会在城市政治舞台上影响极大，其头面人物不时出任市长，但是市政当局和公会围绕城市工商业管理控制权有时也发生冲突。公会作为一种城市经济组织，继承了手工业行会的许多经济管理职能，同时也根据资本主义生产关系的出现和民族国家兴起后统一管理的需要调整这些职能，例如《工匠法令》等许多法令都对七年学徒制做出了规定，虽然法令没有明确提到执行机构，这些条款的执行监督权无疑落入了行会和公会之手。当然，公会也会滥用这一职权，如工匠师傅的儿子不经学徒阶段就被接纳入会，更有甚者，在有的公会，师傅的儿子一出生就获得会员资格，有权从 21 岁起就开业。而且，其他学徒的期限经常被延长，超过法定的七年。法令仅对几个行业的学徒人数进行了限制，但事实上这一限制变得十分普遍。当然，这不意味着行会获得了合法的影响力，1614 年伊普斯威奇成衣工人案树立了一个先例，不得禁止任何人从事任何合法的行业。对于行会排斥外人的权利，总体来说，普通法法院的意见是，所有这类措施只要是基于王室特权的就是非法的，基于古老习惯的就有效。当然，什么是古老的习惯，由普通法法院说了算。在许多案件中，由于不能指出古老的习惯，这样的控制权被否决。1727 年，纽卡斯尔商人冒险家公司想排除其他行会成员从外人手中直接购买谷物，他们声称他们是根据一项习惯权利，受到了对方的批驳，最后官司失败。①

总的来说，到中世纪晚期，行会或同业公会具有以下职能：征税，城市工业者的税收一般由行会出面征收，统一上缴各级封建主；确定行业生产和市场秩序，如维护行业垄断权，制定统一的从业人数、工资报酬、工作时间、生产规模、产品质量、价格等标准，并对违规者进行处罚，解决跨行业经营纠纷。到重商主义时代，手工业或商业公会成为国家控制和管理经济的工具之一，是城市当局执行法令的得力助手，特别是面对纯粹的技术问题，如生产工艺和质量监管，一般都由公会来处理。但是，同业公会由于其僵化的体制和垄断性成了工商业发展的障碍，再加上乡村工业的蓬勃发展，同业公会的管理职能由于不能越过城市的城墙，逐渐变得徒有虚名。到 1689 年现存的 200 座自治市中，仅有 1/4 还

---

① Heckscher, Eli. F., 1983: *Mercantilism*, Vol. 1, New York, Carland Publishing, Inc., pp. 236、306.

能找到行会的踪迹,尽管这些城市早先可能存在行会。在非自治的"市场集镇"(market towns)很少能找到行会。赫克歇尔注意到,正是在这些没有行会的城市里,创新精神无处不在,新型企业兴起。① 从18世纪初开始,英国全国各地的行会走向全面衰落。

城市市政当局的经济管理职能主要是保障城市日常生活所需,打击对食物等日常生活用品的垄断、哄抬物价、以次充好等行为;批准成立行会或公会,惩罚未经授权者,对城市工商业活动进行全面的监督控制。如早在1286年,诺里季市政当局就规定,各手工业行会必须接受市政府管理,行会会长须向市长宣誓效忠;干预公会的具体经济管理措施,"有些公会的内部纠纷的解决显然是以市政当局的裁决为依据的"②。

海关是英国海外贸易的地方管理机关。英国国王为征收关税,于13世纪末开始在沿海各港口设立海关,其管理人员随着事务的增多也在增加,到都铎王朝时,主要有征税官(collector),职责是把所有货物登记在册,收取关税,核发收据或发放海关进出口通行证;查验官(controller),职责是保存进出口货物副卷,以便与征税官的正卷一起送往财政署查验;搜查官(searcher),职责是阻止金银贵金属出口,出口是否得到许可,以及检查是否进口假币;检查官(surveyor),职责是监管港口的其他官员,特别是搜查官,监管所有的账本、卷宗和征税官、查验官、搜查官以及其他官员的备忘录,监管所有进出口港口的货物及货值的评估,监管所有送给他盖章的单据、海关通行证和证明书。除了这些主要官员,海关还有其他的办事人员,如过磅员等。③ 由于为国王征收关税,所以他们拥有报酬,"在地方行政上,几乎没有专职的领取薪俸的职位,只有海关例外"④。海关是一个执行和体现重商主义政策和贸易保护主义的重要机构,具有较强的经济管理职能。但是随着英国国家开支的增多,伊丽莎白女王为增加税收,开始实行商人承包关税制,这种不完善的管理体制直到光荣革命后才趋向成熟,近代海关制度才逐渐确立。

总而言之,只有把国家与市场经济的关系置于重商主义时代的大背景下,详细了解市场经济在发展的每个阶段提出的理性要求,具体掌握国家在每个发展阶段所具备的经济职能,所做的功能调适,才能看清国家与市场经济关系的发展结构和本质所在。

---

① Heckscher, Eli. F., 1983: *Mercantilism*, Vol. II, New York, Carland Publishing, Inc., p. 244.
② 金志霖:《英国行会史》,上海,上海社会科学院出版社,1996年,第116、184页。
③ Gras, N. S. B., 1918: *The Early English Customs System*, London, pp: 95~99.
④ Guy, J., 1997: *The Tudor Monarchy*, London, p. 49.

第二章 国家与市场经济关系的思想和政策背景

市场经济的蓬勃发展，民族国家的整合形成，使得重商主义应运而生。重商主义是这一时期国家与市场经济关系不可或缺的思想和政策大背景，重商主义思想是国家与市场经济关系的知识话语和意识形态，重商主义政策是国家与市场经济关系形成的社会情境。赫克歇尔指出："国家是重商主义经济政策的主题和目标。"① 布罗代尔引用丹尼尔·维野的话说："正是重商主义者创造了民族国家，"他接着指出："要不然就是民族国家或孕育中的所谓民族国家在创造自己的同时，创造了重商主义。"② 从此，市场力量和国家力量以重商主义的名义整合在了一起，双方的此消彼长取决于双方的力量取比。正是这种力量对比的变化决定了重商主义的发展变化和演进轨迹，决定了国家与市场经济关系的总体结构。

英国重商主义时代大体上从 1500 年至 1750 年横跨两个半世纪，时间跨度大，且处于从农业社会向工业社会转型时期，涉及的问题纷繁复杂，期间的演变也令人眼花缭乱，重商主义者在初期倡导的观点和政策，可能到了后来的重商主义者那里，又极力表示反对。赫克歇尔在其经典巨著《重商主义》中就多次对这种前后矛盾表示不解。因此，要分析这一时期国家与市场经济的关系，就需对英国重商主义进行细化研究。通过对重商主义发展阶段和演进脉络的把握，可以深化对重商主义的认识，理清国家与市场经济关系的演变轨迹。

传统观点按照国家与市场经济关系的侧重点不同，一般把英国重商主义分为早期和晚期，早期又称为重金主义，晚期又称为重工主义，这

---

① Heckscher, Eli. F., 1983: *Mercantilism*, Vol. 1, New York, Carland Publishing, Inc., p. 21.
② 〔法〕费尔南·布罗代尔：《15 至 18 世纪的物质文明、经济和资本主义》第 2 卷，顾良译，北京，生活·读书·新知三联书店，1993 年，第 601 页。

实际上是从重商主义思想演进的角度进行的一种较为粗略的划分。此外，由于一些学者在用重商主义分析国家与市场经济的关系时，常常把重商主义思想和重商主义政策混同，所以引起了许多不必要的混乱。以雅格布·维纳为例，他以17世纪20年代为时间点，把英国重商主义思想分为两个时期，但由于他把重商主义政策与思想混合在一起，导致他对官方政策的实际进程并不支持这一分期感到困惑不已。① 为了推进国家与市场经济关系的研究，深化对重商主义的认识，必须从学理上把英国重商主义思想和政策明确地区分开来。

现在，对英国重商主义思想和政策中关于国家与市场经济关系的论述和实践做出清晰梳理的条件已经具备，最近关于重商主义思想的研究已经清楚地表明，在论述国家与市场经济关系方面，重商主义思想在许多方面是古典经济学的理论先驱，而决不仅仅是针对当时经济危机的政策辩论。把重商主义仅仅看作是经济政策是错误的。② 新近关于英国经济史的讨论也已经使学者们充分认识到，经济思想只构成了具体政策形成背后的诸多因素之一，马格努松就认为："首先，大多数此类作品不能看作纯粹是17世纪和18世纪早期王室追求的保护主义或者传统规制政策的辩护。恰恰相反，许多重商主义作者猛烈批评此类政策。我们这里可以提到巴本、达文南特，或被假定为《虚弱的英国》的作者佩蒂特，他因其'自由贸易'倾向而受到麦卡洛克（McCulloch）的高度赞扬。应该记住的是，托马斯·孟的目标之一是攻击禁止出口金银的古老政策，这种政策严重侵犯了东印度公司的利益。但是，把这种对政府政策的批评态度归结于公司利益的坚定支持也是错误的。不是这一特殊集团的支持者也持这样一种批评态度。"③ 此外，许多学者在研究重商主义时，在方法上越来越多认同"16和17世纪的行为模式，必须根据16和17世纪的事实和人的观点来考察"④ 这样的立场。这些新的研究动向为在学理上区分重商主义思想和政策准备了基础。

由此可见，通过对这一时期国家与市场经济关系的历史事实的深入

---

① Viner, J., 1930: "English Theories of Foreign Trade before Adam Smith", *The Journal of Political Economy*, Vol. 38, pp. 252~254.

② Magnusson, L. 1994: *Mercantilism: The Shaping of an Economic Language.* New York, Routledge; Hutchinson, T. W., 1988: *Before Adam Smith.* Oxford, Blackwell.

③ Magnusson, L., 1994: *Mercantilism: The Shaping of an Economic Language.* New York, Routledge, p. 17.

④ 〔法〕约瑟夫·熊彼特：《经济分析史》第1卷，朱泱等译，北京，商务印书馆，2001年，第241页注1。

挖掘，通过把文本解读和社会语境分析有机地结合起来，并放在当时社会转型的时代大背景下进行解读，以前被遮蔽的视域会次第敞开，对英国重商主义思想和政策进行细化研究的条件已经形成。纵观英国重商主义整个发展历程，重商主义思想和政策可以划分为三个时期，与国家和市场经济关系的三阶段演进形成了鲜明的呼应关系和逻辑勾连。当然，重商主义思想和重商主义政策有着不同的演变轨迹，在分期的时间点上也略有不同之处，两者的发展有时候并不同步，显示出从重商主义思想上升为重商主义国家政策经历了复杂的过程，也反映出国家与市场经济关系总体结构的复杂多变。

第一节　思想背景——重商主义思想的演变

与国家和市场经济关系的阶段性演进相印证，重商主义思想的演变也经历了三个阶段：雏形时期、成熟时期、完善时期，反映了重商主义思想对国家与市场经济关系的把握不断深入，对经济学语言的运用不断成熟的过程。

第一阶段，是从1500年到17世纪20年代前，重商主义思想处于初期阶段。为了应对社会转型初期混乱的经济社会秩序，为了满足日益膨胀的财政需求，推进市场化的进程，重商主义者从思想上主张国家对经济生活进行控制，但此时的重商主义思想还比较粗糙，有时还同政策建议混同在一起。

对于当时重商主义的思想水平，熊彼特作了十分精要的总结，他认为，由于重商主义者讨论的都是新兴民族国家所面临的问题，而这些问题又都是与经济政策有直接关系的实际问题，而他们又多借助常识的力量提出自己的论点，这就使得重商主义的"大量文献实质上处于分析前的阶段，不仅如此，而且是粗糙的——是非专业人员的著作，甚或是未受过教育的人的著作，这些人往往缺乏阐明基本原理的技巧"[①]。熊彼特十分怀疑他们的理论水平，认为他们只不过是"试图对他们那个时代的实践加以合理的说明；一方面他们试图说出他们的时代和国家的目标和需要是什么，另一方面他们试图使一大堆乱七八糟的实际措施和做法具有某种合乎逻辑的顺序。但是他们并没有透过问题的表面进行深入的研

[①] 〔美〕约瑟夫·熊彼特：《经济分析史》第1卷，朱泱等译，北京，商务印书馆，2001年，第531页。

究，而只有进行深入的研究，才需要运用分析技术。他们提出论点后，便急忙提出具体建议，例如，哪些产业部门最有发展前途而应该予以扶植——就英国来说，他们认为应该扶植渔业、冶铁业、亚麻布业、水道的改进或皇家土地的开发。他们的许多著作只是充满了发展规划"①。虽然他们讨论的是具体的经济问题，但是他们在新的理论框架内讨论问题，由此发展出的新原则已经触及到了如何获得国民财富这一问题。

从思想内容来说，这一阶段的"重商主义的概念意味着差不多等同于相信国家对经济活动干预的正义和有效"②。这一阶段的重商主义者主要有以下思想主张：

第一，只有金银才是一个国家真正的财富。在1530年左右的一篇文章中，宣布："农民的工作增加食物的富有，工匠的工作增加货币的富有。"作者心中的理想还是"为了衣食"，要拥有大量的货币和食物。③ 约翰·惠勒认为，除了增加国内金银的数量，没有其他方法能增进财富。④ 这种观点一次又一次地重现，直到17世纪初，重商主义者马林斯仍抱有这种想法。要使本国富有，就要禁止本国货币和金银的输出。他们主张对外贸易的原则是少买多卖，只有出超才能使金银进口，杜绝本国财富外流，"务必使我们向外国人购买的货物不超过我们销售给他们的货物，要不然我们就会自趋贫穷，让他们发财致富"⑤。维纳指出，此时追求的是单项交易的入超，而不是整个国家的贸易平衡。⑥ 重商主义者也主张发展农业，因为这样"可以把多余的粮食运往国外以换取大笔钱财"⑦。

第二，对外贸易是财富的真正源泉，国内贸易不会引起货币的外流，对财富无所增减，对外贸易应按照贱买贵卖的原则进行。迪格斯在《贸易辩护》中指出，海外贸易不但能给国家带来财富，而且能为人们提供

---

① 〔美〕约瑟夫·熊彼特：《经济分析史》第1卷，朱泱等译，北京，商务印书馆，2001年，第536~537页。

② Stone, L., 1947: "State Control in Sixteenth - Century England", *The Economic History Review*, Vol. 17, p. 110.

③ "Howe to Reforme the Realms in Settyng Them to Werke and to Restore Tillage", in Tawney, R. H. and Power, E., 1953: *Tudor Economic Documents*, Vol. 3, London, p. 127.

④ Wheeler J., 1601: *A Treatise of Commerce.* London, p. 2.

⑤ 〔英〕伊丽莎白·拉蒙德编：《论英国本土的公共福利》，马清槐译，北京，商务印书馆，1989年，第73页。

⑥ Viner, J., 1930: "English Theories of Foreign Trade before Adam Smith", *The Journal of Political Economy*, Vol. 38, p. 252.

⑦ 〔英〕伊丽莎白·拉蒙德编：《论英国本土的公共福利》，马清槐译，北京，商务印书馆，1989年，第71页。

就业。①《论英国本土的公共福利》的作者约翰·黑尔斯指出:"首先,我们可以禁止输入我以前讲到的从海外运来的那么多没有什么价值的东西,并规定只准出售我们自己的商品,不得销售舶来品;其次,我们不能不管未经加工的商品,因为如果把那些商品及时地就地加工后卖到国外去,它们就会在短时期内带来无数的财富了。"② 约翰·惠勒在为冒险商人公司的垄断辩护时,提到一个重要理由就是公司可以做到贵卖贱买。③ 在这一阶段,马林斯是全面而清楚地了解国际汇兑机制的第一人,这一机制是通过价格水平和金银流动起作用的,在《论英格兰公共福利之积弊》一书中,他巧妙地指出,如果一个国家的通货跌到铸币平价以下,因而硬币外流的话,那么该国的物价将下跌,而外国的物价将上涨,因为外国的通货数量将增加,从而外国的货物的价格将上涨。这一分析被熊彼特认为是"一个巨大的理论贡献。一直到18世纪,人们才得出该论点表明的结论"④。

第三,提倡保护关税,使用本国的产品,发展本国的加工工业。约翰·黑尔斯认为,"我们最好还是付出较高的代价向我们自己人购买那些货物,而不要以低价向外国人购买",同时,"我特别希望不要使用海外任何以我们的原料如羊毛、兽皮、锡等制造的、返销到这里来的商品",因为如果本国建立这样的工业,既"可以安排2万人就业",又可避免货币外流。⑤

第四,这一阶段的重商主义者要求统一市场,要求经济资源和市场要素在全社会范围内的自由流动,让人们有随意销售商品的自由。在《论英国本土的公共福利》中,博士与爵士的对话已经涉及由市场来调节价格,爵士问道:"你能采取什么办法更好地扶植他们使用犁呢?"博士回答:"让他们靠耕种土地比以往获得较多的利益,并使他们可以像人们处理其他物品那样在任何时间、任何地点随便出售小麦。毫无疑问,小麦的价格将上涨,特别是在最初的短时期内;但价格将刺激每个人去拿起犁来耕耘土地,开垦荒地,并把圈用的土地从牧场改为可耕地;因

---

① Digges, D., 1915: *The Defence of Trade*, London, p. 2.
② 〔英〕伊丽莎白·拉蒙德编:《论英国本土的公共福利》,马清槐译,北京,商务印书馆,1989年,第96页。
③ Wheeler, J., 1601: *A Treatise of Commerce*, London, p. 44.
④ 〔美〕熊彼特:《经济分析史》第1卷,朱泱等译,北京,商务印书馆,2001年,第526页。
⑤ 〔英〕伊丽莎白·拉蒙德编:《论英国本土的公共福利》,马清槐译,北京,商务印书馆,1989年,第75、130页。

为每个人都将乐于趋向他们看出可以从中获得较多利润和收益的行业。这种办法一定可以保证小麦充盈,并由此将大量财富带入我国;此外,其他一切食物也将在我们中间大量增加。"① 重商主义者对世界市场的价格、供需等运行机制及市场的利益驱动机制进行了初步考察,并要求人们按照市场规律来开展商业活动。熊彼特也承认,事实上《论英国本土的公共福利》的作者对市场机制的推理已经超越了常识水平,实际上已经接近于理论分析。②

第二阶段,是从 17 世纪 20 年代到 17 世纪 90 年代,随着市场力量的增强,出现了重商主义思想革命,逐渐形成了"贸易科学"(science of trade)。③

威尔逊把重商主义称作"危机经济学"④,有一定的道理。重商主义思想正是在 17 世纪 20 年代贸易危机的讨论中成熟起来的。这次危机的主要原因是伴随着 30 年战争或由此引起了波兰和德国大多数地区货币贬值和汇率变动,这样,英国呢绒价格变得昂贵,失去价格优势,向这些地区的出口锐减,使得许多呢绒商濒临破产的边缘,大量纺工失业,货币短缺。市场的扩展使得经济联系"不再是看得见,摸得着的,经济变得不可理解"⑤。于是英国全国上下围绕什么是这场危机的主要原因、补救之道何在进行了激烈的争论。争论以马林斯等为一方,米塞尔登和托马斯·孟等为另一方。正是在这场著名的争论中,重商主义者开始使用共同的术语,来处理共同面临的问题,出现了重商主义思想革命。根据马格努松的意见,这种思想革命体现在:(1)开始对如何创造和分配财富进行明确的和主要的讨论;(2)在讨论中运用了培根式的科学程序和逻辑原则,而且强调这样的争论应该基于具体的事实,比如,国际贸易状况,支付平衡,等等;(3)大多数重商主义思想家对人类和社会做出了"物质的"解释,16 世纪的那种道德考虑已经退居幕后,人经常被看作是利己主义者,在许多作品中,出现了在一定的条件下自私自利能够

---

① 〔英〕伊丽莎白·拉蒙德编:《论英国本土的公共福利》,马清槐译,北京,商务印书馆,1989 年,第 70~71 页。
② 〔美〕约瑟夫·熊彼特:《经济分析史》第 1 卷,朱泱等译,北京,商务印书馆,2001 年,第 262~263 页。
③ Magnusson, L., 1994: *Mercantilism: The Shaping of an Economic Language*, London and New York, p. 11.
④ Wilson, C., 1971: *Mercantilism*, London, Reprinted, p. 11.
⑤ Appleby, J. O., 1978: *Economic Thought and Ideology in Seventeenth - Century England*, Princeton University Press, p. 26.

服务于社会目标的思想;(4)把经济看作一个体系,拥有自己独立的范畴和独特的规律,把市场过程与经济变量,如价格、工资、利率、货币价值和汇率等联系在一起;(5)坚持市场供给和需求的相互作用决定了经济的增长和衰落。①

贸易平衡理论是这一时期重商主义思想的核心之一。贸易平衡的观念在16世纪已经很普遍。② 据考证,最先使用"贸易平衡"这一名词的是米塞尔登,③ 他在《商业循环或贸易平衡》一书中,对贸易平衡的含义作了解释,指出出口商品在价值上超过进口商品,是一个国家致富的准则。④ 与米塞尔登处在同一战壕的托马斯·孟赋予贸易平衡或贸易差额理论以较为系统的理论形态,强调指出:"对外贸易是增加我们的财富和现金的通常手段,在这一点上我们必须时时谨守这一原则:在价值上,每年卖给外国人的货物,必须比我们消费他们的为多。"⑤ 托马斯·孟从早期重商主义思想对单项交易顺差的关注,转向强调国家整体顺差,从而成功地超越了限制外汇交易和管制货币的思想,主张通过贸易规则的间接手段来增加国内的金银存量。

17世纪的重商主义者对市场机制已相当了解,他们运用供需机制来解释价格形成、工资波动等经济现象。他们认识到,经济领域有自己的规律,是一个由供需力量调节的体系。马格努松认为这是托马斯·孟等人的主要创新之处。⑥ 这种新的理论框架在此后被用来讨论各种短期和长期的经济问题,不仅贸易平衡理论得到运用,而且经济领域是由供需力量调节的体系这一概念也被不断使用。在17世纪重商主义者的作品里表达了一种很普遍的思想,就是通过立法手段不可能影响经济生活的进程。⑦ 因此他们主张要利用市场规律开展商业竞争,托马斯·孟认为:"由于我们能够在土耳其以低廉的价格出售我们的纺织品,所以我们已经

---

① Magnusson, L., 1994: *Mercantilism: The Shaping of an Economic Language*, London and New York, p. 11.

② Viner, J., 1930: "English Theories of Foreign Trade before Adam Smith", *The Journal of Political Economy*, Vol. 38, p. 257.

③ Fetter, F. W., 1935: "The Term 'Favorable Balance of Trade'", *The Quarterly Journal of Economics*, Vol. 49, p. 622.

④ Misselden, E., 1623: *The Circle of Commerce, or the Balance of Trade*, London, pp: 116~117.

⑤ 〔英〕托马斯·孟:《英国得自对外贸易的财富》,袁南宇译,北京,商务印书馆,1965年,第4页。

⑥ Magnusson, L., 1994: *Mercantilism: The Shaping of an Economic Language*, London and New York, p. 67.

⑦ Heckscher, Eli. F., 1983: *Mercantilism*, Vol. II, New York, p. 310.

大大地增加了它的销路,而威尼斯人的纺织品却因为索价较高,在那些国家里已经没有什么销路了。而从另一方面来看,在几年以前,当时我们的纺织品因为羊毛价格过高以致价格高昂,因此我们输出到外国去的衣服至少减少了一半,其后也只是因为羊毛和纺织品价格大落,才能够(很接近地)再行恢复。"因此,"在纺织品贵的时候,别的国家就立即从事衣着的制造,并且我们知道它们做这种工作,并不缺乏技巧和原料。但是当我们减低价格的时候,我们就可以把它们从这门行业中赶出去,而当我们再行提价的时候,它们便也会再施故技以资挽救"。[1] 重商主义者也极力主张自由贸易,巴本便是其中之一。他反对靠国家干预和限制贸易达到贸易平衡的做法,他认为:"任何国家制定禁止一切外国货物的法律,都会使其他国家也制定同样的法律,后果将是毁掉一切对外贸易。"同时,他认为一切商品的价值来自商品的用途,"市场是价值最好的裁判,因为从买方和卖方的汇集能够最清楚地知道商品的数量和它们出售的机会。物品能卖多少钱,它就正好值那么多钱。"[2] 哈利法克斯直截了当地说:"贸易……是自由的产物,一个受到破坏,另一个就一败涂地。"[3] 诺思在著作中也反复阐述贸易自由的思想,他说:"阻碍贸易的法律,不论是关于对外贸易或是国内贸易,不论是关于货币或其他商品,都不是使一个民族富裕、使货币和资本充裕的要素。"同时,他也指出了供求关系决定价格。[4] 达维南特也认为:"贸易本质上是自由的,遵循自己的路线,掌握着自己的进程,所有加诸其身的规章、指示以及限制的法律服务于私人的特殊目的,很少有利于公众。"[5] 蔡尔德明确反对市场控制,他列举了一长串妨碍贸易和就业的法律,像禁止出口货币,提高出口价格,降低啤酒价格,垄断收购谷物和其他商品,等等。他认为商人会受利润引导,满足市场的需求。[6] 本杰明·沃斯利甚至提出了亚当·斯密所主张的自由港概念。[7] 总之,他们认为,自由贸易能够导致繁

---

[1] Magnusson, L., 1995: *Mercantilism: Critical Concepts in the History of Economics*, Vol. I, London and New York, p. 87.

[2] 〔英〕托马斯·孟等,《贸易论(三种)》,北京,商务印书馆,1982 年,第 79、58 页。

[3] Hill, C., 2002: *The Century of Revolution* 1603~1714, London and New York, p. 260.

[4] 〔英〕托马斯·孟等,《贸易论(三种)》,北京,商务印书馆,1982 年,第 119、121 页。

[5] Magnusson, L., 1995: *Mercantilism: Critical Concepts in the History of Economics*, Vol. I, London and New York, p. 220.

[6] *Ibid*, pp. 52~53.

[7] Worsley, B., 1652: *Free Ports*, London, p. 4.

荣，尽管商人间的竞争会降低商品的价格，但低价能够拓展新的市场，从而带来更高的总体利润，因此，市场上贸易者数量的增加能够促进经济增长。他们对财富和财富生产活动的定义已与此前不同。①

重商主义者是经济自由和市场机制的积极提倡者和理论先驱，许多经济史家直接或间接注意到了这一点。雅格布·维纳注意到，有些重商主义者甚至比斯密更相信自由贸易，他指出："大多数重商主义者主张一些特别的自由，他们珍视这些自由，既为他们自己，也为他们的同胞。"② 赫克歇尔认为重商主义者支持贸易自由，"正如我们所看到的那样，重商主义至少有两个方面，一个方面指向自由主义，另一个方面正好相反"③。W. D. 格拉普考察了英国重商主义的自由因素，他把充分就业看作重商主义政策的目标，因此他从充分就业入手进行分析，得出了重商主义是古典经济学的先驱的结论，他认为："重商主义者预见了古典经济学的许多重要成分，包括利己主义的古典概念、价格机制、交换的互利和国家在经济组织中的地位。"④ 他对重商主义者和自由主义者的差别进行了分析："自由主义者希望通过市场来完成经济组织的功能，这个市场越自由越好。重商主义者相信，如果对市场以某些方式加以控制，那么这种功能将发挥得更好。"由此可见，重商主义者和古典经济学家之间手段的差异仅在于前者主张一个相对受到控制的市场，而后者主张一个相对不受控制的市场。⑤ 也就是说，仅在于国家干预的程度不同而已。马格努松更开宗明义地指出："很清楚，在斯密的体系中，著名的'看不见的手'源于苏格兰的自然理论讨论。但是，这场关于公共利益和私人恶行的讨论有一个长得多的谱系。这一问题实际上在 17 世纪许多重商主义者的小册子里已经提出来了。"⑥ 结论是："实际上，17 世纪是我们称之为'现代经济学'的东西的诞生地。产下这个新生儿的人是重商主义者。"⑦

第三阶段，是 17 世纪 90 年代到 18 世纪 50 年代，重商主义思想又

---

① Appleby, J. O., 1978: *Economic Thought and Ideology in Seventeenth - Century England*, Princeton University Press, p. 112.
② Viner, J., 1960: "The Intellectual History of Laissez Faire", *The Journal of Law and Economics*, Vol. 3, p. 56.
③ Heckscher, Eli. F., 1983: *Mercantilism*, Vol. II, New York, p. 323.
④ Grampp, W. D., 1952: "the Liberal Elements in English Mercantilism", *Quarterly Journal of Economics*, Vol. LXVI, pp: 466~467.
⑤ *Ibid*, p. 495.
⑥ Magnusson, L., 1994: *Mercantilism: The Shaping of an Economic Language*, New York, p. 4.
⑦ *Ibid*, p. 7.

一次经历革命性转变，出现了国际贸易的互利概念，承认地域分工和专业化是国际贸易的基础，承认个人追求自身利益的行为可能会推进整个社会的福利，在思想上已与亚当·斯密咫尺之遥。

17世纪90年代是英国重商主义思想发展的一个承上启下的关键时期，一方面，由17世纪20年代发展出来的重商主义思想进一步成熟，另一方面，又开启了下一世纪的思想转折。因此，蔡尔德、达文南特、巴本等人既沿袭了许多旧有的命题，又提出了许多理论创见，这些创见被18世纪上半期的重商主义作家进一步发扬光大。土地银行等构想和实践，也为重商主义作者提供了大量的思考素材。约翰·劳的纸币重商主义一方面构成了与重商主义者过去对待贵金属态度的决裂，另一方面，又狂热地相信重商主义的基本货币概念：流通的规模是经济生活的绝对推动力。① 赫克歇尔看到，1688年光荣革命和18世纪20年代的南海泡沫法案开启了一个新时代。对作为货币体系的重商主义来说，1689~1720年这段时期有两方面的重要意义，一方面，重商主义的主题——渴求货币在流通中增加，得到了在理论上和实践中的运用。另一方面，也切断了货币数量和贵金属数量这两个现象之间的联系，以前重商主义者从未在实践中对这两者加以区分。当不用实现贵金属进口剩余也能增加货币数量时，重商主义的多数实践结论就不得不改变。②

事实上，重商主义思想不只在货币思想上经历了一个重大的变化。在这一阶段的重商主义作者看来，经济发展是一个经济体制的长期目标，这一目标可以通过国内经济的持续增长和国际贸易领域的相互发展来实现，这两个领域是紧密联系的。熊彼特认为，这一阶段的工作主要是对以前工作的"批评性修正——这种修正是重商主义作家的主要分析成果"③。

第一，形成了国际贸易的互利概念。传统看法认为重商主义的信条之一就是世界上的经济资源是固定的，一国之所得，必然是另一国之所失。因此，重商主义要求实现贸易顺差，来增进本国的财富。人类的进步只有通过其他国家的损失来实现，赫克歇尔称之为"重商主义的灾

---

① Heckscher, Eli. F., 1983: *Mercantilism*, Vol. II, New York, pp: 235~236.
② *Ibid*, p. 231.
③ 〔美〕约瑟夫·熊彼特：《经济分析史》第1卷，朱泱等译，北京，商务印书馆，2001年，第552页。

难",① 也就是一种零和游戏。这实际上是根据对 18 世纪以前重商主义思想的研究得出的结论。R. C. 威利斯通过研究 17 世纪晚期到 18 世纪上半期的重商主义作品，认为传统看法与这一阶段的重商主义思想严重不符，在达文南特、迪福、塔克等人的著作中，已经暗示出国际贸易的互利概念。② 事实上，早在 17 世纪 50 年代，国际贸易互利的概念已经出现，本杰明·沃斯利在 1652 年指出，我们有益，邻人也会有所得。③ 到了 18 世纪，这一观点得到了进一步的阐明。M. 波斯特勒维特指出："没有一个商业民族能够维持与其他人的商业往来，如果他们只希望出售，而不购买任何商品作为回报。"④ 西蒙·克莱门特认为，如果一个外贸商人"拒绝购买邻国要求他必须购买的东西，他不可能如此方便地从邻国有所收益，因为邻国没有机会与他做金钱交易"⑤。

第二，互利的源泉在于国际贸易的专业化。这一阶段的重商主义已经得出一个 19 世纪古典经济学家得出的结论，国际劳动分工是国际贸易互利的基础。虽然其表达不够完善，但足以证明过去批评重商主义忽视要素禀赋基础是站不住脚的。⑥ 熊彼特也指出，他们对地域分工的利益作了"技术高超的理论表述，这种表述在某种程度上预示了 19 世纪国际价值理念的最重要的因素。"⑦ 实际上，早在 16 世纪，人们对国际劳动分工的经济功能已经有了初步的认识。⑧ 到 18 世纪，在重商主义作品中经常可以看到以专业化作为贸易的基础。1701 年一本匿名的小册子《东印度贸易之考察》描述了专业化的好处："我们的国内需求可以通过我们航海到其他国家得到供应。只需花费轻松细微的劳动，我们就可以品尝阿拉伯半岛的香料，却从来不用感受培育它们的酷热阳光；我们可以享受丝绸，却从来不用我们的双手去纺织；我们畅饮葡萄酒，却从来不

---

① Heckscher, Eli. F., 1983: *Mercantilism*, Vol. II, New York, pp: 24. 26.
② Wiles, R. C., 1974: "Mercantilism and the Idea of Progress", *Eighteenth-Century Studies*, Vol. 8, p. 62.
③ Worsley, B., 1652: *Free Ports*, London, p. 3.
④ Postlethwayt, M., 1757: *Britain's Commercial Interest Explained and Improved*, London, p. 71.
⑤ Clement, S.: A Discourse of the General Notions of Money, Trade, and Exchanges, as They Stand in Relation Each to Other, in Magnusson, L., 1995: *Mercantilism: Critical Concepts in the History of Economics*, Vol. III, London and New York, London and New York, p. 374.
⑥ Wiles, R. C., 1974: "Mercantilism and the Idea of Progress", *Eighteenth-Century Studies*, Vol. 8, p. 66.
⑦ 〔美〕约瑟夫·熊彼特：《经济分析史》第 1 卷，朱泱等译，北京，商务印书馆，2001 年，第 567 页。
⑧ Eli. F. Heckscher, *Mercantilism*, Vol. II, New York, 1983, p. 178.

用种植葡萄树；这些矿产财富是我们的，我们却从来没有挖过一锹；我们只是深耕土地，然后收获世界上每一个国家的果实。"① I. 杰维斯甚至从专业化的角度出发，讨论了生产资源配置问题，认为不管关税、禁令会给被保护的工业部门带来多大的直接可见的利益，但由于妨碍了最有利的资源配置，因而对整个国家是不利的。② 因此，重商主义者强调国际合作，合作成为一个普通的概念，得到了广泛的传播，但这与重商主义的传统解释背道而驰。③

第三，其他国家的发展可以是促进本国进步的源泉，在一定程度上承认世界经济的相互依赖性。N. 福斯特强调了进口的好处："如果不考虑任何其他部门，一个商业部门的实际效用不在于实现了贸易顺差，而在于带来了大量的生活必需品和有用的东西，使得更多的个人能够分享这种富足。"④ 迪福指出："在巴西，财富发现的结果是人口大量增长，人们变得富裕，改变了他们的生活方式，从简陋的用具变为慷慨奢侈的消费，甚至是挥霍浪费，这使得他们对欧洲各种商品的消费需求惊人地增长。大量的货币收益富裕了欧洲葡萄牙整个国家，这也增加了制造品的需求，以供他们国内消费。与在巴西同样的原因，所有民族的财富和奢侈总是一直增加。"塔克进一步指出："我们可以拟定一条很少有例外的普遍规律：一个勤奋的民族从来不会因为邻国的工业不断增长而受到伤害。就如天意所定，所有人对其他国家的农产品和制成品都有强烈的偏爱……结果是，当这种偏爱得到适当的调节，各民族各自的工业能使他们成为更好的消费者，能促进友好交往，相互都能得到好处。"⑤ 因此，一本署名为"T. T."的小册子指出，在本国消费进口商品对这个国家有利。⑥ 阿瑟·多布认为，国际贸易"促进了相互之间的融洽，增加了相互之间的幸福和富有，提升了彼此的福利"⑦。从反对进口到认为进

---

① Wiles, R. C., 1974: "Mercantilism and the Idea of Progress", *Eighteenth – Century Studies*, Vol. 8, p. 67.

② Gervaise, I., The System or Theory of the Trade of the World, in Magnusson, L., 1995: *Mercantilism: Critical Concepts in the History of Economics*, Vol. IV, London and New York, pp: 11 ~ 12.

③ Wiles, R. C., 1974: "Mercantilism and the Idea of Progress", *Eighteenth – Century Studies*, Vol. 8, p. 67.

④ *Ibid*, p. 65.

⑤ Tucker, J., 1776: *Four Tracts on Political and Commercial Subject*, Gloucester, p. 43.

⑥ Wiles, R. C., 1974: "Mercantilism and the Idea of Progress", *Eighteenth – Century Studies*, Vol. 8, p. 64.

⑦ *Ibid*, p. 68.

口有利，重商主义这种思想的转变为消费观念的转变铺平了道路，为理性地探讨消费问题营造了舆论氛围。

第四，贸易顺差理论被外国支付收入理论所取代。前者强调一个国家获得货币或金银的重要性，后者强化了国内生产、就业和制造业对国民财富的作用。17世纪90年代的许多重商主义者就强调就业和制造业的作用。到1700年以后，发展成为一种成熟的经济发展"外国支付收入"理论。这一理论认为，组织良好的贸易意味着"劳动出口"最大化，高附加值产品的出口意味着外国将为出口国家支付工资和利润。这样的产品出口越多，英国从葡萄牙、西班牙等国获得的收入就越多。通过成为世界制造商，英国将雇佣成千上万的工人，通过"外国支付收入"获得大量的资本。马格努松指出，是詹姆士·斯图亚特在1767年使这种理论达到了最成熟的形式——劳动平衡理论，也就是如果劳动出口大于进口，一个国家就会从其外贸获益。①

第五，把自利行为视为经济进步和社会文明的源泉。理查德·坎蒂隆认为，手工业雇工"为了他们自己的利益，不须从旁监督，自会全力以赴"②。这一思想的代表人物是曼德维尔。这位居住在英国用英语写作的荷兰人为《蜜蜂的寓言》起了一个让16世纪的道德家瞠目结舌，让斯密心有戚戚的副标题"私人的恶德，公众的利益"。巴本对自利行为也有自己的看法，认为："挥霍是一种对人有损害而不是对贸易有损害的罪恶……最能促进贸易的支出，是花在穿和住、花在装饰身体和房屋上的支出。"③曼德维尔在著作中已经获得斯密关于商业社会的基本概念：如果让每个人去合理地追求他自身的利益，那将会增进整个社会的财富和繁荣。正如霍恩所言："在力图理解自利的人们如何生活在一起的过程中，曼德维尔做出了他最重大的贡献。通过把自利观念、经验主义、劳动分工和人类发展的长期历史结合起来，曼德维尔得以解释了商业社会的运行和物质进步。"④

第六，十分重视国内消费。在17世纪晚期以前，许多重商主义者如

---

① Magnusson, L., 1994: *Mercantilism: The Shaping of an Economic Language*, New York, pp. 134~135.

② 〔英〕理查德·坎蒂隆：《商业性质概论》，载〔美〕A. E. 门罗编：《早期经济思想》，蔡受百等译，北京，商务印书馆，2011年，第254页。

③ 〔英〕尼古拉斯·巴本等：《贸易论（三种）》，北京，商务印书馆，1982年，第74页。

④ 〔荷〕伯纳德·曼德维尔：《蜜蜂的寓言》，肖聿译，北京，中国社会科学出版社，2002年，序言第12页。

托马斯·孟、马林斯、米塞尔登等人大部分对国内消费的好处一无所知，奢侈品等同于异国情调产品的进口，会危及贸易平衡。他们认为，国内消费只是响应人口增长的一项必要的罪恶。在他们眼里，"纯粹的消费"是一个贬义词。因此，传统观点认为，重商主义不重视甚至反对国内消费，实际上重商主义发展到这一时期，主张最大量的消费，才能促进英国经济的繁荣。查尔斯·金认为"英国首要的和最好的市场是本国人和本国居民"，据他估计，英国每年5000万英镑的国民收入中，其中，400万镑用于消费进口商品，350万镑用于住房，4200万镑用于消费本国的产品。① 虽然这些数据有可能夸大，但也大体上反映了英国当时的消费状况。卡利也认为只要每个人都更多地消费，所有人将获得更大的收入，可以生活得更富有。② 在重商主义者眼里，整个国内市场的消费变得越来越重要。③

英国重商主义思想的三个阶段的演进体现了人们对市场经济发展及其运作机制认识的不断深化，也反映了重商主义思想在思想内容和分析技巧上正无限趋近于古典经济学，只等亚当·斯密对现有的思想加以整理即可完成。

第二节 政策背景——重商主义政策的演进

重商主义思想不等于重商主义政策，重商主义思想形成后，需要经过思想的传播，经过意识形态的确认，方转化为可以操作的国家制度、法律与政策，这是一个复杂的过程。

一、重商主义思想对国家政策的影响

重商主义面对的是民族国家构建和市场经济发展的新问题。面对这些全新的经济现象，如何理解和处理这些问题，是当时人们热烈讨论的话题，是重商主义思想形成和传播的关键所在，参加讨论的人们除了商人、政治家以外，还有议会议员，甚至包括普通法法院的法官。熊彼特对16世纪英国重商主义思想的传播途径作了一个简要的描述："国会和政府作为例行公事而召开的调查会，鼓励并且也训练了人们讨论当时的

---

① King, C., 1721: *The British Merchant; or, Commerce Preserv'd*, Vol. I, London, p. 165.
② Cary, J., 1695: *An Essay on the State of England*, London, p. 148.
③ Grampp, W. D, 1952: "The Liberal Elements in English Mercantilism", *Quarterly Journal of Economics*, Vol. 4, p. 473.

经济问题，有关经济问题的讨论由此而在整个16世纪得到了很大改进，有时甚至具有'科学'意义。当时讨论的问题有：圈地、行会、公司、中心市场制度、垄断、税收、通货、关税、济贫、工资、工业管理等许许多多问题。人们就这些问题向各皇家委员会（例如1564年建立的皇家汇兑委员会）作证，发表讲演，递交请愿书，出版小册子。"① 威尔逊指出："被亚当·斯密称为'商业体系'，也就是后来的'重商主义'，出现于私人派别向各种国家委员会递交的请愿洪流中，出现于竞争性的私人利益团体之间的摩擦引发的持续不断的讨论中，出现于对国家中商业成分的需求和被认为是整个国家的需求努力调和中。"②

在重商主义时代，英国围绕当时主要的经济问题发生了几次大的讨论热潮，通过这些讨论，重商主义思想得到了广泛的传播，并对国家的政策制定产生了深刻影响，它通过立法等途径成为国家的制度。

在16世纪下半期由于英国呢绒出口遭遇危机，引发了一系列的经济和社会问题，于是爆发了一场经济大讨论。费希尔注意到，在这次讨论中，尽管主要是从过去汲取思想，但已经用一种不同的语言来进行，形成了与三四十年代不同的关注点。过去重要的思想家都是传教士和社会改革家，现在是商人和政治家；过去表达的典型媒介是布道和文章，现在是更讲究技巧的备忘录或便函；过去检验当时生活的是社会正义，现在是经济私利；过去最大的讨论题目是农业，现在是商业和工业。面对周期性爆发的危机，16世纪50、60、70年代的人把中世纪的观念装入一个松散结合的学说体，运用这一学说，他们给经济体制强加了一系列的管制，从根本上影响了它后两个世纪的运转。③ 此次讨论的结果就是重商主义思想形成了自己的初期形态，并与当时的统治者稳定社会秩序的愿望相契合，因为此时资本主义还处在自卫的阶段，资产阶级的第一梯队需要依靠国家应对经济波动所生产的经济和社会问题，对国内工商业、海外贸易甚至百姓日常生活的控制，以此攻克难关，冲破险阻，同时需要凭借国家授予的垄断权而发家致富。于是，国家对经济的管制不断加强，到伊丽莎白时期终于形成国家对经济生活的全面控制。

---

① 〔美〕约瑟夫·熊彼特：《经济分析史》第1卷，朱泱等译，北京，商务印书馆，2001年，第260页。

② Magnusson, L., 1994: *Mercantilism: The Shaping of an Economic Language*, New York, p. 98.

③ Fisher, F. J., 1940: "Commercial Trends and Policy in Sixteenth-Century England", *Economic History Review*, Vol. 10, p. 105.

在 16 世纪的经济变动中,"乡绅、律师、小商人、企业主、零售商、中间商等作为一个新的阶层"① 迅速崛起,积累了相当的财富。到 17 世纪初,经过都铎王朝的商业化浪潮洗礼,一种新的商业社会秩序已经形成,开始与过去分道扬镳。一种新的贸易模式把欧洲、亚洲和西半球联系成世界经济。一个广阔的世界市场已经铺展在英国人面前。"在英国扩张史上,没有比 17 世纪前 30 年更活跃的时期了。"② 在 16 世纪形成的新阶层组成了资产阶级的第二梯队,他们长期浸润于市场经济浪潮中,目光如炬,迅速看到了这一千载难逢的机遇,积极投资于海外贸易和国内工商业。T. K. 拉比对 1575～1630 年海外商业冒险投资的研究表明,乡绅投资人数显著增加,特别是 17 世纪头 12 年。③ 但是,"他们被排除在经济体制的主要利益之外,他们的投资活动受到官方政策的阻碍"④。其中最大的障碍就是国王的特许垄断政策,而这一政策的获益者是少数的朝臣、大商人、大金融家。于是资本主义进入进攻的阶段,打算对政府加以控制。

在 16 世纪末 17 世纪初,新的社会阶层就开始了反抗。当时,向北欧等市场出口呢绒成为英国重要的商业活动。然而,这一市场却被商人冒险家公司所垄断。任何人想参与贸易,都要首先成为公司成员,而商人冒险家公司具有浓郁的行会性质,要成为其成员有一系列严格的限制条件。许多新加入海外贸易者要想分享这一市场,只能成为非法经营者(interloper)。于是公司的垄断成为国内商人抨击的目标。公司也不得不时刻为自己的垄断行为辩护。约翰·惠勒在 1601 年出版的《商业论》中虽然承认贸易权是臣民的一项正常的自由权,但认为太多的商人会毁了贸易,更何况商人冒险家已经从外国王公那里获得了贸易特权,而私营商人的互相竞争会降低英国商品的价格,总之,"商人冒险家公司管理有序的贸易,要远远好于散乱无序的贸易"⑤。对公司垄断的攻击,在

---

① Stone, L., 1947: "State Control in Sixteenth – Century England", *Economic History Review*, Vol. 17, p. 120.

② Rabb, T. K., 1966: "Investment in English Overseas Enterprise 1575～1630", *Economic History Review*, Vol. 19, p. 70.

③ Ibid.

④ Stone, L., 1947: "State Control in Sixteenth – Century England", *Economic History Review*, Vol. 17, p. 120.

⑤ Wheeler J., 1601: *A Treatise of Commerce*, London, p. 54. 这本书的全称是《商业论,书中说明了秩序井然、管理有方的贸易带来的各种商品,"商人冒险家公司"从事的贸易就证明了这一点;写作本书是为了使那些怀疑在英国国土上是否要建立上述公司的人更好地了解情况》,辩护之情和辩护之辞跃然纸上。

17 世纪初刚刚拉开序幕。约翰·凯尔在小册子《贸易的增加》中公开评论商人冒险家公司垄断的不公平,把其他人永远挡在门外。公司迅速对此做出回应,由达德利·迪格斯爵士写了《贸易辩护》作为答复。到 17 世纪 40 年代,对公司特权的攻击达到顶点,商人冒险家公司的辩护者如刘易斯·罗伯茨、亨利·帕克、亨利·鲁宾逊等人,找出了各种理由,有时甚至打着自由贸易的旗号,极力为公司的垄断辩解。他们强调,公司的存在是由于需要对英国的呢绒生产进行质量控制,且公司有力量与外国城市就贸易特权问题进行谈判;自由贸易可能在一开始有利,但随后就会使贸易陷入混乱。① 而自由贸易的支持者则认为可以通过增加贸易者的数量来促进财富的增长,② 这反映了新兴市场力量的要求。

面对 17 世纪 20 年代的贸易危机,当时的议会、枢密院、贸易公司以及相关的商人都围绕这一问题展开讨论。这些机构或个人都站在各自的立场上分析问题,归结的原因也五花八门,有的认为是 30 年战争,有的归结于外汇的缺陷,有的认为是英国呢绒交纳了过多的税费,有人把矛头指向东印度公司等特许贸易公司,也有的认为是英国呢绒价格昂贵,缺乏竞争力。同时,也成立了几个皇家委员会来调查危机的原因,讨论应对的举措。马林斯、托马斯·孟和米塞尔登都是其中的知名成员,围绕外汇和贸易平衡的问题进行了激烈的争论。在这场争论中,马林斯为一方,米塞尔登和托马斯·孟为另一方,前者想通过直接干预来控制外汇,因此要求恢复皇家汇兑署,后者超越了外汇的概念,认为贸易平衡是金属流入和流出的决定性因素,主张按照市场供需规律来开展贸易活动。重商主义思想正是这一块肥沃的土壤里开花结果。虽然许多人的思想可能都是为了维护本利益集团,但是"更为重要的是要认识到,完全与维护其利益无关,随着工商业者在社会结构中的地位不断上升,他的思想也愈来愈多地灌输给了社会"③。

以托马斯·孟为例,他参与了调查 17 世纪 20 年代贸易危机的几个委员会,孟是主要发言人,并且起草了几份备忘录。正是在此期间,孟的重商主义理论成熟起来。为了缓减危机,增加就业,这些委员会以孟的贸易平衡理论为指导,提出了许多政策建议,相当部分建议成为以后

---

① Appleby, J. O., 1980: *Economic Thought and Ideology in Seventeenth – Century England*, Princeton University Press, pp: 106~107.

② *Ibid*, p. 112.

③ 〔美〕约瑟夫·熊彼特:《经济分析史》第 1 卷,朱泱等译,北京,商务印书馆,2001 年,第 129 页。

实施的重商主义政策，这样，贸易平衡理论渐渐注入17世纪经济立法。①这些建议的主要原则是：通过禁止向外国特别是荷兰出口羊毛、漂白土、陶土等，为英国呢绒工业保留原材料；阻止英国船只和商人向荷兰竞争者供应西班牙或土耳其羊毛以打击他们；通过发展制造业减少进口的需求和财富的外流；在本国制造亚麻布，本地产的大麻和亚麻将使英国不用依赖于波罗的海地区；现在由荷兰人开发的渔业，将来由英国公司开发，驱逐荷兰人；通过向英国进口货物在英国挣钱的外国商人和船主，强迫他们用在英国挣得的钱购买英国制造品；从外国进口的货物必须用英国船只或货物生产国的船只来运输。② 从这里，我们可以清晰地看到航海法等重商主义政策的身影。

在17世纪20年代危机之后，由托马斯·孟等创立的理论框架继续被运用到经济问题的讨论中。直到17世纪中期，英国的出口几乎全部依赖呢绒，在17世纪40年代，几位经济作家包括L.罗伯茨、H.鲁宾逊已经主张英国经济应该多样化发展，以避免经济脆弱性。半个世纪以后，英国经济实现了多样化，工业品生产不断增加，转口贸易、从印度进口和再出口便宜的印花布贸易、殖民地贸易逐渐繁荣，英国的贸易关系已经十分广泛，为成为世界主要贸易强国迈出了第一步。到了17世纪50、60年代，经济作品讨论的共同主题是荷兰夺走了本应属于英国的贸易，这直接导致了英国的航海法案和三次对荷战争。围绕与荷兰的竞争以及货币出口等问题，托马斯·孟的儿子在60年代出版了他父亲在20年代写就的《英国得自对外贸易的财富》，极大地影响了当时的政策制定，有力地支援了反对荷兰的斗争，并成功地废除了货币出口的禁令。

到17世纪90年代，面对世界市场的需求，围绕铸币、法国的竞争等问题，英国又掀起了一次经济问题的全面大讨论，在这次讨论中，许多人努力把以前讨论中使用过的思想、理论和概念整合在一起，形成一种更为紧密的"贸易论"，他们开始使用共同的术语，讨论共同面对的问题。③ 同时，工业品生产增长迅速，资本开始向生产领域集中，制造业的利益开始同商业利益分化，面对外国如印度、法国工业品的激烈竞争，重商主义思想的关注重心开始向国内生产和就业转移，这样"在

---

① Wilson, C., 1971: *Mercantilism*, London, Reprinted, p. 12.
② *Ibid*, p. 13.
③ Magnusson, L., 1994: *Mercantilism: The Shaping of an Economic Language*, New York, pp: 95、116.

1696年到1713年间，形成了一种新的经济政策，使得英国商人的利益从属于制造业者的利益"①。

1713年，英国与法国签订了乌得勒支条约，围绕条约中放松贸易的条款，辉格党人和托利党人进行了激烈的争论，极大地推进了外国支付收入理论的发展。辉格党人以刊物《英国商人》为中心，T. 詹森、J. 吉等人撰稿认为，能从法国进口的是奢侈品或是与英国同类的工业品，这样与法国的贸易将导致极大的浪费。托利党则以刊物《被拯救的商业》为中心，该刊物每周发行三次，由 D. 迪福编辑出版，为贸易条款辩护。② 这样，重商主义思想的两个面相——国家控制和自由贸易仍在进行拉锯战。反映在经济政策上，一方面经济发展获得了极大的自由，另一方面，为了保护工业生产的利益，对法国仍实行高关税政策。

由此可见，英国重商主义思想通过每一次经济大讨论都得到了长足的发展和有效的传播，或多或少地上升为英国的国家政策，对英国的经济发展产生了深刻的影响。

英国重商主义思想的传播媒介主要包括小册子、请愿书、演讲等。出版小册子或刊物是重商主义者表达自己思想最便捷的方式。在17世纪，伦敦已经成为一个出版中心，这里聚集着大量的出版商、书商、作家和读者，维持着出版物的加速流通。在17世纪的大讨论中，英国出版了大约1500种小册子，这些关于贸易、信用、农业改进和就业计划的作品大多体现出浓厚的重商主义色彩，为英国人运用他们的想象力解释他们生活中的新的市场力量提供了一扇窗户。③ 过去那种面对面的争论被新的传播形式所取代，那就是通过文字语言向作者看不见的读者发表看法，扩大了重商主义思想的传播面，激发了人们讨论经济问题的热情，从而深深地影响了国家政策的制定。在1713年围绕乌得勒支条约所发生的争论，双方更是直接开办刊物或报纸，或在咖啡馆等公共沙龙中宣传自己的理论主张，影响公共舆论的走向，争取对国家政策制定的影响。

重商主义思想也透过请愿书和议案等媒介而得以成为国家立法和政

---

① Appleby, J. O., 1980: *Economic Thought and Ideology in Seventeenth - Century England*, Princeton, Princeton University Press, p. 248.

② Magnusson, L., 1994: *Mercantilism: The Shaping of an Economic Language*, New York, p. 136.

③ Appleby, J. O., 1980: *Economic Thought and Ideology in Seventeenth - Century England*, Princeton University Press, pp: 4~5.

策。在 17 世纪中期以后，英国商人的请愿活动十分频繁，递交的议案也逐步增加。例如在 1660~1690 年间，与商人直接相关的请愿占到请愿总数的 57%。而同期商人向议会提出的议案是 95 件，成为法案的 32 件。① 这些事关经济发展和商业问题的请愿和议案在提交议会讨论通过时传播了重商主义思想，许多最终通过立法形成了重商主义政策。

在议会辩论、特许公司开会、接受各委员会的质询等诸多场合发表演讲，也是传播重商主义思想的重要媒介。例如，1604 年下议院自由贸易委员会主席埃德温·桑德斯关于特许公司垄断调查的长篇发言，被认为是"自由贸易倡导者的宣言"。17 世纪 20 年代托马斯·孟在几个委员会的发言，实际上形成了他在《英国得自对外贸易的财富》中的主要思想。R. 格拉斯拜指出，王室在起草经济政策时需要商人们的技术性建议和他们的实践经验。②

商人参政也是一条重要途径。16 世纪以后，许多秉持重商主义思想的商人出任城市或国家的行政职务或议会议员，对城市和国家的政策制定产生了实质性的影响。以伦敦城为例，其市政机构的重要职位，一直都由商人占据着。在 1600~1625 年，伦敦选出的 140 名高级市政官中，大约一半是商人。③ 在 1701~1702 年的议会中，40% 的议员与商业有关系。④

二、重商主义政策的演进

在重商主义思想的影响下，英国重商主义政策也经历了一个阶段性演进的过程，这是市场力量与国家权力不断博弈和合作的结果。英国重商主义政策也可以划分为三个时期。

第一个时期是都铎王朝时期，国家实施的是对经济进行全面控制的政策，当时干预经济的范围、规模和深度都远远超出了亚当·斯密的批判视野，主要呈现出以下几个特点：

首先，国家对经济的干预范围十分广泛。国家逐步消除了阻碍国内贸易的种种中世纪羁绊，改变了度量衡、币制和税收混乱局面；不但通

---

① Gauci, P., 2001: *The Politics of Trade: The Overseas Merchant in State and Society 1660~1720*, Oxford, pp: 212、221.

② Grassby, R., 1995: *The Business Community of Seventeenth-Century England*, Cambridge University Press, p. 230.

③ Brenner, R., 1972: "The Social Basis of English Commercial Expansion 1550~1650", *Journal of Economic History*, Vol. 32, p. 373.

④ Grassby, R., 1995: *The Business Community of Seventeenth-Century England*, Cambridge University Press, p. 224.

过进出口禁令或保护性关税来促进本国制造业的发展，而且制定了一系列（手）工业法规来规范工业生产。更为重要的是，把对农业的保护置于与对商业及工业的保护具有同等重要的地位。

其次，国家的权力深入到民众的日常生活。控制物价，防止发生波动，特别是在发生饥荒或食物短缺的时候，采取措施稳定基本食品的价格，是都铎政府强力推行到全国的一项政策。每一位都铎国王都曾通过王室公告和议会法令来稳定物价，特别是食品的价格，打击囤积居奇者。国家当时对谷物买卖完全根据国内谷物价格和供给等实际情况掌控，以保持本国粮食稳定供给，具有鲜明的重商主义特征。在发生食物短缺时，还采取其他临时性强制措施。如1597年，一艘威尼斯商人的商船驶入朴次茅斯后，由于当地食物短缺，船上的谷物经估价后被强制出售给朴次茅斯和南安普顿及其附近乡村的居民。[1] 此外，国家还颁布法令，规定工资额，对穷人进行救济，采取许多措施促进就业。

再次，国家控制经济的措施全面细致。以工业法规为例，1552年制定的《布品法规》，详细规定了22种毛织品的标准。著名的《工匠法令》规定了全国最高工资额和学徒章程，[2] 这部劳动法典详细规定，任何人如果没有学徒满七年，都不得在英国从事一种职业。而且，学徒的人数是有限制的。此外，为了保证呢绒的长度和质量，并作为征税的根据，早在13、14世纪，英国就开始了对销售的呢绒进行检验和盖印的制度。在15、16世纪英国通过了许多法令，这些法令错综复杂，极其混乱，甚至详细规定了每种呢绒尺寸。此外，为了对食品进行管制，治安法官甚至向贩卖黄油和奶酪的小贩颁发经营执照，具体规定了经营的地理范围和食物品种。[3]

最后，国家对海外贸易的干预最为明显。英国对外贸易实行特许制度，由国王向商人集团颁发特许状，成立海外贸易或殖民公司，垄断特定地区的贸易。这些特许公司借助国家的力量一方面向东北方向开拓了北海和波罗的海贸易路线，向东南方向开辟了地中海地区和远东地区的贸易路线；另一方面，在17世纪初开始在北美建立弗吉尼亚等殖民地，殖民地贸易在英国对外贸易中日益占有举足轻重的地位。此外，国家还通过向进口产品征税、减免本国产品出口关税、禁止金银出口、与外国

---

[1] Tawney, R. H. and Power, E., 1953: *Tudor Economic Documents*, Vol. I, London, p. 165.
[2] 1993: *Statutes of the Realm*, IV. William S. Hein & Co., Inc., pp: 414～422.
[3] Tawney, R. H. and Power, E., 1953: *Tudor Economic Documents*, Vol. I, London, pp: 167～168.

签订商业条约或进行商战等重商政策影响海外贸易。

第二个时期是斯图亚特王朝到光荣革命时期，市场力量开始对国家权力进行解构。英国重商政策有两个重点，一是反对王室特权包括对海外贸易公司的特许权，表明了商业化社会反抗专断权力、保障财产权、要求自由的主张和实践，反映了市场经济的深化；二是航海法的实施，借助国家的力量打击海上强国荷兰。可见，这一时期，商人和社会新兴经济力量虽然极力主张经济自由，但对政府干预的态度还是矛盾的，他们"希望把对他们事务的干预减小到最低程度，喜欢只在他们提出要求时才采取行动。"①

早在伊丽莎白统治晚期，英国就开始了反对王室垄断权的活动。通过特许状出售垄断权是英国国王的传统特权，国王通过出售特许垄断权来解决财政困难，而特许人或特许公司、特许组织则以此获得排他性的经营和贸易权，提高进入门槛，限制竞争，以获取超额利润。到斯图亚特王朝，对王室垄断权的反对从民间舆论层面上升到立法和司法机构层面，最终通过立法成为国家政策的一部分。反对王室特许垄断的活动通过普通法法院的一系列判决和下院通过的垄断法案，维护了自由贸易的原则，基于王室特权的垄断被视为无效，对整个工商业管制体系起到了瓦解的作用；通过下议院对特许公司垄断问题持续不断的抨击，最终削弱了特许公司的垄断权（详见第六章）。

这一时期另一项重商政策是利用航海法打击荷兰。埃普利贝认为，"这一法案标志着一种对政府调节的新态度。过去，公共权力进入经济领域是为了防止社会动乱，现在政府主动促进英国企业，把国家权力置于民族经济发展之后。"② 一方面说明，英国新兴社会阶层在开拓世界市场和开拓殖民地过程中，仍需借助国家的力量。另一方面也表明，国家权力运用和国家功能开始转向。当时，英国要想后来居上，必须向荷兰、法国等当时的欧洲强国发起挑战。为了打击海上强国荷兰，英国出台了一系列的航海法。1650年的航海法，禁止外国船只未经许可就与英国殖民地进行贸易。1651年颁布了著名的航海条例，规定凡进入英国的商品必须用英国的或生产国的船只运输，禁止外国商人染指英国与其殖民地

---

① Grassby, R., 1995: *The Business Community of Seventeenth-Century England*, Cambridge University Press, p. 213.

② Appleby, J. O., 1980: *Economic Thought and Ideology in Seventeenth-Century England*, Princeton University Press, p. 103.

之间的贸易，只有英国商人和英国船只或殖民地的船只，才能在殖民地内从事商业活动。① 航海法割断了荷兰与英国殖民地的商业联系。② 荷兰作为当时欧洲航运业最为发达的国家，实际上被剥夺了不列颠与其殖民地之间甚至与欧洲其他各国之间的航运业务，割断了荷兰捕鱼业向英国的供给联系，这个法案不仅打击了荷兰世界贸易中心的地位，使荷兰的海上霸权开始衰落，而且帮助英国逐渐取得海外贸易和殖民地贸易的霸权，同时极大地促进了国内的造船和航运业。英国逐渐成为世界贸易仓库和中心。甚至连一向对国家干预十分反感的亚当·斯密都认为，在英国各种通商条例中航海法也许是最明智的一种。③

总的来说，在这一时期虽然为了发展对外贸易和掠夺殖民地不时需要借助和利用国家的力量，但国家对经济的控制逐渐减弱，"多数的经济条例在1649年以后消失了"④。绝对主义君主制被推翻了，枢密院也再没有获得过它在1640年前曾拥有的地位，复辟之后，国王也没有企图在没有议会的情况下管理国家，枢密院在1660年后也未试图利用治安法官充任执行统一政策的有效机构。⑤ 国家对货币的控制越来越宽松，最终允许自由出口。因为越来越多的人认识到，"货币产生贸易，贸易增多货币"，⑥ 输出货币是增加财富、促进就业的一种手段。在1663年，由于发展对外贸易的需要，英国给予贵金属出口合法地位，⑦ 不再限制海外贸易商人输出货币。到17世纪中期以后，连年丰收，食物成为与其他东西一样的商品，饥馑的消失使得政府的食物管制措施失去了合法性，⑧ 并逐渐寿终正寝。粮食贸易兴盛起来，从17世纪60年代开始鼓励出口，1672年英国还采取了谷物出口奖励制度。⑨ 学徒制度、工资评定制度等

---

① Thirsk, J. and Cooper, J. P., 1972: *Seventeenth – Century Economic Documents*, Oxford, pp: 502~505.

② *Ibid*, p. 502.

③ 〔英〕亚当·斯密：《国民财富的性质和原因的研究》下卷，王亚南、郭大力译，北京，商务印书馆，1974年，第36页。

④ Ekelund, R. B. Jr and Tollison, R. D., 1997: *Politicized Economies: Monarchy, Monopoly, and Mercantilism*. Texas A & M University Press, p. 47.

⑤ Heckscher, Eli. F., 1983: *Mercantilism*, Vol. I, New York, p. 262.

⑥ Magnusson, L., 1995: *Mercantilism: Critical Concepts in the History of Economics*, Vol. I, London and New York, p. 92.

⑦ 1993: *Statutes of the Realm* Vol. V. New York, William S. Hein & Co., Inc., p. 451.

⑧ Appleby, J. O., 1980: *Economic Thought and Ideology in Seventeenth – Century England*, Princeton University Press, p. 101.

⑨ 1993: *Statutes of the Realm* Vol. V. New York, William S. Hein & Co., Inc., pp: 780~782.

制度逐渐松弛，劳动力可以自由流动。封建土地保有制度的彻底废除，使得土地的流通撕去了最后一块伪装。"土地和劳动力——社会的基本要素——进入商业系统。"① 从17世纪40年代到60年代，经济生活打破了早期的预期，呢绒市场的波动，使得英国加强了与地中海市场的联系，生产他们喜爱的新织物，这意味着针对老式呢绒制定的都铎工业法规更加过时了。政治的混乱阻止了新法律的制定，除了在发生严重危机的时候，旧有法律的执行基本上被弃置一边。17世纪中叶以后，英国开始取消对家庭工业的许多限制性规定。尽管复辟时期商人曾达成共识，需要控制呢绒质量，压制原料羊毛出口，但是这些目标都没有实现。与此同时，城市政府也失去了对城市工业生活的控制。② 总之，甚至在斯图亚特王朝后期，工业条例就被认为是过时了。③ 特别有趣的是，我们注意到对垄断的厌恶引发了对无限竞争的敌意情绪，因为竞争导致垄断。这一时期的政治家了解自由放任思想的本质，他们的观点在现代得到了充分证明。④

第三时期是光荣革命之后，初步实现了经济自由。英国确立了君主立宪政体，议会成为国家的最高权力中心，制定了一系列法案来限制国王的权力，开创了议会至上的时代，进入"议会科尔伯主义"时期⑤。这一时期重商政策的重心是通过关税保护等间接手段削弱法国的竞争，而不是通过直接干预，来培育国内工业的竞争优势，生产和贸易的发展使自由市场经济已成为普遍的社会经济形式。

首先，原有的国家干预措施在这一时期成为过去时。赫克歇尔注意到，1688年革命后，1640年以前的那种严格管制的基础完全瓦解了。旧有的官僚体制打破了，而取代它们的又没有建立起来。经济生活发生了三个方面的变化，一是所有人类活动在更大程度上实现了机动灵活。新时代最显著的产物之一就是咖啡屋，它直接把交易和股份投机联系在了一起；二是银行信用和保险体系的扩大；三是通过新方法满足了国家财

---

① Appleby, J. O., 1980: *Economic Thought and Ideology in Seventeenth-Century England*, Princeton University Press, p. 245.
② *Ibid*, p. 100.
③ Heckscher, Eli. F., 1983: *Mercantilism*, Vol. I, New York, p. 321.
④ *Ibid*, p. 272.
⑤ W. 坎宁安把1688年革命和《国富论》出版之间的这段时间称为"议会科尔伯主义"时期，不过，正如赫克歇尔所言，"它是一种没有科尔伯的科尔伯主义"，也就是议会推行重商主义时期。见 Heckscher, Eli. F., 1983: *Mercantilism*, Vol. I, New York, p. 262.

政需要。①

同时，英国取消了对家庭工业的许多限制性规定，如1694年废除了乡村毛织业的学徒训练规定。虽然对工资的规定直至1813年才最后消逝，对七年学徒制度的规定在1814年被废除，但许多时候这些规定并未得到执行，因为自由劳资制度早已引入了。到17世纪，为应对呢绒出口危机，开拓新的市场，呢绒工业技术和组织变革速度加快，呢绒织品花样繁多，再加上乡村工业的发展，以及国王与议会之间的斗争造成政令不行，使得国家对呢绒工业的控制和检查制度名存实亡，② 约克郡的呢绒商向税收承包人购买检查印花纸，自己贴到呢绒上面即可。虽然在18世纪上半叶，国家还专为蓬勃发展的约克郡西区制定了管理阔幅呢绒和窄幅呢绒的法令，并将执行法令的权限交给郡司法官和检查员。但到18世纪中期这些法令也成为一纸空文。这样，都铎时期确立的对国内工业的国家控制体系逐渐灰飞烟灭。

此外，政府逐渐丧失对日常经济活动干预的合法性。在1705年，一位法官霍尔特表达了自由贸易的观点："所有人自由地居于此地，他们的技艺和产业是他们获取面包的手段，因此，在此地，在他们自由居住之地，限制他们从事他们的生意是不合理的，他们应该通过合法手段养活自己。"同一案件的另一位法官鲍沃尔同意霍尔特的意见，并说，排除其他人从事一项技艺的传统权利是一个"奇怪的习惯"。1751年一个议会委员会也认为："这些障碍部分源于法律……部分源于法人社团的特权和规章……如果一旦废除法律限制，那么特殊的规章很快就会被推翻，那么必然会看到，最有用和最有利的制造业将开办，贸易将大为繁荣。"③

工资和物价获得弹性，道路交通和安全得到改善，航运网已建成，使得各地的经济联系更为紧密，竞争也更为激烈。国内贸易完全处于政府控制范围之外，海外贸易不断扩展，竞争对手荷兰衰落，制造业和航运业的效率逐步提高，货币能够自由流动，特别是可以自由出口，贷款利率下降，金融活动十分活跃，传统的贸易公司很难再保持他们旧有的特权。经济活动的目标集中在消费和需求的满足上，国内贸易满足消费需求的能力已经被人们所认识，商品交换和社会劳动基本上从政府指令

---

① Heckscher, Eli. F., 1983: *Mercantilism*, Vol. I, New York, pp: 262、410.
② Ramsay, G. D., 1942: "The Report of the Royal Commission on the Clothing Industry 1640", *English Historical Review*, Vol. 57, pp: 482~483.
③ Heckscher, Eli. F., 1983: *Mercantilism*, Vol. I, New York, pp: 318~319.

下解放了出来，社会再生产领域的交换成为私人相互之间的事务，埃普利贝认为，此时"市场参与者的经济理性主义能够为经济提供秩序，以前是通过权力提供的"。一种复杂的社会组织形成，"不是强制的但是有模式的，非传统的但非没有秩序的，不受限制的但不是没有自己的规则的"①。

其次，英国政府向特许公司出售特许垄断权的原因，很大程度上是解决财政困难的办法之一。光荣革命后，议会通过一系列法案限制国王的权力，有效地制止了国王通过出售特许权牟利的行为。T. B. 纳克巴注意到，在英国光荣革命后，授予特许垄断的权力由国王手中转交到议会手里，一段时间内议会虽仍然通过特许公司筹借财政费用或者让特许公司承担政府债务，但是，即使在光荣革命后议会权力达到巅峰之时，排他性的贸易特权也没有像在都铎王朝晚期和斯图亚特王朝早期那么普通深入。为什么？T. B. 纳克巴从寻租理论出发给出了一个答案：只有少量设租者（像一位国王或者少量的枢密院成员）才能比有大量设租者（像议会）更有效开展寻租活动，因此当国家权力转交到一个人数庞大的议会手里时，商人和制造业者利用政府贸易特权进行直接寻租的形式便衰落了。② 一句话，也就是议会统治不适合寻租。这样的解释未免牵强附会，其实，只要回到 T. B. 纳克巴提到的重商主义背景，就可解释这种现象，因为在17世纪末18世纪英国重商主义发生了一次至关重要的转向，具体来说，就是重商主义的国家干预思想向自由贸易思想的转变，重商主义的控制政策逐渐松弛和消失。更为重要的是，议会通过创建英格兰银行发行国债，确立了现代财税体制，创立了长期公债制度，可以有效解决英国的财政需求，使得国家不再需要通过出售特许权来筹资。这也是光荣革命后特许公司没有再成批出现的原因之一。当然，这并不是说，从此英国公司成立的数目减少，事实正好相反，1688年以后，公司数量急剧增加。不过，这些新成立的公司都是没有特许权的公司，"没有特权的私人公司在1688年革命后是如此普遍的一种现象，以至于人们不能不提出疑问，为什么有人为了得到公司的特权而向国家支付现金，而大多数同类企业没有特权也存在得很好"③。公司投资范围也扩展到采矿、捕

---

① Appleby, J. O., 1980: *Economic Thought and Ideology in Seventeenth – Century England*, Princeton, Princeton University Press, pp: 188、104.
② Nachbar, T. B., 2005: "Monopoly, Mercantilism, and the Politics Regulation", *Virginia Law Review*, Vol. 91, p. 1361.
③ Heckscher, Eli. F., 1983: *Mercantilism*, Vol. I, New York, p. 445.

鱼、修建运河、银行、保险等诸多新兴行业。当然，特许公司的股份制形式越来越多地被新成立的公司所采纳。这些公司也抛弃了在过去规约公司甚至在合股公司中普遍存在的对吸纳新成员的诸多限制。①

第三，重商政策从过去的直接干预逐渐转变为通过关税等间接手段来实施。英国从都铎王朝开始，就逐步减免出口税，降低原料进口税。斯图亚特王朝的关税政策也具有保护主义的性质。但在"光荣革命"前，由于关税是国王财政收入的支柱之一，主要内容便是对大宗出口货物征税，随着羊毛出口的减少，对毛织品等制成品征收出口税对保证财政收入至关重要。在革命期间和此后，出口免税的重商主义政策逐步得到执行，开始降低或免征出口税。1700年，废除了毛纺织品的所有出口关税。1722年，通过沃波尔的关税改革，这项免税的过程得以完成。②与此同时，对进口商品征收的关税在光荣革命后逐渐提高，1690年和1693年征收进口附加税，税率为5%或10%，有时达到20%，涉及进口商品值的2/3，从此进入了一个关税壁垒不断增高的过程，威廉和安妮统治时期，是增长最快的阶段，这就对英国工业形成真正的保护。③ 在这种高额关税的保护下，英国的发明者和革新者终于解决了用棉线纺织的问题，从而以机器同印度人的灵巧的双手展开了竞争，并最终胜出。此外，英国还对谷物等商品出口给予奖励金或补贴，并在1635年建立了转口退税体制，从而促使英国的出口和转口贸易发展势头迅猛，很快占领了世界市场。

虽然国家干预的措施逐渐消失，自由贸易思想已经深入人心，并由亚当·斯密最终给出了清晰明确的表达，但自由贸易理想的实现还需要走过一段长路。除了关税保护制度一直存在，到1841年仍有超过1150种商品征收不同税率的关税以外④，英国为了维护大地主的利益，甚至在1815年颁布了一项新的《谷物法》，规定小麦价格在国内市场低于每夸脱80先令时，禁止外国谷物输入，超过每夸脱80先令可自由进口。然而，工业革命最终冲开了自由贸易的大门，经过激烈的争论，英国于1846年废除了《谷物法》，很多工业和工业部门的关税也完全取消了。"事实上，不列颠几乎是除它开酒精以外所生产的一切物

---

① *Ibid*, pp: 411~414.
② Davis, R., 1966: "The Rise of Protection in England 1689~1786", *Economic History Review*, Vol. 19, p. 310.
③ *Ibid*, pp: 310~311.
④ Young, G. M. and Handcock, W. D. ed., 1956: *English Historical Documents 1833~1874*, Vol. 7, London, p. 419.

品的一个开放的市场了；而且本国制造的酒精也必须承担国产税。中世纪英国的历代国王所赖以为的那些出口税的最后一项也作为1850年航海法的废止的一个必然结果而取消了。这最后一项就是外国船舶载运出口的煤炭关税。"① 1846年《谷物法》的废除虽然标示着自由放任时代的到来，资本、货物和劳动力可以前所未有地自由流动，但自由放任的时代仅仅持续了25年，时间极其短暂，到1875年随着经济危机的出现，重商主义思想在英国复活，英国又通过关税等贸易保护政策来保护本国的农业与工业。②

---

① 〔英〕克拉潘：《现代英国经济史》中卷，姚曾廙译，北京，商务印书馆，1986年，第15页。
② 〔瑞典〕拉尔斯·马格努松：《重商主义经济学》，王根蓓、陈雷译，上海，上海财经大学出版社，2001年，第261页。

第三章 国家与日常经济：
从全面控制到逐步放松

英国在都铎王朝时期迎来了市场化冲破农本经济后所形成的第一波冲击，由于新的经济秩序尚处于不断变动调整时期，还没有完全定型，市场经济的发展还十分脆弱，特别是英国的出口严重依赖呢绒，这种单一的经济结构遇到国外市场的风吹草动，就会陷入危机。亨利八世推行的货币贬值、解散修道院的政策，以及农村发生的圈地运动，再加上饥荒和瘟疫仍不时徘徊在英国大地，饥荒和对饥荒的恐惧使得食物骚乱也时有耳闻，生存危机仍在威胁着当时的人们。16世纪后半期不时发生的呢绒出口危机，使得经济和社会秩序的混乱有增无减，物价飞涨，失业人口增多，社会大众十分贫困和匮乏，还没有能力面对市场化所带来的诸多问题。此时，在民众生存危机的严重挑战面前，食品等基本生活品的供应、物价、工资、贫困人口的就业等诸多问题不可能完全通过市场力量加以解决，必须受到国家权力的管理和控制。国家逐步深入渗透到百姓的日常生活中，力图消除市场化带来的不利后果，稳定经济和社会秩序。到了17世纪中期以后，英国终于摆脱了饥荒和瘟疫的困扰，食物开始成为普通的商品。社会大众对市场化的承受能力有所提高，土地和劳动力逐渐获得了自由流动的权利，市场力量开始对国家权力进行抵制，国家对百姓日常生活的控制失去了合法性，逐渐予以放松。

稳定物价、调节工资、保障食品供应、救济穷人等，本属于政府的社会政策范畴，但在都铎王朝时期和斯图亚特王朝早期，英国重商主义王朝国家对百姓日常生活的控制也属于经济政策范畴，首先，虽然这些重商主义政策的目的是维护社会秩序稳定，但不稳定的根源在于市场经济和资本主义的发展所带来的经济和社会秩序大变动；其次，重商主义政府的干预保证了市场化进程不至于被社会失序所打乱；第三，重商主义政府对日常生活的管理和控制对当时的生产、交换和分配等市场经济活动形成了深刻的影响；第四，劳动力、食物等诸多市场经济要素还深受旧有的社会结构和经济体制的束缚,所以社会政策每迈出一步都具有经济意义。

第一节 平抑物价

控制物价,防止物价发生波动,特别是在发生饥荒或食物短缺的时候,采取措施稳定基本食品的价格,是从中世纪城市延续下来的一项政策,从都铎王朝开始由国家强力推行到全国范围。

16世纪席卷欧洲的通货膨胀使得英国也不能例外。亨利八世和爱德华六世都努力稳定物价,特别是食品的价格,打击囤积居奇行为。1544年,由于糖的价格几年间从每磅二三便士,涨到4便士,最后涨到9便士或10便士,于是发布王室公告,即使优质糖每磅售价也不得超过7便士,否则处以重罚和监禁。① 在1549年和1550年,物价再次升高,再次发布王室公告确定谷物、黄油和家禽及其他物品的价格。② 此后,在玛丽女王时期和伊丽莎白一世时期,也都曾发布公告,控制物价。詹姆士一世时期,就市场价格和形势共发布了19次王室公告。③

都铎政府还极力平定因货币贬值带来的价格上升。早在1526年货币大贬值之前的一次货币调整中,亨利八世就已经发布公告:"禁止任何人打着货币调整的幌子抬高任何商品、货物和食物的价格。"④ 16世纪40、50年代亨利八世和爱德华六世的货币大贬值给物价造成了很大的冲击和影响。假设1451~1475年的价格指数为100,则到1521年它上升到167,16世纪40年代则稳定在150左右,40年代后期就增长到200以上,到1557年更达到409。⑤ 这也是亨利八世和爱德华六世极力稳定物价的原因。

亨利八世时期对肉价的控制典型地反映出商人和政府的博弈过程、策略和结果。在都铎时期以前的几个世纪,肉类价格已经受到立法控制。这些控制措施主要掌握在地方当局手里,中央政府只是偶尔干预。到亨利八世统治时期,中央政府的管制再次启动。R. W. 黑恩兹详细地研究

---

① Tawney, R. H. and Power, E. , 1953: *Tudor Economic Documents*, Vol. I, London, p. 147.
② Hughes, P. L. and Larkin, J. F. , 1964: *Tudor Royal Proclamations*, Vol. I, Yale University, pp: 208、331、504.
③ Larkin, J. F. and Hughes, P. L. ed. , 1973: *Stuart Royal Proclamations*, Vol. I, Oxford.
④ Hughes, P. L. and Larkin, J. F. , 1964: *Tudor Royal Proclamations*, Vol. I, Yale University, p. 161.
⑤ 〔英〕约翰·F. 乔恩:《货币史》,李广乾译,北京,商务印书馆,2002年,第84页。

了中央政府和屠宰商的斗争与妥协。1518 年采取了一系列措施降低肉类价格。在 1 月份时国王发布公告，命令以高价购买家禽的人，向市长报告出售者的姓名。在 2 月份，国王根据枢密院的建议，规定了家禽的新价格，命令所有的家禽饲养者前往大法官法院，向国王保证不以高于规定的价格出售。在 5 月，伦敦市长再次代表国王宣布，国王命令任何人出售家禽不得高于枢密院规定的价格，违反者将被监禁和罚款。在 1521 年，似乎放弃了努力，家禽饲养者的执事们被叫到市长和公会会长们面前，提出价格建议。在 1528 年，经枢密院批准，市长和公会会长们再次制定了家禽价格。1529 年 4 月枢密院直接发布命令规定价格。屠宰商须向国王交纳 100 英镑的保证金，并以真实的分量出售，他们店里的秤须经市长的检查和批准，必须足斤足两。1533 年议会开始插手肉价管制。这一年，由议会法令规定了牛肉、猪肉、羊肉和菜牛肉的价格。1533 年 5 月 15 日议会休会，一个月之内，伦敦的屠宰商就告诉城市当局，他们不能按照法令规定的价格供应本市。市长和会长们建议枢密院采取补救措施，向所有人开放城市的肉类供应权。1533 年 7 月 3 日，一项王室公告指出，屠宰商抱怨放牧人定价太高，使得他们不能按照法定价格出售。因此，命令放牧人以合理的价格出售，以便屠宰商能适当地执行上述法案。不遵守规定的放牧人将按照国王的意愿处罚。公告还附加了一项由伦敦城市当局以国王的名义制定的命令，同意向所有人开放伦敦城的肉类供应，只要他们按照法定的价格供应城市，就享有城市的特权和自由。7 月末，又发布了一项公告，公告援引了法令，抱怨屠宰商仍拒绝按法定价格供应伦敦市。因此，屠宰商被剥夺在伦敦市享有的特权。为了让伦敦获得充足的供应，公告也赋予所有人一个月向伦敦输送肉类的自由权，暂停限价法令的执行，以他们和当事人达成的价格出售。惩罚了伦敦屠宰商之后，8 月努力迫使放牧人遵守 7 月 3 日的公告，因此向治安法官们送达了一份信函，指导他们如何执行公告。这一信函提出了一套新的执行程序，首先指导治安法官警告放牧人如果不遵守法律将受到指控，另外授权治安法官捕捉牛、羊和菜牛，根据上述法定价格出售。在 1533 年 8 月到 1534 年 1 月，伦敦当局为解决他们和屠宰商的问题做了一系列的努力，继续允许外来的屠宰商以他们与当事人达成的价格自由销售，伦敦的屠宰商仍被剥夺公民权。1534 年 1 月，颁布了另一项王室公告，公开指责伦敦的屠宰商不遵守法令，再次命令所有的屠宰商以法定价格销售，威胁对违反者处以由枢密院规定的额外罚款，命令地方官员将顽固的违反者投入监狱。这些公告和信函已经改变了议会限价法令的处罚和执行程序。当议会再次召开时,制定了一部新的法令,将这些公告和信函的条文纳入其中。法令进一步规定,由市长和治安法官指定一个陪审团,听取对放牧人的控诉。最后,法令承认经济环境有时使得不可能以法定价格销售。因此,授权国王通过公告推迟法令的执行,制定更加现实的价格。这一法令可能在 1534 年 2 月通过,在月末之前,伦敦屠宰商两次告诉城市官员他们不能遵守法定价格,3 月屠宰商在被问到在复活节时是否能够供应城市时,他们回答:"他们将尽最大努力供应城市,其他的不能回答。"① 公会理事会明显站在了屠户们的一边,3 月 12 日他们向中央政府呼吁,在复活节和即将到来的仲夏之间,由城市来规定牛肉和羊肉的价格。3 月 12 日中央政府发布公告,把法令推迟至 6 月 24 日执行,期间允许屠宰商以公会理事会推荐的价格销售。伦敦屠宰商似乎对新价格也不满,法令暂停期一结束,他们再次抵制。但是,屠宰商似乎学到了尝试合作的价值,他们最终同意向城市提供供应。10 月 12 日,国王任命一个公会委员会去见大法官,了解他们对这一问题的想法。10 月 23 日,发布了一项王室公告,在伦敦及其郊区暂停法令至 1535 年 6 月 24 日。屠宰商暂时获胜。放牧人的价格这一老问题仍困扰着屠宰商。1535 年 3 月 6 日,克伦威尔收到一封来自于威廉·桑迪斯的信件,信中讲述了屠宰商面临的问题。克伦威尔在当月对局势做出了反应。25 日,另一项王室公告发布,暂停法令,允许屠宰商 6 月 24 日以前在全国范围以每磅 5/8 便士出售牛肉和菜牛肉,3/4 便士出售羊肉。不久,法令又被推迟到 1536 年 2 月 2 日。在此次暂停期满一个月之前,伦敦屠宰商再次采取行动,这一次他们向公会理事会请愿,2 月 8 日,政府通过王室公告对所有的屠宰商将法令暂停到随后的圣灵降临节,没有规定新的价格,屠宰商被允许按照上述法案制定以前的价格出售。当议会再次开会时,颁布了一项新的法令,将暂停延续到 1540 年 4 月 24 日。1536 年 4 月 14 日,法令的条文通过一项王室公告向大众公布。在法令暂停期间,屠宰商公会在市政府的压力下,似乎对价格实行了一些控制。随着法令再次生效日期的临近,屠宰商再次通过公会理事会请求再一次暂停执行。答复是以王室公告的形式继续暂停到 1540 年 11 月 1 日,只是要求以诚实合理的价格出售肉类。1540 年 10 月 27 日,通过一项王室公告再暂停法令一年。1542 年 4 月,屠宰商在城市政府的支持下,向议会请愿废除

---

① Heinze, R. W., 1969: "The Pricing of Meat: A Study in the Use of Royal Proclamation in the Reign of Henry VIII", *The Historical Journal*, Vol. 12, p. 590.

法令。那一年的议会废除了前述的法令。① 为了控制肉价，10 年间通过了 4 部法令，发布了 11 项王室公告。这些法令的废除等于宣告此次长达 10 年的肉类价格控制的失败，显示了市场力量的强大。此后，政府虽然仍不时地干预肉价，但主要通过王室公告这种灵活的形式来处理紧急情况。

对于亨利八世贬值货币引发的物价膨胀，爱德华六世和玛丽女王时期的政府也曾采取措施改进货币来控制价格上升，但都没有效果。伊丽莎白女王即位几天后，托马斯·格雷欣爵士就告诉她，如果她想把国家恢复到以前的健康状态，就必须恢复货币的成色。女王也相信，如果用良币来替代劣币，物价膨胀将停止。于是女王登上王位后就着手重铸货币，格雷欣找到一家德国企业承担重铸任务，在 1560 年 11 月签订合同。虽然市场对接受新币有许多犹豫，但到 1561 年 10 月用新币替换旧币的任务完成。监管整个过程的枢密院理应感到轻松，因为按照当时他们接受的理论，物价膨胀应该停止。但实际上物价并没有降下来，所有的东西都更贵了，不仅仅是食品，而且是各种商品。为此，枢密院召集绸布商、杂货商、服饰经销商等各类商人和工匠的代表，询问为什么货币价值提高了，而丝绸和各类绸缎的价格并没有降下来，这些人的解答表明他们比枢密院成员更了解国际贸易，他们说，只有能够以更便宜的价格购买丝绸，他们的货品才能卖得更便宜。而当时世界市场上由于需求增加，丝绸的价格都上涨了，特别是在西班牙市场。由于新一轮货币改革并没有立即取得预期的效果，伊丽莎白女王和枢密院曾经一度考虑再次实施货币贬值，一时间市场上谣言四起，物价腾起，市场炒作行为增多。为了制止这种行为，伊丽莎白女王发布了一项王室公告，明确宣布相信货币将贬值是错误的，她不打算改变货币的价值。一些人提前得知公告的发布，于是大量买进货币获利。由于重新铸币未能降低物价膨胀，于是政府不得不采用立法手段限制外国产品进口、固定工资和物价等措施来解决物价问题。②

由此可见，由于市场化的深入，控制价格的措施能在多大程度上发挥作用，值得进一步研究。在灾荒和饥馑发生时，它可以起到稳定人心

---

① Heinze, R. W., 1969: "The Pricing of Meat: A Study in the Use of Royal Proclamation in the Reign of Henry VIII". *The Historical Journal*, Vol. 12, pp: 585~593; Hughes, P. L. and Larkin, J. F., 1964: *Tudor Royal Proclamations*, Vol. I, Yale University; 1993: *Statutes of the Realm*, Vol. III, William S. Hein & Co., Inc.

② Jones, N., 1993: *The Birth of the Elizabethan Age*, Oxford, Blackwell, pp: 231~236.

和社会秩序的作用，但在平时常常遭到市场无声的抵制，被置诸脑后也是常有的事，且随着市场化程度的不断加深，越来越难以执行，以致有的学者认为这是一项失败的政策。①

以16世纪70年代枢密院控制法国葡萄酒在伦敦的零售价为例。由于葡萄酒商公司的不合作甚至对抗，枢密院尽管发布了一系列的指示和训诫，甚至采取了监禁的手段，最终都没有达到目的。葡萄酒商公司拥有女王颁发的专利特许证，在售价超出规定的价格时，他们说他们只不过是根据专利特许证上的条款行事。枢密院答复说，葡萄酒商专利特许证的权威超越了枢密院的命令，不能被承认。枢密院甚至威胁将让女王撤销专利特许证。此外，枢密院要求公司成员和公司本身担保不以高出规定的价格出售葡萄酒，任何成员这么干都将剥夺其权利。但是，枢密院的政策由于受到了零售商的抵制，不得不发出补充命令，要求伦敦的海关官员向枢密院报告酒商运进伦敦的葡萄酒数量，同时指示伦敦市长根据海关官员的报告调查这些葡萄酒是怎样和以何种价格零售的。在1577年2月3日，在枢密院给伦敦市长的信函中，承认商人没有遵守最高酒价法令，再次要求市长积极执行关于酒价的条例。8个月后，枢密院要求伦敦市长劝告准备从法国向英国进口葡萄酒的商人，枢密院希望他们遵守酒价令。枢密院表示，这些法令必须得到执行，如果商人们以后被发现没有遵守这些法律，将不得不承担后果。尽管如此，法国葡萄酒的售价仍未能得到控制，两个月后，枢密院不得不接受了这一情形。到1577年12月30日，枢密院指示伦敦市长，允许葡萄酒商公司以他们自己的价格出售葡萄酒。②

护国政府对物价也高度关注，曾努力降低伦敦海煤的价格，1655年1月公布了三种质量的啤酒的售价，1657年6月通过法令调整葡萄酒的价格，全国的地方当局都对执行面包和啤酒法令十分上心。积极执行这一法令的城市有布里斯托尔、多尔切斯特、伊普斯威奇、曼彻斯特、新港、北安普敦、普雷斯顿、雷丁、什鲁斯伯里和约克等，郡包括柴郡、达比、赫特福德、诺丁汉、萨默塞特、萨利、威尔特和伍斯特等。③ 从表3-1可以看出，到1660年以后，由于不再受饥荒困扰，且市场的扩

---

① Stone, L., 1947: "State Control in Sixteenth-Century England", *Economic History Review*, Vol. 17, p. 103.
② Ponko, V. 1968: "The Privy Council and the Spirit of Elizabethan Economic Management", *Transactions of the American Philosophical Society*, Vol. 58, pp: 28~29.
③ Ramsay, G. D., 1946: "Industrial Laisser-Faire and the Policy of the Cromwell", *The Economic History Review*, Vol. 16, p. 103.

展使得物品特别是食品的供应变得日益充足，许多供过于求的物品，如殖民地的烟草、糖等，价格不断下降，使得英国对物价的控制逐渐失去了意义。

表 3 - 1 1650～1749 年间英国的价格指数（1680～1689 = 100）

年份	(a) 小麦	(b) 工业品		(c) (b)/(a)×100	
		(i)	(ii)	(i)	(ii)
1650 - 9	124	109	-	88	-
60 - 9	124	120	119	97	78
70 - 9	120	107	108	89	74
80 - 9	100	100	100	100	100
90 - 9	138	103	108	75	78
1700 - 19	104	100	83	96	80
10 - 9	113	89	85	79	75
20 - 9	112	98	98	88	88
30 - 9	94	93	99	99	105
40 - 9	91	90	93	99	102

资料来源：Coleman, D. C., 1977: *The Economy of England 1450～1750*, London, Oxford, p. 102.

第二节 调节工资

工资问题是英国重商主义理论关注的中心问题之一，传统观点认为，英国重商主义者主张实行低工资，这样可以降低成本，保持本国产品在国外市场的价格优势，从而提高其市场竞争力。赫克歇尔在其两卷本巨著《重商主义》中就持这种观点，认为如果把重商主义工资理论简化成一个公式，那就是低工资经济。① 虽然 E. F. 赫克歇尔、D. C. 科尔曼、埃德加·弗尼斯、雅各布·维纳等人都注意到了在英国重商主义后期，一些重商主义者提倡高工资，但他们把这种观点看作是特例或个案。②

---

① Heckscher, Eli. F., 1983: *Mercantilism*, Vol. II, New York, p. 165.
② Coleman, D. C., 1956: "Labour in the English Economy of the Seventeenth Century", *Economic History Review*, Vol. 2, p. 281.

考茨等人也认为，18世纪中期以后，英国的经济学者才主张实行高工资，他断言在1750年以前，由于害怕失去国际市场，所有的英国作家都认同低工资。① 随着对18世纪前半期英国重商主义作品的深入研究，这些正统看法正越来越受到学术上的挑战。里查德.C.威利斯就修正了这些看法，认为在英国重商主义后期，也就是17世纪末到18世纪中期，高工资已经是重商主义的主流思想。②

重商主义从低工资理论转向高工资理论的原因在于，当时英国人口增长缓慢，而经济增长势头迅猛，导致劳动力严重匮乏。在劳动力匮乏的情况下，许多人提出了不少解决办法，约书亚·吉就提出诸多建议强迫穷人去工作，如提高粮食价格或者设立教养院等。③ 实际上，正如威廉·佩蒂特所言，英国人"像世界其他人一样，天生聪颖，十分勤劳，只要他们能够拥有一份合理的劳动果实，他们就愿意劳作，这已被先前无可置疑的经验所证明"④。因此，小托马斯·卡尔佩珀爵士认为："强迫人们工作不是解决之道，除非提出工资问题供考虑，因为勤劳不受法律所强制，而是受利益所诱惑，至少由于生存的需要受饵诱。"⑤ 约翰·科林斯抨击了通过提高食品费用来驱使穷人工作的观点，他解释说，就伦敦和其他地方来说，如果提高食物价格来迫使人们工作，工资也必须提高，"并且把提高食物价格作为一种迫使穷人工作的手段，是把他们赶到外国殖民地的一种现成的方法"，在那里他们可能"为自己的辛劳获得更多的报酬"。⑥

在重商主义者眼里，高工资决不仅仅是生存水平之上的工资，而是能够切实提升消费水平的工资。从思想内容和论证逻辑来看，重商主义高工资理论主要有以下几种，一是认为劳动力价格受供需关系支配，在没有办法增加人口的情况下，只有用高工资来吸引劳动力。当时的重商主义者已经注意到："在英国，没有什么比人更匮乏的了，在各种各样的

---

① Coats, A. W., 1958: "Changing Attitudes to Labour in the Mid-Eighteenth Century", *Economic History Review*, Vol. 11, p. 35.

② Wiles, R. C., 1968: "The Theory of Wages in Later English Mercantilism", *Economic History Review*, Vol. 21, p. 114.

③ Gee, Joshua., The Trade and Navigation of Great-Britain Considered, in Magnusson, L., 1995: *Mercantilism: Critical Concepts in the History of Economics*, Vol IV, London and New York, pp: 50~52.

④ Petyt, William., 1689: *Britannia Languens*, London, p. 46.

⑤ Appleby, J. O., 1980: *Economic Thought and Ideology in Seventeenth-Century England*, Princeton University Press, p. 148.

⑥ *Ibid*, p. 147.

人中，需要勤劳的人和手工艺人去耕种和改良我们的土地，去帮助制造王国的大宗商品，所有这些都将大大增加时富。"① 丹尼尔·迪福也洞察到了这一情况："在英国，工作比完成工作的人手多，结果缺乏的是人力，而不是就业。"② 因此，工资就像其他商品一样，由供求关系决定："如果雇主多于技工，工资必定上升，因为穷人想多挣工资；如果技工多于雇主，劳动力价格就会下降，因为穷人期望的工资高于雇主期望出的工资。"③ 二是高工资并不像早期重商主义者认为的那样，会通过价格机制损害出口市场，相反，由于技术创新，提高了产品质量，既能支付得起高工资，产品价格又仍具竞争力。1738年出版的一份小册子把高工资看作是进步的标志，并且把它和技术优势联系起来："事实上，高工资是一个国家繁荣的标志，但是，要做到这一步，必须完全是由良好的贸易引起，纯粹是我们制造商高超技艺的回报，他们受雇于各个（制造）部门。高工资理所当然地被看作价值本身的正当回报。"④ 三是高工资意味着收入的增多，消费的增长，就业的增加。这一时期的重商主义者已经从低工资—低成本的论点转向认同高工资—高消费之间的联系，马修·黑尔、尼古拉斯·巴本、加德纳、塞缪尔·约翰斯顿、查尔斯·波威等重商主义者都对高工资和高消费的关系进行了理论阐述。⑤

虽然重商主义思想作为一种经济理论，从经济发展的角度对工资问题进行了总体探讨，但是，重商主义工资政策由于需要根据劳资双方的实际情况随时做出调整，因而复杂得多。黑死病之后，当时由于劳动力骤减，工资不断攀升，国家开始出面干预。赫克歇尔认为，正是从那时起，工资问题就不再是一项地方事务，而成为一个全国性的问题。1349年和1351年的劳工法，就适用于整个英格兰，创造了一个涵盖全部国土、得到广泛应用的司法体系，英国调整工资的法律不仅适用于城市行业，而且适用于乡村工人。这些法令的根本思想未作任何本质改变就体现在了伊丽莎白的《工匠法令》中。⑥ 1361年一项法令规定治安法官可

---

① 1673：*The Grand Concern of England Explained in Several Proposals Offered to the Consideration of Parliament*，London，p. 13.

② Defoe, Daniel. , 1704：*Giving Alms No Charity*，London，p. 9.

③ *Ibid*，p. 10.

④ Andrew, Thomas. , 1738：*An Enquiry into the Causes of the Encrease and Miseries of the Poor of England*，London，pp：18~19.

⑤ Wiles, R. C. , 1968："The Theory of Wages in Later English Mercantilism"，*Economic History Review*，Vol. 21，pp：118~121.

⑥ Heckscher, Eli. F. , 1983：*Mercantilism*，Vol. I，New York，pp：226~227.

以确定工资限度,从而给予治安法官广泛干预劳资关系的权力。

1495年和1514年法案,把主要市场的工资率规定为最高工资额,有利于稳定工资。16世纪40年代起随着物价的不断上涨,使得许多穷苦劳工和雇佣工人陷入贫困潦倒之中,一些地区的工资开始上升,中央和地方政府竭力对工资加以控制。由于通货膨胀和货币贬值的叠加效应,物品价格和工资都在上升,但百姓的购买力相对于食品来说急剧下降。以1500年的价格和工资指数为100,到1550年食品指数为217、工资指数为118,1560年食品为315、工资为160,1570年食品为298、工资为177。① 1552年约克的建筑工人拒绝接受1514年确定的最高工资额,被投入监狱。D.伍德沃德的研究表明,在1563年之前,政府在不同的地区实行不同的政策,在北部努力执行1514年法案规定的工资率,可能在一定程度上暂时取得了成功。而在南部地区,如在白金汉郡、国王的林恩、伦敦、南安普敦和伍斯特,则回到了1389年法案的灵活性,地方当局规定的最高工资率高于1514和1515法案的规定。② 1559年召开的议会考虑了各种调整劳动力市场的措施,但没有足够的时间付诸行动。从1559年到1563年进入一个实验阶段,实验了各种措施。到1563年,议会通过的《工匠法令》,确定了以后250年调整工资和控制劳动力市场的框架。制定这部法律的原因在于物价的总体上涨拉低了早期规定的工资,使得贫穷的劳动者和雇佣工人承担了"巨大的不幸和负担",③ 因此,有必要灵活处理这一问题,授权每个地区的治安法官和城市里的类似机构每年根据当地的物价和实际情况规定工资额,④ 这就需要引入一套复杂的工资估算方法,例如1586年伦敦市为评定工资,参考了各种食物、燃料、服饰(包括亚麻的和呢绒的)的价格以及房屋租金。⑤

《工匠法令》颁布后,一些地方的治安法官根据新法调整了工资。在这一年,伊丽莎白就发布9项公告调整拉特兰德郡、肯特、伦敦等地的工资。⑥ 虽然许多地方都根据物价情况提高了工资,但工资评定者极力压低工资也是实情。以约克为例,1563年批准的最高工资额增长幅度

---

① Jones, N., 1993: *The Birth of the Elizabethan Age*, Blackwell, p. 230.
② Woodward, D., 1980: "The Background to the Statute of Artificers: The Genesis of Labour Policy, 1558~1563", *The Economic History Review*, Vol. XXXIII, pp: 38、41.
③ Tawney, R. H. and Power, E., 1953: *Tudor Economic Documents*, Vol. I, London, p. 338.
④ *Ibid*, p. 342.
⑤ Heckscher, Eli. F., 1983: *Mercantilism*, Vol. I, New York, p. 229.
⑥ Hughes, P. L. and Larkin, J. F., 1964: *Tudor Royal Proclamations*, Vol. II, Yale University.

相当大，跟上了市场上流行的工资。这一年评定的标准适用了 20 年。到 1580 年，约克当局反对增长工资。在 1581 年 5 月命令 4 个行会的领导遵守评定的工资额。在 1605 到 1610 年，约克 4 次评定的最高工资额，都低于城市里实际支付的工资。在 1646 年，约克成立了一个委员会调查砖匠和木匠的工资。在 1651 年规定建筑工匠的工资不提供食物时不能超过 16 便士，低于市场上流行的工资。此外，像切斯特等城市也竭力压低工人的工资。① 1631 年 2 月，枢密院收到一位贫穷可怜的寡妇的请愿书，她代表她自己和许许多多的织工和梳理工控诉，最近几年多数呢绒商都大幅削减工资，结果，这一行业的许多工人最近都被迫"卖掉他们的床铺、纺车、织机和其他生产工具，为他们的妻儿购买面包"②。枢密院为了济贫，竭力干预此类行为。1631 年 2 月，萨德伯里的织工向枢密院投诉呢绒商削减工资，枢密院把这件事交给一个委员会处理，并指示要让他们得到习惯上应得的工资。在 1637 年贸易不景气的时候，制造商托马斯·里格诺德斯付给工人的工资不是钱而是呢绒，工人们投诉，枢密院发现他两次犯错，命令把他送到弗利特监狱，直到他向工人支付他们失去数额的 2 倍，他们的投诉费用除外。③ 有明确证据表明，在护国政府时期，地方政府并没有瘫痪，也未失去对价格的控制，9 个郡的治安法官草拟了新的工资评定额。在萨罗普郡、诺丁汉郡、赫特福德郡等许多地区维持当时的标准。在柴郡和约克郡北区，大陪审团提醒治安法官执行他们评定工资的职责。此外，在牛津等市镇都调整了帮工或学徒的报酬标准。④ 在一些地方，由治安法官评定工资的制度一直延续到 18 世纪中叶。甚至在 1700 年至 1750 年之间，英国就 30 多次颁布或重申工资评定办法，其中几次，甚至是在 1750 年之后也就是重商主义时代逐渐终结之时颁布的。由此可知，国家对工资问题关注的时间之久、干预的程度之深。

重商主义者对 1563 年《工匠法令》工资条款的态度完全取决于他们认为法令有利还是有害的看法。他们认为，确定工资率有导致工资下降的趋势。在复辟时期两个最杰出和有影响力的经济作家中，都是由于这

---

① Woodward, D., 1994: "The Determination of Wage Rates in the Early Modern North of England", *The Economic History Review*, Vol. 47, p. 27.
② Hunt, W., 1983: *The Puritan Moment: The Coming of Revolution in an English County*, Harvard University Press, pp: 243~244.
③ Leonard, E. M., 1900: *The Early History of English Poor Relief*, Cambridge, p. 163.
④ Ramsay, G. D., 1946: "Industrial Laisser-Faire and the policy of the Cromwell", *The Economic History Review*, Vol. 16, p. 102.

一原因，一位支持工资条款，一位反对，威廉·配第在1662年把在这一点上对法律的触犯描述为对贸易的巨大危险，应使整个体系适应时代环境的变化，因为他害怕工资的增加。而蔡尔德在1669年宣布自己反对这种做法，他相信他们的祖父们已经试过通过法律来保持低工资，但没有成功。两位知识渊博的人看起来都相信，立法实际上没有起作用。① 经济史家对1563年《工匠法令》中的工资条款的效果看法不一，争议颇多，是否定期开展工资评定工作？评定的结果是否能够得到严格的执行？这种法定工资与市场工资究竟相差多少？多数学者的看法是，尽管《工匠法令》工资条款在实施初期，有助于遏制工资上升的势头，但有证据表明，至少在英国北部城镇，官方努力控制工资额，大多数时候是不成功的。②

随着英国内战后枢密院功能走向衰落，治安法官的监管功能逐渐消失，对工资的管理也开始松弛。当然，议会也通过一些附加的规章，在伦敦大火之后，出台了一部重建伦敦的法律，要求采取措施反对勒索不合理的或过多的工资。此外，也有一些固定工资的事例。1721年关于伦敦成衣商的一项法律规定了工资和劳动时间，授权治安法官按照伊丽莎白模式调整工资率。光荣革命之后，王室特权被限定在一个极小的范围内，对工业进行有效控制的机会越来越小，塞西尔和斯图亚特的控制政策一去不复返了。1603年附加到伊丽莎白工匠法令上的关于呢绒业的最低工资的条款已经完全被人们忽视了，尽管在纸面上从来没有被废除过。③

根据对米德尔塞克斯郡季审法院史的研究，从1610年起，工资评定结果就机械地一再发布，没有任何改变，到1725年以后，这里也没有一丝一毫的迹象采取哪怕是最马虎的行动。可见，工资评定变成一项例行公事，已经没有任何实际意义，工资已经按照市场价格支付了。虽然到了1756年，国家仍颁布了一项评定工资的法令，适用于整个国家的呢绒工业，由治安法官决定工资率，并贴在教堂的门上。但是，第二年就废除了。这样，呢绒商和他们的织工自由协商工资就获得了无条件的合法性。在约克郡西区，早在1671年，纺织业就从评定工资的行业名单中消失了。只是在一些乡村和农业区这一条款看起来还保留着一些重要性。④ 在格洛斯特郡，18世纪时同一个工资命令也一再重新颁布。米德尔塞克

---

① Heckscher, Eli. F., 1983: *Mercantilism*, Vol. I, New York, p. 311.
② Woodward, D., 1994: "The Determination of Wage Rates in the Early Modern North of England", *The Economic History Review*, Vol. 47, p. 28.
③ Heckscher, Eli. F., 1983: *Mercantilism*, Vol. I, New York, pp: 310、294.
④ *Ibid*, p. 312.

斯郡、格洛斯特郡、肯特郡现存的记录都表明，到 18 世纪，1563 年《工匠法令》的工资评定条款已经变成一堆死的文字，除了一些特殊情况之外，法令在伊丽莎白、詹姆士一世和查理一世统治时期的那种活力在内战以后消失了。① 在一些新兴的行业里，不再评定工资，一些新兴工业地区为了吸引劳动力，愿意支付高工资。②

从当时的实际情况来看，由于劳动力匮乏，英国工人的实际工资得到了实质性提高，③ 从科尔曼综合各家数据给出的数字来看，无论是建筑工人的实际工资指数，还是伦敦或兰开夏的实际工资指数提高幅度都不小。这一工资增长趋势也得到了诸多研究的证实，比如剑桥人口和社会结构史组绘制的实际工资指数曲线图，在 1690~1750 年这一时段上，曲线总是向上攀升。④

由于工资较高，就业空间较大，下层民众就把不少时间用在了休闲和娱乐上，这在当时招致不少人抱怨高工资养成了穷人懒惰的习惯，弗朗西斯·加德纳抱怨说，"如果工作两天就能维持生活，穷人就决不工作三天"，他们在饮酒上花费了大量时间。⑤ 威廉·卡特持有同感，并说那些住在伦敦周边五十英里的人最坏，他们懒惰，脾气暴躁，仅愿意干那些"两天的收入能够维持一周生活"的活。⑥ 托马斯·曼利非常刻薄地描绘了英国劳工把时间和金钱都花费在了啤酒馆、赌博、嫖妓等事情上，同时"太妄自尊大，以致不愿乞讨，太懒惰，以致不愿工作，不是太冷就是太热，他们自己选择工作时间和工资，否则你就自己干吧"⑦。约翰·霍顿提到了劳工游手好闲的原因："机织工或者丝袜工的工作工资很高，据观察，他们很少在星期一和星期二工作，而是把他们的大部分时间都花在了啤酒屋或九柱戏上。"⑧ 以致当时人认为："在劳

---

① Smythe, S. S. and Waterman, E. L., 1928: "Some New Evidence of Wage assessments in the Eighteenth Century", *The English Historical Review*, Vol. 43, p. 403.

② Coleman, D. C., 1977: *The Economy of England* 1450~1750, Oxford University Press, p. 182.

③ Coleman, D. C., 1980: "Mercantilism Revisited", *The Historical Journal*, Vol. 23, No. 4, p. 776.

④ Wrigley, E. A. and Schofield, R. S., 1989: *The Population History of England* 1541~1871, Cambridge University Press, pp: 414、418.

⑤ Appleby, J. O., 1980: *Economic Thought and Ideology in Seventeenth – Century England*, Princeton University Press, p. 146.

⑥ Carter, William., 1678: *The Ancient Trades Decayed*, London, p. 8.

⑦ Manley, Thomas., 1669: *Usury at Six Per Cent. Examined*, London, p. 24.

⑧ Appleby, J. O., 1980: *Economic Thought and Ideology in Seventeenth – Century England*, Princeton, Princeton University Press, p. 146.

动力价格最高、物品价格最低的地方,济贫税是最高的。"①

第三节 管制食品交易

在重商主义时代前期,饥荒频仍,食物事关民众生活和社会稳定,英国政府为维护其政治统治,实行优先满足本国人口增长、手工业发展、城市壮大需求的食品供应政策,对谷物、肉类、熏猪肉、黄油、乳酪、油脂、食油以及葡萄酒的买卖实行管制。② 治安法官甚至向贩卖黄油和奶酪的小贩颁发经营执照,规定了经营的地理范围和食物品种。③ 在发生食物短缺时,还采取其他临时性强制措施。如 1597 年,一艘威尼斯商人的商船驶入朴次茅斯后,由于当地食物短缺,船上的谷物经估价后被强制出售给朴次茅斯和南安普顿及其附近乡村的居民。④ 英国当时对谷物进出口完全根据国内实际情况掌控,以保持本国粮食稳定供给,或限制出口,或鼓励出口,限制进口,具有鲜明的重商主义特征(关于谷物对外贸易的情况,详见第五章)。

格拉斯认为,都铎政府的谷物贸易政策旨在满足伦敦日益增长的需要,为了达到这一目的,伊丽莎白时期的都铎政府接受伦敦城市的意见,并且竭力贯彻执行。而伦敦城的意见是,即使在存在匮乏的条件下,该城也应该优先得到食物供应。⑤ V. 庞科对这种观点进行了批驳,认为英国政府当然愿意帮助伦敦解决食物供应问题,但同样关心的是确保乡村地区不会发生匮乏,价格不会上升。政府只不过想避免在乡村和伦敦发生社会动乱。⑥ B. 珀斯认为都铎王朝的食物控制政策至少部分是出于政治和财政考虑,如维持军队的供应,维护社会稳定,不完全是出于人道主义考虑,尽管这些政策的执行有时会有利于部分穷人。⑦ 这几种说法都有一定的道理,因为都铎王室政府面临的是一个由于商业化不断深入

---

① Townsend, Joseph., 1787: *Dissertation on the Poor Law*, London, p. 11.
② Heckscher, Eli. F., 1983: *Mercantilism*, Vol. II, New York, p. 88.
③ Tawney, R. H. and Power, E., 1953: *Tudor Economic Documents*, Vol. I, London, pp: 167~168.
④ Ibid, p. 165.
⑤ Gras, N. S. B., 1926: *The Evolution of the English Market from the Twelfth to the Eighteenth Century*, Cambridge, p. 221.
⑥ Ponko, V., 1968: "The Privy Council and the Spirit of Elizabethan Economic Management". *Transactions of the American Philosophical Society*, Vol. 58, p. 10.
⑦ Pearce, B., 1942: "Elizabeth Food Policy and the Armed Forces", *The Economic History Review*, Vol. 12, p. 46.

而变得日益复杂的社会,一方面,要"经常心怀焦虑地戒备着农村的群众抗议";另一方面,"如何管理一个正处于城市化过程中的国家,对于处于中央集权化中的政府是一个主要的挑战"①。

英国政府对社会秩序的担忧并不是空穴来风,由食物短缺引发的骚乱的确时有发生。在1586年春夏期间,由于前一年的歉收,英国经历了一次严重的谷物短缺灾难,伦敦市和其他发展中的城镇对食物供应不断增长的需求,使得短缺更为严重,除了这些大宗的消费者,国家在这时候也大规模进入粮食市场,为军队购买食物。此时,一支远征军在荷兰帮助反抗西班牙国王菲力普二世的统治,还要维持海峡岛屿上的驻军供应,救济爱尔兰的军队,维持一个庞大的海上舰队。国家的巨量购买使得短缺更为严重。在东萨默塞特,穷人的困苦极为严重,因为食品价格的上涨伴随着呢绒出口危机,许多人失去了工作。汉普郡和格洛斯特郡都爆发了食物骚乱。一场席卷东盎格利亚的牲畜瘟疫加剧了伊普斯威奇的食物短缺。许多人起来游行反对将肉装船运给荷兰的驻军,一位市政官威廉·斯马特占领了一艘货船,把船上的肉类分给了群众。②

在1630~1631年的食物危机中,萨默塞特、萨福克、苏塞克斯、赫特福德、汉普、波克、威尔特和肯特等郡告发生了谷物骚乱。中央政府密切关注各地因食物匮乏而爆发的骚乱,档案显示,在1585~1660年间,发生了大约40起谷物骚乱。实际上,在谷物产区,在收成正常的年份里,反而最有可能发生谷物骚乱,在诺福克、艾塞克斯、肯特、苏塞克斯、赫特福德、汉普和泰晤士河谷地区,经常由于害怕为了满足首都的需要而把地方的谷物供应像虹吸管一样吸走而发动骚乱。在其他地方,城市的需求也同样起到了引发混乱的作用。在英格兰西部,布里斯托尔的需求可以解释为何格洛斯特郡、威尔特郡、萨默塞特郡骚乱丛生。在1647年,布里斯托尔的运送商向威尔特郡的法官陈情,他们不能再经过那里,"他们过去常常感到惊讶万分……他们的谷物被狂暴的群众劫掠而去。"③

都铎政府对食物交易的管制高度重视,整个管理机制十分精细,从中央来说,国王和枢密院事无巨细都予以处理,并且向地方官员灌输了

---

① 〔美〕王国斌:《转变的中国——历史变迁与欧洲经验的局限》,李伯重等译,南京,江苏人民出版社,1998年,第116页。

② Pearce, B., 1942: "Elizabeth Food Policy and the Armed Forces", *The Economic History Review*, Vol. 12, p. 40.

③ Walter, J. and Wrighson, K., 1976: "Dearth and the Social Order in Early Modern England", *Past and Present*, Vol. 71, pp: 26~27.

很大的热情和活力,并且向各地委派专员限制交易。从地方官员来说,处理和监督此类事务的有督尉、郡长、治安法官、巡回法官、城市市长、海关官员、审计员和检查官。通常的程序是由专员或治安法官每月向枢密院报告谷物供应情况。如果郡里谷物充足,价格低于法定限度,枢密院就会向专员下达允许贩运的命令,专员就会依次向申请贩运谷物的人发放执照。这一执照就是一道对海关官员的命令,允许谷物通过并收取关税。如果价格高于允许谷物出口的法定限度,并且已经专门限制谷物出口,而专员却发放了出口执照,海关官员就可以阻止装船,并将此事向枢密院报告。治安法官如果发现巡回法官的贸易令有损于国家利益或妨碍农耕,也可以取消这一命令。枢密院为了确保这一监管体系运作有效,经常用同一地区一组官员的报告来查验另一组官员的报告。[1]

  管制食品交易的核心是防止囤积居奇,要求以政府规定的方式和价格出售食物。治安法官拥有一份掌握在生产者和经销商手里的谷物存量的完整目录,从最小的细节上管制其出售。谷物只允许在指定的市场上小量出售。治安法官有权强制生产者和经销商到市场出售,甚至必须向无法到市场的穷手艺人和农业劳动者出售小量的谷物。把食品运进城里的小贩和捐客必须事先获得执照,才有权进行交易,执照注明了他们可以买卖的数量和地点。总体来说,城里的购买者也受到了严格的监管。1596年枢密院命令伦敦市长把某只船上的谷物只卖给穷人,而不是被经销商带走。枢密院在1630年甚至限制把食品从一个郡贩运到另一个郡。伦敦的面包师被允许在绕城20英里的范围内购买谷物,布里斯托尔有权在其他市场购买,格洛斯特、埃克塞特和伦敦能够在康沃尔购买,坦克斯伯里可以在彭布罗克购买,卡马森和普次茅斯可以在怀特岛购买。这项措施第二年在南部各郡被废除,各郡之间输送谷物不再被禁止。在市场上,谷物经销商在开市一小时之后才能开始购买。面包师和啤酒制造商通常也被看作谷物经销商,也得遵守这一规则,当然,他们有权大量购买谷物,他们的生产和产品价格都受到详细而彻底的控制。从萨默塞特治安法官在1630~1631年季审法院的记录来看,发给谷物经销商的执照仅允许他们使用2匹或3匹马。那些购买青苗的人、囤积干酪的人都受到了公开谴责。1631年星室法院接到指控,一位来自伦敦正南的人通过保留存量来提高谷物的价格。法院判其有罪,他被迫向国王支付100

---

[1] Gras, N. S. B., 1926: *The Evolution of the English Market from the Twelfth to the Eighteenth Century*, Cambridge, p. 235.

马克的罚款，向穷人支付 10 镑。另外，他得带着颈手枷在伦敦各地示众，帽子上贴上标语，上书"因为哄抬谷价"，从西门监狱开始，然后经过齐普赛街，到兰登霍尔，最后到切姆斯福德。①

　　国家对食物贸易进行控制的另一个原因是保证军队的供应。国家要供养越来越多的士兵和海员，由食物短缺引起的粮价上涨，常常使得本已捉襟见肘的国家财政雪上加霜，政府不得不采取许多权宜之计来解决这一问题，同时必须小心翼翼，以免因巨量购买引发大众的不满。以 1586 年的食物短缺为例，在一份标明 5 月 6 日的请愿书中，伊丽莎白女王的海军食物总监督官爱德华·巴希估算，为海上 4 艘船只供应 3 个月（6~8 月份）食物，以目前的价格计算，将花费 2633 镑 4 便士，而他签订合同的时候食物价格相当低，每位海员的食物每天只需花费 6 便士，完成这项服务只需 2100 镑。他宣布不能用自己的腰包来弥补这一差额，他有权终止合同，只要提前 6 个月通知即可，并宣布打算采取这一步骤。在一份标明 7 月 23 日送给国务大臣沃尔辛厄姆和海军大臣霍华德的声明中，巴希列举了价格提升的细目，自从他 1565 年签订首份合同以来，小麦的价格已经从每夸脱 12 先令或 13 先令 4 便士涨到 33 先令 4 便士，每夸脱麦芽从 8 先令涨到 18 先令或 20 先令，每磅牛肉从 1 便士涨到 2.25 便士或者更多。在 8 月 31 日的第三份便函上，他重申他不可能在目前的基础上继续他的服务，要求得到帮助。巴希放弃合同的提议让枢密院的处境十分为难，让一个为海军管理食物供应 40 年的人离开是不可想象的，何况海军的需求越来越大，很难找到另一个人接手合同。最终枢密院不得不在 10 月 19 日把每人每天的费用提高了半便士，持续到食物降价为止。与此同时，枢密院向各方展开质询，寻求克服短缺之道，以求在不增加新的财政负担的情况下根本解决这一问题。赫特福德郡治安法官在答复质询时认为，在他们郡麦芽的价格增加幅度很大，这不仅仅是由于庄稼歉收，而且是由于麦芽商把大量的麦芽运到了伦敦市场。1586 年的收成也并不好，11、12 月灾难的迹象重现。巴希在 12 月向枢密院提出了一系列降低谷物价格的建议：应该命令治安法官控制所有谷物出口，通过发放执照限制谷物交易商的活动，强迫所有谷物有盈余的人都要将其带到市场出售。在 1586 年 12 月的最后 3 天里，塞西尔起草了一系列的命令，发给每个郡的治安法官，调节谷物市场。并且起草了一项王室

---

① Leonard, E. M., 1900: *The Early History of English Poor Relief*, Cambridge, p. 93; Heckscher, Eli. F., 1983: *Mercantilism*, Vol. I, New York, pp: 259~260.

公告向人民详细地解释了这些措施。这些命令实际上是巴希建议的扩展，要求治安法官必须调查和登记所有的谷物存量，留下够一家人食用和作为种子的谷物，剩余的被强制带到市场上，谷物的主人必须同意小量出售，以便穷人能够得到供应，只有持有执照的商人和大家族的伙食承办商才被允许大量购买。这些命令在 1587 年 1 月 2 日得到了枢密院的批准，同一天，颁布刊印了那份王室公告。① 正是从这一年开始，枢密院向治安法官下发《命令手册》，在饥荒时调节谷物买卖。根据这些命令，各郡的治安法官进行分工，在开市日来到市场上，察看谷物供应是否充足，竭力劝说谷物所有者以合理的价格出售。

政府为了获得干预行动的合法性，在公开场合总是把饥荒和食物短缺解释为人们贪婪和无情的恶行导致上帝惩罚的结果，这也是当时通行的一种看法。劳德大主教在 1631 年谈到："去年的饥荒是人祸，而不是天灾。"② 1647 年粮食歉收，1648 年西达比百户区的穷人就认为饥荒是由于贪得无厌的小贩和其他人囤积和把所有的谷物揽入他们手中所致，因此要求治安法官采取措施。在索尔福德郡，警官接到命令，搜查所有的房屋和谷仓，超出家庭所需的谷物被要求分期带到市场，以合理的价格卖给穷人。西达比和莱兰德百户区是粮食贩运贸易的中心地带，此时谷物交易的许可证被吊销，麦芽作坊被停工，严格禁止谷物出口。③ 实际上，政府非常清楚饥荒发生的真正原因，但政府通过公告和行政命令等不断强化这种充满道德和宗教说教的论调，这种解释经过地方政府、市场和讲道坛以及其他非正式传播渠道的广泛传播，在每次发生危机时不断重复，印证了劳苦大众的看法，于是，政府的干预行动就获得了合法性。在编入 1631 年《命令手册》中的一系列详细指示中，政府要求治安法官控制粮食掮客的活动，确保穷人的谷物供应。政府还采取措施限制啤酒屋的增长，增加谷物供应。④

从 17 世纪中晚期开始，随着英国谷物匮乏状况不再出现，英国政府对粮食供应市场的干预至少发生了两项有趣的变化，一是管理谷物海外

---

① Pearce, B., 1942: "Elizabeth Food Policy and the Armed Forces", *The Economic History Review*, Vol. 12, pp: 40~42; Leonard, E. M., 1900: *The Early History of English Poor Relief*, Cambridge, pp: 85~86.

② Bland, A. E. Brown, P. A and Tawney, R. H. ed., 1915: *English Economic History*, Select Documents, London, p. 393.

③ Walter, J. and Wrighson, K., 1976: "Dearth and the Social Order in Early Modern England", *Past and Present*, Vol. 71, p. 39.

④ *Ibid*, pp: 31~32.

贸易的议会立法框架发生了深刻的变化。这一项变化发生在17世纪70年代。另一个是中央政府的态度发生了变化。这一项变化早在17世纪中期就开始发生，中央政府不再直接对饥荒做出回应。从此，在发生饥荒的时候，中央政府不再愿意积极干预，而是把主动权移交给地方官员和地方社团。此外，英国人对谷物贸易商的看法也发生了巨大的变化。在都铎王朝时期，谷物贸易商被看成是"国家的害虫"，是导致饥荒发生的祸首，而到了17世纪末，人们却认为"没有人比囤积居奇者更有益于一个国家的贸易"。①

格拉斯认为，国家对谷物市场的干预具有无法预料的不受欢迎的后果，在经济上弊大于利。② 但多数学者认识到这些国家干预措施虽然在短期内可能限制了食物的完全市场化，但是由于能够缓解匮乏引起的穷困，成功地转移了社会动乱，从而为英国经济的整体市场化进程提供了必不可少的保障。

第四节 济贫

从严格的现代学科意义上来说，济贫政策是典型的社会政策，不是国家的经济政策。但在重商主义时代经济政策和社会政策的界线并不是十分清晰，再加上贫困流浪人口的产生根源是市场经济演进的结果，济贫措施中也包含着解决就业、收入的二次分配（如济贫税的征收）等诸多经济内容，此外，国家的济贫措施也对维护市场秩序、为市场经济培育产业大军、帮助经济制度实现顺利转型起到了保障作用，因此，有必要予以简述。

从16世纪起英国的穷人不断增多，为了解决流民和乞丐的问题，国家采取了许多措施，制定了统一的救济穷人条例。游民增多的原因很多，圈地运动的开展，传统职业的衰落，贸易危机的周期性出现，货币贬值，物价上升，修道院解散，这些原因交织在一起，使得流浪者日众，偷盗者增多，形成了严重的经济和社会问题。当然，新近的研究表明，游民的人数实际上并不像史家和伊丽莎白时期的著作家描绘的那么多，在1603年英格兰和威尔士的人口总数是375万，在1695年是520万，在詹

---

① Outhwaite, R. B., 1981: "Dearth and Government Intervention in English Corn Market 1590 ~ 1700", *The Economic History Review*, Vol. 34, pp: 389、396.

② Gras, N. S. B., 1926: *The Evolution of the English Market from the Twelfth to the Eighteenth Century*, Cambridge, pp: 241~242.

姆士一世统治时期,游民最多占人口总数的 2%,在威廉和玛丽时期只占到 0.5%。这些游民也并不像过去想象的那样,成帮结伙,只是单个人或二三个人,并且主要是孩子、青少年和年轻人。① 但是,对于习惯于中世纪传统农业秩序的英国人来说,都铎时代是一个混乱的时代,人们不能理解和适应市场经济发展所带来的失业和贫困问题。在他们眼里,许多身体强健的人到处游荡,安静的田园风光受到了破坏,在他们的描绘中,到处是乞丐和游民也就情有可原了。

都铎王朝建立后,国家和城市当局加大了对流民的管理力度,1570 年以前,以惩罚管理为主,通过了许多惩罚性的法律,防止和打击身体强健的人流浪和乞讨。但是,政府很快就明白,如果不组织好救济贫民的工作,这些法律很难生效。当时大部分的济贫工作由私人或教会进行。许多贵族或权臣都乐于从事慈善事业,如克伦威尔每天都在大门口接济穷人,向他们提供面包、肉等。修道院一般都会向穷人提供接济,为老人或小孩提供寄宿处。除了修道院,还有慈善收容所,它们不仅仅救助穷困的病人,也是养老院和孤儿院。这些旧有的救济组织由于缺乏管理,对救济对象不加区分,结果是鼓励了懒惰者,增加了乞讨者。况且这些救济组织能力有限,比如圣托马斯慈善收容所只有 40 张床位。②

亨利八世解散修道院以后,救济贫民成为一项紧急事务,城市当局、政府和议会努力寻求新的济贫方法。创设一个处于公共管理之下的有效济贫体系,逐渐成为各方共识。在城市管理者、议会和枢密院的共同努力下,一个新的济贫体系逐渐创立。③

一些城市为老人建立收容所,为年轻人建立训练所,募集救贫资金,管理所有不能自食其力的人。城市的济贫实践为国家创设统一的济贫体系提供了很大的借鉴。许多在城市成功执行的命令,后来都体现在了议会法令中,推广到全国。如伦敦在 1547 年开征的济贫税就成为以后国家效仿的一项制度创新。在城市积极探索济贫方法的时候,国王和枢密院对城市当局的计划很满意,并给予了最大限度的帮助,亨利八世就向伦敦城提供济贫资金和场所。修缮、重建、扩建和新建的慈善收容所(hospital)、劳动济贫所(workhouse)和感化院或教养所(bridewell or

---

① Beier, A. L., 1974: "Vagrants and the Social Order in Elizabethan England", *Past and Present*, Vol. 64, p. 6.
② Leonard, E. M., 1900: *The Early History of English Poor Relief*, Cambridge, pp: 18~19.
③ *Ibid*, p. 21.

house of correction），救济能力大为提高。1553 年，基督慈善收容所能容纳 280 个孩子，还能为乡下的 100 个孩子提供膳食。圣托马斯慈善收容所达到能够救济 260 个"年老的和有病的人"，还能为其他 500 个居住在自己家里的穷人提供膳食。这两个收容所在 1553 年一年的费用达到了 3240 英镑 15 先令 4 便士，其中的 2914 英镑来自于伦敦市民的自由捐赠。① 这样就发展出一个新的济贫体系，这些收容所不再是单独的机构，而是成为城市整体管理的一部分，实行公共管理。感化院是济贫活动中最大的发明，是新体系最有特点的机构，为游民中最困难的群体提供了训练和改造的机会。但它是一个城市的体系，而不是一个全国的体系，随着英国工业的大规模发展，就业状况更加不稳定，有时一个家庭的所有成员和多数邻居都同时失去了工作，济贫的压力增大，资金的困难和吸引其他地方的穷人纷纷前来最终毁掉了城市的济贫体系。

在城市探索济贫的同时，枢密院也开始通过济贫来解决当时的社会问题。枢密院在物价腾飞的年份里，曾加倍努力试图解决穷人的困苦，控制物价，派出专员打击囤积居奇行为，为穷人低价提供谷物，等等。但随着经验的积累，枢密院逐渐认识到许多干预措施效果并不理想，以后就很少试图控制物价，而是直接组织济贫，同时也通过敦促地方官员履行他们的职责来干预济贫事务。在亨利八世二十五年，议会通过一部法律，提出国家不仅应该制定法律使穷人得到他们的邻居接济，而且也应该承担济贫和筹集资金的责任。②

在伊丽莎白统治时期，于 1562 年、1572 年、1576 年、1597 年先后通过了一系列济贫法。③ 1597 年，议会两院都对济贫问题进行了激烈的讨论，通过了诸多相关法案。这些法律几乎构成了济贫问题的完整法典，确立了英国济贫法律体系。1601 年又重申了 1597 年的济贫法。这些法律第一次把救济贫民定为国家的责任，同时开始走上了以救济为主、惩罚为辅的济贫道路，确立了各教区都必须赡养所辖区内的贫民的原则，国家命令城市和教区官员筹集资金，救济穷人，开始征收济贫税，1562 年法令规定自愿纳税，只有劝说无效后才借助于强制手段。1572 年法令以征代募，规定按每个居民的财产比例交纳，拒绝交纳者，会被带到两名治安法官面前，如果不服从，就送进监狱。到 1650 年，税收收入和私人

---

① Leonard, E. M., 1900: *The Early History of English Poor Relief*, Cambridge, pp: 23、33~34.
② 1993: *Statutes of the Realm*, Vol. III, William S. Hein & Co., Inc. p. 558.
③ *Ibid*, pp: 590、610、896.

捐赠的数目大体相当,有效地保障了济贫资金的来源。① 法令要求每个郡都要建立感化院、济贫所和教养所,将那些有工作机会而不去工作的人送去强制劳动。此外,任何人都可以建立收容所和教养所,只需在大法官法院登记即可,不需要获得特许状。治安法官是这些法令的具体实施者,他们将贫民登记造册,任命济贫税征税员,监督和指导济贫官(overseers of the poor)等,直接负责伤残军人的救济,为流民提供工作机会,建立感化院和教养所。② 最基层的济贫官员是济贫官,他们必须了解自己教区内的所有穷人,确定济贫税的数量,然后按比例征收,为没有劳动能力的穷人提供救济金和住所,为学徒找师傅,为失业者找工作。

在这一时期,立法者已经认识到,游民和乞丐的存在不全是由于人们懒惰和邪恶,部分是由于缺少工作机会。因此在 1597 年废除了对游民的严酷惩罚。为了确保济贫法得到实施,枢密院组建了一个特别委员会,下辖地方委员会和小组委员会。治安法官每月向郡长提交报告。由巡回法院执行彻底的控制,并向国王报告。枢密院随时根据各地的报告向治安法官发布命令,指导各地实施济贫和惩罚流浪汉的措施,并将两者紧密地结合起来,以消除动乱。正如 E. M. 伦纳德所言,命令绅士们回到自己的地产居住,要求农民把他们的谷物带到市场,呢绒制造商必须按照十分详尽的条例经营自己的买卖,批发商有义务遵照最有利于良好秩序和国家权力的方式开展贸易,不管工人们喜欢不喜欢,都命令他们去工作,他们都得接受由治安法官们确定的工资。济贫官为"没法养活自己的所有人(不管是已婚还是未婚)"安置工作,如果他们拒绝指定的工作,就把他们送到教养所。济贫法最初是父权制政府体制的一部分,③是都铎政府重商主义全面控制的一个具体体现。

16 世纪 90 年代,由于连年降雨太多,庄稼持续歉收,小麦价格上涨了 4 倍,大麦和黑麦是穷人制作面包的常用谷物,价格几乎也以同样的比例上涨。虽然中央政府和地方官员想尽了一切办法救济穷人,但仍有人饿死在街头,许多地方的群众揭竿而起。这次危机表明现有的济贫组织承受不住持续灾难的压力,唤醒了公众舆论对穷人的关注,成为以后创立更有效的管理体系的一个主要因素。④

---

① Grassby, R., 1995: *The Business Community of Seventeenth - Century England*, Cambridge University Press, p. 228.
② 1993: *Statutes of the Realm*, Vol. IV, William S. Hein & Co., Inc., pp: 610、896.
③ Leonard, E. M., 1900: *The Early History of English Poor Relief*, Cambridge, p. 140.
④ *Ibid*, pp: 119、127.

1597 年到 1644 年，是英国济贫史上一个独特的时期，大量证据表明，许多地区都把伊丽莎白济贫法付诸实施。穷人与整个国家更紧密地联系在了一起。1597 年济贫法通过以后，枢密院立即组织实施，1598 年 4 月，枢密院就给英格兰和威尔士几个郡的郡长和治安法官写信，要求新济贫法立即得到全面执行。在 1603 年发生瘟疫、1608 年出现歉收时，枢密院都要求各地采取各种措施加强对穷人的接济。在 17 世纪 20 年代发生了贸易危机，加上 1621 年和 1622 年的庄稼收成很不好，在萨默塞特，四五百人聚集起来，从向市场运送谷物的人手里抢走了谷物，其他地方也发生了类似的骚乱。枢密院再次发布命令册，并起草两项公告，限制制造麦芽，削减小酒馆的数量，并要求各地的治安法官对牧羊业者、呢绒商和批发商进行管理，牧羊业者必须以合理的价格出售羊毛，呢绒商和批发商也在要在危机时承担社会责任，确保穷人就业。随着危机的加深，枢密院采取特别措施，以低于成本价的价格向穷人出售谷物，努力为失业者找工作。在这次危机中，枢密院发出了无数的命令。这些命令比以前得到了更好的执行。此后，在平常的年份里，枢密院也进行干预，每年都对穷人进行登记。[①]

内战以后，伊丽莎白时期的济贫体系只有一部分保留了下来。1662 年重申济贫法，并增加了新的条款，那就是济贫官有权不向不在本教区出生的人提供救济。为了实现各教区都必须赡养辖区内的居民，此后与济贫有关的法令都规定，只有在某教区连续不断地居住才能获得教区的户籍，才有资格享受教区的救济，否则就会被送回原教区或出生地，这一规定越来越具体，越来越详细，限制性条件越加越多，使得穷人不可能获得新户籍。

重商主义济贫政策带有明显的血与泪的痕迹，都铎时期对流民的镇压十分血腥，到了内战以后，感化院也变得越来越像监狱。尽管用现代眼光来看，这些济贫政策有着诸多不合理甚至是不人道的地方，但是正是这些初步的社会保障措施为英国的市场经济发展和社会转型提供了一个较为稳定的环境，解决了穷人的日常生存问题，用一位重商主义作者的话来说，就是"为愿意劳动的提供工作，对不愿意劳动的进行惩罚，为不能劳动的提供面包"[②]。伯里教养所详细列出了饮食的标准和日常的事务，每天有两餐，正餐和晚餐。在吃肉日，每个人 8 盎司黑麦面包，

[①] Leonard, E. M., 1900: *The Early History of English Poor Relief*, Cambridge, p. 148.
[②] Appleby, J. O., 1980: *Economic Thought and Ideology in Seventeenth–Century England*, Princeton University Press, p. 131.

1 品脱粥，1/4 磅肉和 1 品脱啤酒。斋戒日，用 1/3 磅干酪或者一两条青鱼代替肉。表现好的可以额外加少许面包和啤酒。不从事劳动的只有面包和啤酒。所有人夏天 4 点、冬天 5 点起床，工作到晚上 7 点，只有晨祷和晚祷的间歇。① 随着经济的发展，这些济贫机构的饮食也有所改善，到 1687 年圣·巴塞洛缪慈善收容所管理机构的饮食就比伯里教养所的伙食无论从数量还是质量上都大有改善。星期天是 10 盎司小麦面包、6 盎司煮熟的无骨牛肉、1 品脱半牛肉汤、1 品脱热酒和稀粥、3 品脱（每桶）6 先令的啤酒；星期一是 10 盎司小麦面包、1 品脱牛奶糊、6 盎司牛肉、1 品脱半牛肉汤、3 品脱啤酒；星期二是 10 盎司面包、半磅煮熟的羊肉、3 品脱羊肉汤、3 品脱啤酒；星期三是 10 盎司面包、4 盎司干酪、2 盎司黄油、1 品脱牛奶糊、3 品脱啤酒；星期四饮食量同星期天，1 品脱加米牛奶糊；星期五是 10 盎司面包、1 品脱糖泡软食、2 盎司干酪、1 盎司黄油、1 品脱水煮稀粥、3 品脱啤酒；星期六饮食量同星期三。② 这样，这些穷人的工作和消费通过济贫机构都汇入到了市场经济的潮流中。

亚当·斯密批评济贫法妨碍了劳动力的自由移动，认为"英格兰的乱政，恐以此为最"③。的确，为了从教区得到帮助，他们丧失了部分公民自由。④ 但是要看到，当时的穷人面对的是收成的反复无常、外国市场的波动、有钱人的投资偏好，在市场经济趋势面前，他们十分脆弱，随时面临失业的危险，并要迎接生存的危机，如果没有国家济贫体系的存在，他们随时会被市场经济趋利性的车轮碾得粉碎，而市场经济这驾马车也可能随时倾覆。

第五节 解决就业

促进就业一直是英国重商主义的一项重要内容。W. D. 格拉普认为，在重商主义学说中，没有任何一项考虑像充分就业那样重要。把充分就业看作是英国重商主义政策的目标，超越了把货币积累或贸易顺差看作重商主义政策目标的传统看法。格拉普的内在论证逻辑是，重商主义者之所以希望保持贸易顺差，是基于以下假设：通过出口大于进口，英国

---

① Leonard, E. M., 1900: *The Early History of English Poor Relief*, Cambridge, p. 114.
② 向荣：《英国"过渡时期"的贫困问题》，载《历史研究》2004 年第 4 期，第 157 页。
③ 〔英〕亚当·斯密：《国民财富的性质和原因的研究》上卷，王亚南、郭大力译，北京，商务印书馆，1974 年，第 130 页。
④ Appleby, J. O., 1980: *Economic Thought and Ideology in Seventeenth - Century England*, Princeton University Press, p. 131.

能够增加就业。这一假设在短期内是行得通的，贸易顺差为英国带来金银，更多的货币供应促使消费增加，更多的消费增加就业。①

英国重商主义者的确十分重视就业问题，张伯伦在 1649 年写道："如果被有序、充分地雇用"，穷人能够成为"一个国家最大的财富"。②库克在 1671 年宣布："贸易有三重目的，那就是强大、富有和各类人等的就业。"③ 穷人的就业问题是英国重商主义反复阐述的主题。

英国重商主义者为了促进就业，提出了一系列的政策措施，这些措施大致可以分为两类，一类是国家创造就业政策，另一类是利用市场机制促进就业政策。

通过国家的干预，在国内创造就业机会，是重商主义初期的一项政策主张。过去一般都把修道院的解散看作是失业人口增加的主因。赫克歇尔对这种看法进行了批驳，他认为所有的调查研究表明，修道院在向穷人提供就业方面并不扮演一个十分重要的角色；失业问题出现在 15 世纪中期实行新的商业政策的时候，而解散修道院发生在 16 世纪；在最早的时候，根本不存在根除现存失业的问题，而是存在创造新的就业机会的问题。④ 当时人们相信，禁止进口是解决失业问题的一个途径，早在 1455 年，英国的一项议会法案就谴责外国人的竞争，因为这导致了丝织业的失业，断言外国人"摧毁了上述行业，以及所有此类善良妇女的职业"。在 1483 年的一项法案中，也宣称："由于缺乏工作，丝织业的男女织工都变得贫困不堪。"这无疑是进口的结果。在 1467 年，禁止纱线和未整呢绒出口，理由是本国的织工和缩绒工将因此没有多少事可做。⑤在 16 世纪中期或更早，也就是在亨利八世和爱德华六世统治时期，英国首次出现了对这一问题的大讨论。在当时的一篇文章中，作者认为："由于每年运进英国大量的新奇商品和货物，不仅导致货币缺乏，而且破坏了所有的手工业，大量的普通百姓靠这些工作挣钱养家糊口，否则他们必将游手好闲地活着，以乞讨和偷盗或者诸如此类的手段谋生。"⑥

---

① Grampp, W. D, 1952: "the Liberal Elements in English Mercantilism", *Quarterly Journal of Economics*, Vol. 4, p. 474.
② Coleman, D. C., 1956: "Labour in the English Economy of the Seventeenth Century", *Economic History Review*, Vol. 2, p. 280.
③ Coke, R., 1671: *A Treatise Wherein is Demonstrated*, London, "Definitions".
④ Heckscher, Eli. F., 1983: *Mercantilism*, Vol. II, New York, p. 121.
⑤ *Ibid*, pp: 122~123.
⑥ Tawney, R. H. and Power, E., 1953: *Tudor Economic Documents*, Vol. III, London, p. 120.

威廉·配第在1662年以明白无误的语言鼎力支持必须保持就业的观点，他说把1000人的劳动产品付之一炬也好过让这一千人失业从而丧失他们的技艺。① 蔡尔德则把就业问题同移民问题联系了起来，认为殖民地购买母国的产品或装备母国的船只，为母国的工人带来就业机会，应该受到鼓励。在这种情况下，如果人们移民到殖民地，对母国的财富没有损害。相反，如果这些殖民地夺走母国工人的就业机会，就应该在每一方面都受到限制，或者强迫其从事其他活动。蔡尔德认为，安的列斯群岛、牙买加、巴巴多斯岛因此对英国有用，因为在此地的每个英国人为在国内的4个英国人提供了工作，而新英格兰是对英国最不利的殖民地，因为这里的10个英国人甚至不能为国内的1个人提供就业机会。②

政府和公众舆论经常向雇主施加压力，要求他们在不景气的时候不要解雇工人。1528年英国与法国结盟对付西班牙，打断了与佛兰德斯市场正常的呢绒贸易。此时，英国生产的呢绒相当大一部分运往外国市场，在一些地区，很大一部分居民受雇于呢绒商，呢绒商再把纺好的布卖给前往佛兰德斯市场的批发商。战争妨碍了呢绒的正常销售，批发商不再像往常一样购买，呢绒商也就停止了纺织工人的工作。再加上1527年庄稼歉收，同一年货币贬值，小麦的价格比前一年增长了两倍，于是动乱接踵而至。诺福克公爵受命前往萨福克恢复秩序，劝说呢绒商维持人们的就业。他把每个镇的雇主代表都召到面前，告诉他们，在佛兰德斯的英国批发商被拘留的传言是假的。他在写给塞西尔的信中说，"如果我不能平息谣言的传播，就会有200到300名妇女向我请求，让呢绒商安排他们的丈夫和孩子工作。"其他地方也发生了类似的事情。桑迪斯勋爵给塞西尔写信说，他已经收到国王和塞西尔的信件，信中命令他确保工人们不被解雇。在肯特，亨利·古尔德福德爵士得到承诺，在收割庄稼前不打发走一个人。诺福克和古尔德福德都认为呢绒商不可能坚持太久，他们都要求塞西尔劝说批发商购买呢绒商手里未出售的呢绒。谘议会派遣红衣主教会见了许多批发商，劝说他们购买呢绒，并威胁说，如果英国批发商拒绝像往常一样购买呢绒，就将向外国人开放呢绒贸易。这些措施的手法虽然笨拙，但是很有效。随着英国和荷兰缔结休战协定，

---

① 〔英〕威廉·配第：《配第经济著作选集》，陈冬野等译，北京，商务印书馆，1981年，第58页。

② Child, J., *A New Discourse of Trade*, in Magnusson, L., 1995: *Mercantilism: Critical Concepts in the History of Economics*, Vol. III, London and New York, pp: 104~123.

呢绒贸易恢复到正常情况。①

为解决就业问题，1575~1576年法令规定每个城市、自治镇和集镇的治安法官应为流民提供绵、麻等生产资料，让年轻人和需要工作的人有工可做。② 到了斯图亚特王朝时期，特别是在1629年到1640年期间，英国继续一种十分广泛的"福利政策"，为了防止失业，雇主即使不赢利也被迫开工营业，他们还必须支付高工资，如果不服从，就会马上被投入监狱。③ 1565年，呢绒精整工向枢密院投诉，出口商把未整呢绒送往佛兰德斯完成，导致他们失业。依据投诉，枢密院要求一些出口商前来枢密院，这些出口商为自己的行为辩护，他们举出的例证是，英国的染色和修整技术次于佛兰德斯的。枢密院命令伦敦呢绒精整工完成500匹呢绒的修整，与在佛兰德斯完成的作比较，如果英国人的手工和佛兰德斯工人的一样好，枢密院承诺确保伦敦呢绒精整工得到保护。1566年议会就通过一项法律，禁止从萨福克和肯特出口未整呢绒，其他地区的呢绒出口商每出口9匹未整呢绒，必须出口一匹精整呢绒。④

在一些地区，由私人施舍或由城市基金购买原材料，把一部分送给穷人加工，然后回收成品出售，根据工人的劳动价值向他们支付报酬，有时还雇佣一个人来传授手艺。如大主教格林多尔向坎特伯雷捐赠了100镑，为穷困居民提供工作。在圣奥尔本，由城镇提供资金进行训练和安排就业。在1588年，城市统治者雇佣了一名荷兰人安东尼·蒙那向镇里的穷人传授精纺毛纱和其他纱线的技术。镇里花费了8镑来购置织机、精梳机和纺车。在全镇调查穷人家的孩子谁能抽出时间学习新手艺，他们学习6周，并会得到报酬。同时，安排4人由荷兰人教授，期间他们由公会支付报酬，穷人的作品由代表同一职业工人的公会出售。公会支付10英镑购买原材料羊毛，每纺好2托德付一次报酬，并带来下一次的原料。这是一个由城市资金帮助穷人就业，并由城市统治者提供技术教育的例子。在1578年约克也筹集了400镑为城里的穷人安置工作。1597年德文郡的季审法院命令地方治安法官为穷人安排工作。⑤ 林肯郡的一项法令明文规定，失业者和临时工每年早上必须带着他们的工具在

---

① Leonard, E. M., 1900: *The Early History of English Poor Relief*, Cambridge, pp: 48~49.
② Bland, A. E. Brown, P. A and Tawney, R. H. ed., 1915: *English Economic History*, Select Documents, London, p. 373.
③ Heckscher, Eli. F., 1983: *Mercantilism*, Vol. I, New York, p. 258.
④ Ponko, V., 1968: "The Privy Council and the Spirit of Elizabethan Economic Management", *Transactions of the American Philosophical Society*, Vol. 58, p. 23.
⑤ Leonard, E. M., 1900: *The Early History of English Poor Relief*, Cambridge, p. 111.

斯通博这个地方集中，至少要等待1个小时寻求得到雇用，如果他们不用这种方式寻找工作就会被捕。①

建立劳动救济所和慈善收容所来解决穷人的生存和工作问题，逐渐成为通行的方法。在雷丁，在格雷修道院的房址上修建了一座慈善收容所，能够容纳22个孩子和14位老人，资金来自于私人捐赠、3个教区的税收和穷人的劳作。根据现存的收容所1578年到1648年的账目，穷人的劳动价值相当大。1578年第四季度就达到12英镑8先令8便士。平常付给一个成年穷人的生活费用1周是1先令。为了安排失业穷人和游民，最普遍的做法是建立教养所。教养所在内战前并不像在内战后几乎像一个监狱，它通常是老年人的收养所、年轻人的工业学校。在女王伊丽莎白统治后期，建立了许多教养所。雷丁的大部分收容所在1590年转变为教养所，以便安排穷人工作、惩罚和矫正懒惰的人和游民。在布里斯托尔、格洛斯特、温彻斯特、埃克塞特也建立了此类机构。②

至于重商主义解决就业的市场措施，格拉普认为，重商主义者主张通过影响总体消费、价格、工资和收入分配、利率和劳动力供应等市场措施实现充分就业的目标，前三组措施目的在于通过增加对劳动力的需求来促进就业，第四组是通过增加劳动力供应来促进就业。③

扩大需求是促进就业的方法之一。来自海外市场和殖民地的需求日益成为英国经济的发动机，许多乡村工业地区的发展完全依赖海外市场。多数重商主义者相信，如果个人、商业企业、外国人以及政府达到最大量的消费，那么英国的经济将实现繁荣，就业就会增多。相反，节俭被后期的重商主义者认为是失业的原因之一。他们相信"奢侈的功用"和"节俭的有害"，因为节俭导致交易减少，交换的货币数量减少，实际收入也减少；节俭使货币从流通中退出。④ 卡利清楚地表达了这一观点，他认为只要每个人都更多地消费，所有人将获得更大的收入，可以生活得更富有。⑤ 尽管多数重商主义者认为出口消费是就业的支柱，但一些

---

① Jones, N., 1993.: *The Birth of the Elizabethan Age*, Oxford, p. 254.
② Leonard, E. M., 1900: *The Early History of English Poor Relief*, Cambridge, pp: 112~114.
③ Grampp, W. D, 1952: "The Liberal Elements in English Mercantilism", *Quarterly Journal of Economics*, Vol. 4, p. 473.
④ Heckscher, Eli. F., 1983: *Mercantilism*, Vol. II, New York, p. 209.
⑤ Cary, J., 1695.: *An Essay on the State of England*, London, p. 148.

重商主义者也注意到，整个国内市场的消费也十分重要。① 到17世纪后半期，国内消费和国内贸易越来越受到重视。从消费需求结构来说，其时英国已形成了一个多层次的需求结构。这一阶段英国的国内消费需求在诸多因素的作用下，一直呈扩大的趋势，且呈多样化的趋势，首先是普通民众的日常生活需求，其次是社会中等阶层改善生活的需求，还有王室、贵族、富商等上流社会成员的奢侈性需求，最后还包括国家战争需求。根据最近的估算，1700年英国出口占了工业总产值的1/4，1801年则占了1/3，这说明绝大部分的工业品是在国内消费的，即使某些行业更多地依靠外国市场，但对英国工业最重要的是国外和国内需求的相互作用。② 总而言之，从17世纪90年代开始英国已经进入了一个消费社会。这种消费社会的需求结构对保障英国的生产和就业稳定增长具有十分重要的意义，1710~1730年间，出口增长缓慢下来时，国内的需求就抵销了出口的萧条，不至于引起就业状况的大幅波动。

从收入分配角度来看，过去经济史家大多认为在过渡时期，英国普通民众遭受了普遍贫困，因为根据格雷戈里·金对英国17世纪末财富分配状况的统计，富人仍旧只占社会的一小部分，穷人占了大约50%，其中一半人长年累月过着极度贫困的生活。③ 但近年来学者们通过实证研究发现，这一时期英国的贫困远没有史家所描述的那么严重，而且由于生产发展和济贫制度的建立，使可能出现的严重贫困得到了缓解。④ 这样，当时英国人的消费能力自然也有所提高，再加上由于生产量越来越大，产品价格也不断下降，如新织物出现后，由于价格低廉，成为普通民众也能消费得起的商品。消费水平的提高反过来就促进了生产的扩展和就业的增多。

在17世纪晚期以前，重商主义者多主张实行低工资，认为低工资意味着低成本和低价格，可以增加产品的销量，生产的扩展自然会导致就业的增加。这一主张也反映在了国家实施的工资评定制度上，由治安法官评定的法定工资往往低于市场工资。到了17世纪末以后，许多重商主义者主张实行高工资，如卡利就相信，劳动成本高并不减少出口，出口

---

① Grampp, W. D, 1952: "the Liberal Elements in English Mercantilism", *Quarterly Journal of Economics*, Vol. 4, p. 473.

② 〔英〕罗伯特·杜普莱西斯：《早期欧洲现代资本主义的形成过程》，朱志强等译，沈阳，辽宁教育出版社，2001年，第315页。

③ Thirsk, J. and Cooper, J. P., 1972: *Seventeenth - Century Economic Documents*, Oxford, p. 780.

④ 向荣：《英国"过渡时期"的贫困问题》，载《历史研究》2004年第4期。

的制造品中劳动附加值高,价格自然就高,回报就大。如果降低工资,就减少了消费,自然就减少了就业。①

就业的考虑也在重商主义货币理论中扮演了重要角色。重商主义者认为,贵金属进口推动价格上升,利率下降,投资增加,从而创造了就业;相反,货币出口导致失业和人口减少。约翰·劳在1705年认为,如果不能创造更多的货币,就不可能安排更多的人去工作,必须有足够的钱去支付工资。②

通过增加劳动力的供应和劳动生产力来促进就业,是17世纪晚期以后重商主义者的主张,他们认为人口是国家的财富,反对向殖民地移民。对于这一在今天看来不可思议的政策主张,史家解释不同,一种观点认为,人口增多可以增加消费。光荣革命前后,英国开始重视国内消费,1672年索夫茨伯里在向查理二世的报告中说:"我当然认为,陛下的力量和荣耀,王国的财富,不依靠别的东西,而是依赖上帝的偏爱,也依赖您臣民的众多,通过他们之口,您土地上的果实和商品得到了慷慨的消费。"③ 人口数量成为一项优势,因为可以消费更多的物品。约翰·卡利在谈到荷兰的发展经验时说:"庞大的人民带来庞大的消费,这些消费品必须从国外供应,故一个所得,另一人受益。他们根据经验发现,人数众多为政府带来利润,为彼此创造了就业。"④《英国商人》杂志更精确地计算出,每移民走了一个人,相应减少了本国商品的消费,国家就损失6英镑。⑤ J. O. 埃普利贝认为,重商主义者对增加人口的重视,说明其关注的是未来发展的前景,而不是当前对劳动力的需求,他们热衷于改造穷人,而不是让他们流往他国,可以从人口密度促进繁荣的假设中得到部分解释。⑥ 格拉普认为,重商主义者的目的在于寻求增加资源的数量。⑦ 如果单从理论来分析,重商主义的这一主张是不可解释的,实际上,如果作一点实证分析,就可明白原因何在,那就是从17世纪后期开始,英国进入了一个劳动力短缺的时代。在这一时期,人口增长缓

---

① Cary, J., 1745: *A Discourse on Trade*, London, pp: 96~102.
② Heckscher, Eli. F., 1983: *Mercantilism*, Vol. II, New York, p. 125.
③ *Ibid*, p. 118.
④ Cary, J., 1695: *An Essay on the State of England, in Relation to its Trade, its Poor, and its Taxes*, Bristol, p. 124.
⑤ Heckscher, Eli. F., 1983: *Mercantilism*, Vol. II, New York, p. 119.
⑥ Appleby, J. O., 1980: *Economic Thought and Ideology in Seventeenth - Century England*, Princeton University Press, p. 136.
⑦ Grampp, W. D, 1952: "The Liberal Elements in English Mercantilism", *Quarterly Journal of Economics*, Vol. 4, p. 483.

慢，英格兰和威尔士的人口在 1670 年有 580 万，在 1701 年仍为 580 万，到 1731 年有 590 万，到 1751 年也只有 610 万。① 史家注意到，复辟以后，特别是光荣革命以后，英国的经济实现了快速增长，谷物产量从 1700 年的 13293000 夸脱增长到 1750 年的 14821000 夸脱；工商业的产出指数从 1700 年的 100 增长到 1750 年的 148，农业的产出指数从 1700 年的 100 增长到 1750 年 111。② 一些行业的发展速度增长更快，如英国亚麻布出口在 1720~1775 年间增长了 4 倍，亚麻布的产值在 1728 年就高达 103000 镑，③ 蜡烛产量在 1711~1727 年间增长了 15%，浓啤酒产量在 1700~1727 年间增长了 5%，肥皂产量在 1713~1727 年间增长了 10%，④ 煤炭年产量在 1700 年大约是 300 万吨，到 1750 年增长到 520 万吨，把英国从依赖水、风和木材等能源的状况中解放了出来。铁的年产量从 1720~1724 年间的 27000 吨，增长到 1745~1749 年间的 80000 吨。⑤ 生产规模的扩大可以从用于生产的原材料进口惊人的增长幅度看出来，从 1695~1704 年到 1750~1759 年，棉花进口从 114 万磅增长到 281 万磅，生丝进口从 525000 磅增长到 670000 磅，亚麻进口从 34000 担增长到 113000 担，亚麻线进口从 210 万磅增长到 420 万磅，条铁进口从 16400 吨增长到 29300 吨，⑥ 木材进口从 114000 镑增长到 168000 镑。在这一时期，英国出口结构发生了很大变化，那就是呢绒出口稳步发展，其他制造品出口增长迅猛，所占比重增长很快。从 1699~1701 年到 1752~1754 年，毛织品出口从 3045000 镑增长到 3930000 镑，其他制造品出口从 828000 镑增长到 2420000 镑。⑦ 在劳动力仍是主要的生产要素的情况下，英国经济增长速度这么快，劳动力需求必须大幅增加，根据格雷戈里·金的调查，在 1688 年左右，英国 1/3 人口靠制造业和采矿业为生。⑧ 约瑟

---

① Wilson, C. and Parker, G. ed., 1977: *An Introduction to the Sources of European Economic History* 1500~1800, *Vol* 1: *Western Europe*, Geoge Weidenfeld and Nicolson Ltd, p.116.

② *Ibid*, pp: 121~122.

③ Dickinson, H. T., 2002: *A Companion to Eighteenth - Century Britain*, Oxford, p.129.

④ Hoppit, J., 2000: *A Land of Liberty? England* 1689~1727, Oxford, p.324.

⑤ Black, J., 2001: *Eighteenth - Century Britain* 1688~1783, New York, pp: 49、51.

⑥ 同一时期，英国自己的生产也在大幅提高。从 16 世纪 50 年代到 17 世纪 50 年代，英国的铁条产量提高了 4 倍。见〔英〕罗伯特·杜普莱西斯：《早期欧洲现代资本主义的形成过程》，朱志强等译，沈阳，辽宁教育出版社，2001 年，第 146 页。

⑦ Wilson, C. and Parker, G. ed., 1977: *An Introduction to the Sources of European Economic History* 1500~1800, *Vol* 1: *Western Europe*, Geoge Weidenfeld and Nicolson Ltd, pp: 123、127.

⑧ Thirsk, J. and Cooper, J. P., 1972: *Seventeenth - Century Economic Documents*, Oxford, pp: 780~781.

夫·马西在1759年的调查显示，这一数字达到了一半左右。① 经济史家约翰·鲁尔也认为，到1750年，制造业和商业对英国经济的贡献率达到了50%，农业的贡献率下降到了25%。② 早期工业都是劳动密集型行业，工业比重的增加必然导致劳动力需求攀升，再加上这一时期农村土地关系相对稳定，农业生产发展较快，乡村工业发展势头良好，农村没有多少剩余劳动力转移到其他行业中来，这就使得英国劳动力出现了相对短缺。这种短缺的表现之一就是把人多看成是财富，反对向殖民地移民，大力鼓励外国移民；表现之二是通过让儿童就业来增加劳动力在总人口中的百分比。根据配第的估算，如果英国6～16岁的孩童全部就业，英国每年可以多赚500万镑。③ 表现之三是与此前低工资主张不同，高工资已经成为这一阶段重商主义的主流思想。④ 表现之四是谴责懒惰，要求提高工作效率。重商主义者把劳动者分成两种人：能工作的人和懒惰的人，他们指责说："穷人如果工作两天就能养活自己，决不工作三天。"⑤ 因此，"应该用很少数的人手从事本国全体人民所需要的食物和必需品的生产。要做到这一点，就得加强劳动，或是采用节省和便利劳动的方法。"⑥ 这些都反映出当时的劳动力短缺十分严重。在这种情况下，重商主义者在17世纪晚期以后试图通过增加劳动力的供应来解决就业的问题就可以理解了。实际上，理查德·坎蒂隆就指出："无论是劳动者、手工业者还是其他类型的人，凡是靠劳动谋生，必须使他们的人数与就业机会……相适应。"⑦

由此可见，在都铎时期和斯图亚特早期，就业问题和济贫问题密切相关，因此国家采取了大力干预的政策，到了17世纪后期，随着市场机制的成熟，越来越多地通过市场的力量来解决就业问题。

---

① Mathias, P., 2006: *The Transformation of England*, London and New York, Reprinted, pp: 186~187.

② Rule, J. 1992: *The Vital Century: England's Developing Economy* 1714~1815, London and New York, p. 93.

③ 〔英〕威廉·配第：《配第经济著作选集·政治算术》，陈冬野等译，北京，商务印书馆，1981年，第81页。

④ Wiles, R. C., 1968: "The Theory of Wages in Later English Mercantilism", *Economic History Review*, Vol. 21, p. 114.

⑤ Appleby, J. O., 1980: *Economic Thought and Ideology in Seventeenth - Century England*, Princeton, Princeton University Press, p. 145.

⑥ 〔英〕威廉·配第：《配第经济著作选集》，陈冬野等译，北京，商务印书馆，1981年，第112页。

⑦ 〔英〕理查德·坎蒂隆：《商业性质概论》，见〔美〕A. E. 门罗编：《早期经济思想》，蔡受百等译，北京，商务印书馆，2011年，第246页。

第六节　促进消费

17世纪末到18世纪中期，在重商主义思想影响下，英国人消费观念发生了巨大的改变；在重商主义国家政策的推动下，促进了生产导向的变化和消费的井喷，使得英国发展成为一个消费社会。

在18世纪上半期关于"奢侈"的大辩论中，相当一部分重商主义者摆脱了过去道德观念的束缚，站在市场经济的发展角度看待消费问题，为消费社会的合法性进行辩护。

当时英国人已经注意到了消费模式的变化，围绕消费的极度扩张，消费的日益奢侈和挥霍无度，进行了激烈的讨论，当时许多人从传统道德出发认为："奢侈能毁损整个国家的财富，同样，挥霍亦能毁损一切奢侈者的个人财富；而国家的节俭能使国家变富，犹如个人的节俭能使其家族财产相应增加一些。"[1] 奢侈已经成为一场"灾难"，"贪得无厌"取代了"智慧和美德"。[2] 笛福的观察也印证了这种观点并非空穴来风："这个时代的奢侈所占有的分量几乎是不可思议的……'虚荣、欢乐和奢侈'是我们的主宰者，'挥霍无度'占了上风。"[3] 一些重商主义者也对当时的奢侈消费进行了谴责，但更多的重商主义者已经走出了道德观念的框架，从经济发展和促进贸易的角度看待这一问题。巴本就认为："挥霍是一种对人有损害而不是对贸易有损害的罪恶……最能促进贸易的支出，是花在穿和住、花在装饰身体和房屋上的支出。"他进一步指出："时髦或衣服的变化是伟大的贸易促进者，因为它在旧衣服突破之前就引起新的消费：它是贸易的精神和生命。"同时，"另一大促进贸易的花费是建筑"，因为"它比吃和穿动用更多的行业和人员：建筑业的工匠，如砌砖匠、木匠、泥水匠等，使用很多人手；而为建筑制造材料如砖、石灰、瓦等的那些工匠，则使用的人手更多；再加上那些布置房屋的人如室内装潢商、锡蜡器皿商等，他们的人数就多得几乎不可胜数了"[4]。而另一位居住在英国用英语写作的荷兰人曼德维尔的《蜜蜂的寓言》产

---

[1] 〔荷〕伯纳德·曼德维尔：《蜜蜂的寓言》，肖聿译，北京，中国社会科学出版社，2002年，第85页。

[2] Hoppit, J., 2000: *A Land of Liberty? England 1689~1727*, Oxford, p.316.

[3] 转引自〔德〕维尔纳·桑巴特：《奢侈与资本主义》，王燕平、侯小河译，上海人民出版社，2000年，第84页。

[4] 〔英〕尼古拉斯·巴本等：《贸易论（三种）》，北京，商务印书馆，1982年，第74~76页。

生了巨大的影响，使不少英国人在消费观念上冲破了道德的藩篱。曼德维尔对当时一些人认为"英国人若像一些邻国的人们那样节俭，便会比现在更加富裕"的观点，直言不讳地指出这是错误的，并为奢侈和挥霍进行辩护，认为奢侈和挥霍"在推动着贸易的车轮前进"，"通过明智的管理，所有民族均能够随意享用其本国产品所能购买到的外国奢侈品，而不会因此变穷"①。

英国重商主义政府在"外国支付收入理论"的影响下，实行进口替代政策，对法国和印度等地生产的产品征收高额关税，在国内大力推动技术革新，使得英国能够生产出满足各个阶层特别是中等阶层需求的多样化产品。

在17、18世纪，英国之所以能够出现了消费社会和创新社会的新趋向，国家政策扮演了重要角色。在18世纪的第二个25年，不支付高关税，很难买到外国特别是法国进口制造品。一些商品如印度棉布、法国丝绸被完全禁售。② 早在1464年，欧洲瓷器进口就受到限制。在18世纪，法国瓷器进口面临着高关税，到1775年商业化进口被完全禁止。从那时起直到1786年与法国签订艾登条约，瓷器进口都面临着150%的关税。国家、规划者、企业家都作了巨大的努力去启动和促进这些产品在本国的制造。③

为了形成英国产品的风格，在国家的支持下，专门成立了技艺、制造和商业协会，目的在于"促进英国的制造业，扩展英国的商业，阻止引进法国样式，反对进口法国商品"。协会为发明家提供一次性的奖金，奖金证书特别强调外国进口产品和材料替代品的发明，最典型的是对法国和中国产品的模仿和替代。奖金奖励范围涵盖的奢侈品行业从编织帽到假花，还包括黄铜盘、条铁、白铜、钙质精陶和瓷器、阿克明斯特地毯。第一笔奖金奖给了发现钴类颜料和培育染料西草的人。协会把设计和精美工艺与机械和商业技艺有机地结合起来，对"织布工、刺绣工、印花布印染工、细木匠、马车制造工、铁匠、铜匠、瓷器工、陶器工，或'任何其他要求品味的技工行业'中最具独创、最富想象力的设计"发给奖金。随后，协会的奖金也给予雕版和金版印刷、蚀刻、珠宝雕刻、

---

① 〔荷〕伯纳德·曼德维尔：《蜜蜂的寓言》，肖聿译，北京，中国社会科学出版社，2002年，第140、18、94页。

② Styles, J. 2000: "Product Innovation in Early Modern London", *Past and Present*, No. 168, p. 130.

③ Berg, M., 2002: "From Imitation to Inventtion: Creating Commodities in Eighteenth – Century Britain", *The Economic History Review*, Vol. 55, No. 1, p. 15.

宝石切割和刻模、铸铜、机械制图、建筑和家具设计方面的优秀者。①

正是在国家的大力推动下，英国人通过模仿和创新，面向大众市场生产，使得各种制造品的价格大大降低，把奢侈品变成了普通消费品。通过制造业者的天才使贫穷的消费者受惠。布里斯托尔商人约翰·卡利就看到："新规划每天都奠设基石，使得制造业更方便，使得制造商们做得更便宜，同时不降低贫困劳动者的工资。"② 从而使得"许多曾一度被推崇为奢侈发明的东西，现在就连穷困潦倒、沦为公共慈善救济对象者亦可获得，而那些东西绝不会被列为生活之必需"③。在17世纪之初，英国许多商品都是从国外进口，而到了17世纪90年代，英国的制造商已经把绝大多数外国竞争商品挤出了国内市场。④ 此时小商贩的包里就塞满了小的奢侈品，丝吊袜带、袖珍镜子、长丝带和长花边、便宜的玩具、棉围巾、连身式内衣、牛角和象牙，以及许多其他细碎的东西，所有这些都是普通家庭主妇想要选择和购买的东西。⑤ 为了应对国外进口商品的挑战，英国制造商展示出非凡的创造力，以诺威奇的织工为例，他们以自己的独创制造出种类和花色繁多的轻型精纺呢绒，达17种之多。通过进口原材料实现产品多样化，兰开夏斜条棉布制造者把东地中海或西印度的棉线与爱尔兰或德国的亚麻线掺杂在一起。英国从荷兰引进动力织机，建立纺织工场，产量大增，使得曼彻斯特缎带价格十分低廉，极为流行，也使得斯宾特菲尔德和坎特伯雷的拈丝线工人产出大增。同时，织袜架在密德兰东部和北部迅速传开，使得针织精纺袜能够大量生产，因此第一次变得十分便宜。⑥ 纽扣、带扣、珠宝饰品、伯明翰玩具和五金器具，五金器具从门闩到龙头，从门铰链到螺丝钉，从门锁到锉刀，都是利用最新的技术手段、最新的工具、新的和相对便宜的材料制成。更为重要的是，开发出许多新的复杂的消费品和奢侈品，如糖夹、

---

① Berg, M., 2002: "From Imitation to Inventtion: Creating Commodities in Eighteenth-Century Britain", *The Economic History Review*, Vol. 55, No. 1, p. 17.

② John Cary, 1695: *An Essay on the State of England*, Bristol, p. 147.

③ 〔荷〕伯纳德·曼德维尔：《蜜蜂的寓言》，肖聿译，北京，中国社会科学出版社，2002年，第131页。

④ Glassey, L. K. J. ed., 1997: *The Reigns of Charles II and James VII & II*. Macmillan Press LTD, p. 194.

⑤ McInnes, A., 1988: "The Emergence of a Leisure Town: Shrewsbury 1660~1760", *Past and Present*, No. 120, p. 78.

⑥ Glassey, L. K. J. ed., 1997: *The Reigns of Charles II and James VII & II*. Macmillan Press LTD, p. 195.

镀银的咖啡壶、黄铜家具用品、日本漆茶盘、银烛台、鼻烟盒、表漆等。① 在 1705 年到 1710 年间，瓷器、画像、钟表和方便椅也进入中产者家庭。②

由此可见，正是在重商主义思想和国家政策的推动下，转变了人们的消费观念，推动了消费品的生产和创新，从而导致消费社会的诞生。③ 虽

---

① Berg, M., 2002: "From Imitation to Inventtion: Creating Commodities in Eighteenth – Century Britain", *The Economic History Review*, Vol. 55, No. 1, p. 6.

② Glassey, L. K. J. ed., 1997: *The Reigns of Charles II and James VII & II*, Macmillan Press LTD, p. 204.

③ 桑巴特对奢侈消费的研究实际上开启了对近代早期消费问题的探讨。见〔德〕维尔纳桑巴特:《奢侈与资本主义》，王燕平、侯小河译，上海人民出版社，2000 年。最近三四十年的实证研究极大地丰富了对消费社会的研究。McKendrick, N., Brewer, J. and Plumb, J. H., 1982: *The Birth of a Consumer Society*, London, 对英国消费社会的研究，具有里程碑的意义；当然，此前 J. Thirsk 就出版了《经济政策和企划：近代早期消费社会的发展》(Thirsk, J., 1978: *Economic Policy and Projects: The Development of a Consumer Society in Early Modern England*, Oxford, Clarendon Press)。此后，Weatherill, L., 1988: *Consumer Behaviour and Material Culture in Britain 1600~1760*, London and New York, Routledge; Brewer, J. and Porter, R. eds., 1993: *Comsumption and the World of Goods*, London, Routledge, 都是开拓性的著作。在探究消费社会、消费革命或者消费主义的起源时，学者们的目光越来越多地集中于 18 世纪的英国，甚至追溯到斯图亚特王朝复辟时期。大量研究消费的著作和文章的出版为理解英国能够率先出现工业革命提供了一个新的维度。当然，西方学者对消费社会起源的时间是有争议的。过去，学者们一般都认为英国消费社会出现于工业革命之后，也就是 19 世纪下半期。现在，许多学者都认为在 18 世纪的英国就已经形成了消费社会，参见：McKendrick, N., Brewer, J. and Plumb, J. H., 1982: *The Birth of a Consumer Society*, London, p. 9; Stearns, P. N. 1997: "Stages of Consumerism: Recent Work on the Issues of Periodization", *The Journal of Modern History*, Vol. 69, No. 1, pp: 103~104. 但也有学者对这种观点持异议，如弗里斯就认为 18 世纪人们的购买力有限，应该慎用"消费革命"。见 J. de Vries, "Between Purchasing Power and the World of Goods", in Brewer, J. and Porter, R. eds., 1993: *Comsumption and the World of Goods*, London, Routledge, pp: 89、107. 约翰·斯蒂奥斯也对相关概念持怀疑态度，他认为："为了再现 18 世纪英国消费行为的新奇和独特，历史学家滥用了像'消费社会'、'消费革命'和'大众消费'等词汇……把这些词汇不加区分地运用到 18 世纪的英国是相当危险的。"见 Styles, J., "Manufacturing, Comsuption and Design in Eighteenth – Century England", in Brewer, J. and Porter, R. eds., 1993: *Comsumption and the World of Goods*, London, Routledge, p. 529. 因此，一些学者如科林·坎贝尔、约翰·本森等坚持认为，只有到了 19 世纪后半期，工业革命导致物品前所未有的丰富，财富不断增长，休闲时间增多，才会出现消费社会。也有学者主张超越消费社会起源的准确时间点的争论，采用折中的方法，既让 18 世纪的消费得到应有的位置，也正确估价 19 世纪发生的意义重大的变化。见 Stearns, P. N., 1997: "Stages of Consumerism: Recent Work on the Issues of Periodization", *The Journal of Modern History*, Vol. 69, No. 1, pp: 103~104.

然在 18 世纪的英国，无论是从消费品的种类来说，还是从人们的消费能力来说，以及从当时的销售、广告、信用等技术手段来说，都与让·波德里亚所描绘的当代西方消费社会①不可同日而语。但是，在 17 世纪末 18 世纪上半期英国出现的消费社会，是现代消费社会的前身，是初级阶段，一方面相对于中世纪西欧那种普遍匮乏状态而言，此时已是一个物品泛滥的时代，人们的消费得到革命性的改观，更多的人享受到了购买消费品的快乐；② 另一方面，这一时期的消费社会拉开了 19、20 世纪消费社会的序幕，初步具备了现代消费社会的主要特征。③ 虽然离真正的成熟期还有很长的一段路要走，但是，从 17 世纪 90 年代开始英国已经进入了一个消费社会，这主要体现在以下几个方面。

首先，从英国各阶层拥有的财富和实际购买力来说，此时已经形成了相当的消费能力。

史家普遍注意到，在光荣革命以后，英国经济的增长势头十分迅猛，而同时期英国人口增长十分缓慢。在此情况下，英国总财富和人均财富增长很快，虽然贫富差距可能在拉大，土地贵族更为富有，地产更大，商人和金融家也积累了大量财富，开始购置地产，地方城市商人的财富也堪比大都市商人的财富，但史家也形成一个共识，18 世纪上半期下层社会的收入比此前和此后都高。④ 正如史家麦金尼斯所言："不仅仅是中上层人们钱袋里的钱叮当作响，大多数工匠和劳工也富裕了。"⑤

实际上，在 17 世纪末期英国消费社会崭露头角之时，当时社会各阶层的收入都比该世纪早期高很多，根据格雷戈里·金的估算，在 1688 年，160 家世俗领主每家平均年收入是 2800 镑，26 家教会领主是 1300 镑，800 家准男爵是 880 镑，600 个骑士家庭是 650 镑，3000 家绅士是 450 镑，12000 个乡绅是 280 镑。虽然有高达 849000 户"使本王国财富减少"的家庭，但这一年度英国的总财富还是增加了 1825100 镑。⑥ 到了

---

① 见〔法〕让·波德里亚：《消费社会》，南京大学出版社，2001 年。
② McKendrick, N., Brewer, J. and Plumb, J. H., 1982: *The Birth of a Consumer Society*, London, p. 9.
③ P. N. 斯特恩斯就把消费社会分为两个阶段，第一个阶段是 17 世纪末和 18 世纪，第二个阶段是 19 世纪晚期和 20 世纪早期。见 Stearns, P. N., 1997: "Stages of Consumerism: Recent Work on the Issues of Periodization", *The Journal of Modern History*, Vol. 69, No. 1.
④ Wilson, C., 1965,: *England's Apprenticeship* 1603~1763, Longman, pp: 338~343.
⑤ McInnes, A., 1988: "The Emergence of a Leisure Town: Shrewsbury 1660~1760", *Past and Present*, No. 120, p. 76.
⑥ Thirsk, J. and Cooper, J. P., 1972: *Seventeenth - Century Economic Documents*, Oxford, p. 780.

18世纪,随着股票、债券交易的活跃和投资渠道的增多,使许多人一夜暴富,当南海公司的财产被充公时,有两人每人的财产达到了24.3万英镑,5人的财产在10万～20万英镑之间,5人的财产在5万～10万英镑之间,还有10人的财产在2.5万～5万英镑之间。① 从大贵族到小地主,从乡绅到中间阶层都变得富有,特别是城市居民收入增长更多。以首都伦敦为例,一些商人富可敌国,平均财富也在500万～5000英镑之间,伦敦中等之家每年的可支配收入达300英镑。② 从全国来看,韦瑟里尔·综合金(King)和马西(Massie)的估计后认为,此时要维持中等家庭生活水平最低收入是每年40英镑。在17世纪末期,中间阶层家庭的收入每年通常是40英镑到200英镑之间,在英国有一半家庭属于中间阶层。③ 虽然她把劳工阶层排除在消费经济之外,但其他学者的研究已经表明,在17世纪末期,劳工阶层已经参与到消费市场中去了,他们购买的消费品范围广泛,从陶盘到黄铜蒸煮罐,从针织袜到亚麻被单。他们可能不买镜子或昂贵的餐具,但这并不意味着他们被排除到消费社会之外。④ 虽然在这一时期,农产品价格低廉,农场收入减少。⑤ 但是,这也使得食品价格下降,同时,工业品价格也在下降,虽然没有食品价格下降那么多。这样,在1650～1750年间消费品价格加权指数几乎为一条水平线,而同时期实际工资在上升。比如,建筑工人的货币工资在17世纪中期到18世纪中期之间增加了大约45%～50%,而同期消费品价格指数下降了大约3%。这样下层民众的购买力自然增强。⑥ 韦瑟里尔的研究就表明,谷物种植区的农业萧条并没有影响英国整体消费需求的提高。⑦ 克莱也指出,到1700年左右,人数庞大的下层民众的购买力明显得到了提高,可以改善饮食,享用变成大众消费品的糖和烟草,穿戴彩色长袜、

---

① Postlethways, M., *Universal Dictionary of Trade and Commerce*(M. 波斯特尔思韦特:《商贸通用辞典》),转引自〔德〕维尔纳·桑巴特:《奢侈与资本主义》,王燕平、侯小河译,上海人民出版社,2000年,第9页。

② Glassey, L. K. J. ed., 1997: *The Reigns of Charles II and James VII & II*, Macmillan Press LTD, p. 205.

③ Weatherill, L., 1988: *Consumer Behaviour and Material Culture in Britain* 1600～1760, London and New York, pp: 98、14.

④ Glassey, L. K. J. ed., 1997: *The Reigns of Charles II and James VII & II*, Macmillan Press LTD, p. 205.

⑤ Wilson, C., 1965: *England's Apprenticeship* 1603～1763, London, pp: 243～245.

⑥ Coleman, D. C., 1977: *The Economy of England* 1450～1750, Oxford University Press, pp: 99～103.

⑦ Weatherill, L., 1988: *Consumer Behaviour and Material Culture in Britain* 1600～1760, London and New York, p. 199.

手套、带扣鞋、亚麻围巾和缎带饰边的帽子，家里拥有青铜锅、铁制油炸锅、餐具和有釉陶器，所有这些都是他们的先辈所从未拥有过的。①此外，利率的降低，汇票的广泛应用，银行体系的形成，使得英国人信用手段多样化，借钱更容易，借钱消费成为常事。

其次，从消费人群来说，形成了上、中、下三个阶层的消费者，特别是中间阶层在衣、食、住、行、休闲娱乐等方面的消费能力十分强劲。

对于17世纪末期18世纪上半期英国中间阶层的形成，虽然也有学者对这一概念提出了质疑，②但多数学者如彼得·厄尔、彼得·邦塞、保罗·兰福德等在研究中即使对中间阶层的定义以及具体涵盖哪些人群方面存在不同意见，都承认中间阶层的存在。虽然王室、贵族的消费能力超强，甚至引领时尚，但拥有新财富的中间阶层逐渐成为消费主体，他们通过消费能力来模仿和挑战贵族的优势地位。韦瑟里尔认为中间阶层在经济、社会和政治上都相当重要，甚至在17世纪就是新产品和进口产品的最大市场消费者。他们中的许多人是19世纪"中产阶级"的先驱。③桑巴特也认为："早在18世纪，一些我们可称之为中产阶级风格的东西就在英国形成了，而且平民因素慢慢进入当时的社会生活。"④

在17世纪晚期，伦敦中产阶级在任何时候至少拥有3套套装，以便定时更换，还配有成套的带扣、纽扣、帽子、假发、丝带、花边和其他饰品。⑤到18世纪，人们的衣装更加讲究。笛福提到，当时的时髦男人穿着10先令—20先令一码的亚麻布做成的衬衫，每天换两次内衣。过去，人们对用价钱便宜一半的平纹荷兰亚麻布制成的衬衫已感到心满意足，而且一周最多换两次衣服。⑥约翰·斯蒂尔指出，英国在斯图亚特王朝复辟之后，普通百姓的物质生活发生了很大的变化，其中变化最大

---

① Clay, C. G. A., 1984: *Economic Expansion and Social Change: England* 1500～1700, Vol. II, Cambridge University Press, p. 31.

② French, H. R., 2000: "The Search for the 'Middle Sort of People' in England 1600～1800", *The Historical Journal*, Vol. 43. No. 1, pp: 277～293; French, H. R., 2007: *The Middle Sort of People in Provincial England* 1600～1750, Oxford University Press.

③ Weatherill, L., 1988: *Consumer Behaviour and Material Culture in Britain* 1600～1760, London and New York, p. 14.

④ 〔德〕维尔纳·桑巴特：《奢侈与资本主义》，王燕平、侯小河译，上海人民出版社，2000年，第117页。

⑤ Glassey, L. K. J. ed., 1997: *The Reigns of Charles II and James VII & II*, Macmillan Press LTD, p. 201.

⑥ 丹尼尔·笛福：《十足的英国商人》，转引自〔德〕维尔纳·桑巴特：《奢侈与资本主义》，王燕平、侯小河译，上海人民出版社，2000年，第116页。

的是服装。约翰·斯蒂尔从普通人穿的衣服、获得衣服的途径、穿着所体现的意义入手进行研究，看到这一时期新布料和新时尚不仅仅局限于富人，而是扩展到小农场主、日工、小商人等占人口绝大多数的社会阶层。[1] B. 勒米尔通过对二手衣服买卖的分析，指出社会中上层有能力购买时髦的新衣服，而社会中下层也追逐时髦，他们中的大多数希望改进自己的社会地位，特别是对中等阶层来说，外表的衣服至关重要，但他们中一些人收入没有那么多，就从衣服经纪人、巡回的小贩、本地推销员手里以他们能支付得起的价格购买二手衣物能够满足这些要求。[2] 二手贸易的繁荣和对二手衣物的强劲需求，使得偷盗衣物并通过零售渠道出售成为一个完整的贸易网络。[3] 或者通过古老的物物交换体系，如以旧换新，扩展了普通人参与消费社会的能力。[4] 当时一位瑞典的访客就对英国普通人身上展现出的时尚深感震惊，特别是假发让他十分感兴趣："我相信，几乎没有一个国家会看到如此多的假发。我不想说几乎所有显要的女士和部分普通的家伙都带着假发。我只想说带假发的男人……农场仆人……庄稼汉……日工……农夫……一句话，所有干活的家伙每天都头带着假发度过一天的劳作……我问他们为什么不喜欢或看不上自己的头发呢，回答是没什么，只不过是一种习惯或时尚。"[5] 此外，进口物品也丰富了英国人的衣着，随着进口数量的急增，价格不断下降，普通人也能消费得起。来自于小亚细亚的染料、马海毛、生丝和棉花，来自于荷兰和德国的亚麻布，来自于法国、意大利，后来是印度的缣丝，以及来自于印度的印花布，等等，使得英国人的衣着更加绚丽多彩。东印度公司的印花布进口从17世纪30年代的每年1万匹增加到125万匹，相当于英国每位男人、女人和小孩都有14码布。[6]

在饮食消费上，这一时期发生了较大的变化。首先是饮食习惯的变

---

[1] Styles, J., 2007: *The Dress of the People: Everyday Fashions in Eighteenth - Century England*, Yale University Press, pp: 1~2.

[2] Lemire, B., 1988: "Consumerism in Preindustrial and Early Industrial England: The Trade in Secondhand Clothes", *The Journal of British Studies*, Vol. 27, No. 1, p. 2~4.

[3] Lemire, B., 1990: "The Theft of Clothes and Popular Consumerism in Early Modern England", *The Journal of Social History*, Vol 24, No 2, p. 255.

[4] Lemire, B., 1988: "Consumerism in Preindustrial and Early Industrial England: The Trade in Secondhand Clothes", *The Journal of British Studies*, Vol. 27, No. 1, p. 9.

[5] Kalm, P. 1892: *Kalm's Account of his Visit to England on his way to America in 1748*, London, Macmillan, p. 52.

[6] Glassey, L. K. J. ed., 1997: *The Reigns of Charles II and James VII & II*, Macmillan Press LTD, p. 194.

化。17世纪末,由于国内市场的强劲需求,进口的食品增长迅猛,导致价格也在不断下降,使得以前是富有人家享用的奢侈品,现在变成了大众消费品。以糖为例,在1630~1680年间,每人糖的消费量增加了4倍,零售价格降了一半。烟草进口量1615年是5万磅,到1700年接近于3400万磅。据估计,在17世纪90年代,国内每人每年消费增至2磅,价格也随之暴跌。能够获得的食品种类不断增多,来自于阿拉伯半岛的咖啡,来自于中国的茶,来自于东方的香料,来自于葡萄牙的马德拉葡萄酒,来自于西班牙的葡萄干、无花果和橙子,来自于意大利的橄榄油,所有这些物品的进口都极大地改变了大部分英国人的消费面貌和饮食习惯。英国每年进口大量的梅脯、无花果、黑醋栗、葡萄干、柠檬、橙子,然后派送到各地的杂货店。据威廉·斯托特估算,在兰彻斯特,一家这样的杂货店在夏季的月份里,一周能够卖出一英担梅脯。新奇物品如茶、咖啡、巧克力等在英国特别是在伦敦越来越流行,17世纪90年代开始从专业的咖啡馆进入消费者的家庭。到安妮女王统治时期,茶和咖啡的制作设备开始在中产阶级家庭普及。① 1719年在什鲁斯伯里的威廉·考克利杂货店里,仅甜品就有诸多选择,包括蜂蜜、糖蜜、巴巴多斯土糖、黄糖果和白糖果、纯白糖、糖块、劣质糖、精制圆锥糖块等。香料也有许多种,包括牙买加胡椒、黑胡椒、生姜、八角、肉豆蔻、桂皮、香菜籽、藏红花、胡荽籽、肉豆蔻皮和刺山柑,还有其他令人眼花缭乱的商品,从稻米、无花果、梅脯和马尔加葡萄干到泡菜、醋、樱桃白兰地、烟丝,真是应有尽有,很多商品过去都是奢侈品。②

英国人的家居奢侈在此时得到了空前的发展。正如曼德维尔所言:"奢侈的最大泛滥乃见于建筑、家具、车马及服装。"③ 在1670~1730年间,英国兴起了一个建筑热潮。18世纪上半期的时尚是在伦敦等大城市和乡村轮流生活,许多富人都建有乡村住所,并且按照城市住宅的风格来建造和布置。由于富人之间的竞争,这些建筑一个比一个富丽堂皇,所费不赀。这些乡村住宅的建筑成本高达3000~4000英镑,普通的乡村住宅是这个水平,大一点的住宅成本是这个的10倍,最豪华的达到20

---

① Glassey, L. K. J. ed., 1997: *The Reigns of Charles II and James VII & II*, Macmillan Press LTD, pp: 194、200、204.

② McInnes, A., 1988: "The Emergence of a Leisure Town: Shrewsbury 1660~1760", *Past and Present*, No. 120, p. 65.

③ 〔荷〕伯纳德·曼德维尔:《蜜蜂的寓言》,肖聿译,北京,社会科学出版社,2002年,第90页。

至 30 倍。富人们大兴土木的结果是英国相继涌现出一大批建筑师，如范布勒、霍克斯莫、伯林顿、科林·坎贝尔、威廉·肯特、吉科莫·利奥尼、詹姆士·吉布斯、亨利·弗利特克罗夫特和帕拉第欧式的建筑师傅，以及其他不那么有名的建筑师。① 这些新建的住宅内部装饰都极尽奢华。当时的一位外国人对英国富人们的乡间住宅作了精细的描述："欧洲没有其他地方像英国人的宅第那样奢侈豪华。铺着最昂贵地毯的楼梯装着上等印度木料制成的栏杆，装修精细巧妙，带着水晶瓶座的壁灯照亮整个楼梯。楼梯平台装饰着半身雕像、绘画、大圆雕；房间的护墙板和天花板漆着上好的清漆，装着金色的浅浮雕和充满欢快喜庆色彩的绘画和雕塑。那些壁炉用意大利花岗石建成，式样十分雅致，其上摆放着鲜花和塑像，壁炉是主要的装饰品。房间的锁是嵌着金丝花纹的铜锁。每个房间都铺着地毯，它们每块价值 300 英镑，让人不忍踏足。亚洲出产的最昂贵的织品被用作窗帘，房间里摆放的钟表以其华丽的外表和结构巧妙复杂的机械装置让人惊叹不已。"② 在什鲁斯伯里，从 1700 年开始砖取代了木头成为主要的建筑材料，从而兴起了一个建房热潮，新房子最初的主人或房客都是乡绅、专业人士或富有的商人，这些人也是奢侈品和休闲品的消费主体。③ 除了住宅，此时还兴起了一个建设景观花园的热潮，在 1710 年前流行法国和荷兰的人工风格，此后流行自然风格。建花园的费用也十分惊人，威廉三世在 1696 年花费在花园上的费用高达 83000 英镑。④

第三，从销售手段和销售技巧来说，已经形成装饰店面、精品陈列、广告推销等形式，大力诱导人们消费。

到 17 世纪末，商店取代了市场或市集成为主要的出售商品的地方和消费场所。商店最早出现在伦敦，很快向地方城镇蔓延，甚至在许多村庄出现。⑤ 以至于当时有人抱怨："在每个不超过 10 户人家的乡村，都有一位店主。"⑥ 通过这种销售渠道，许多时尚用品也到达了英国的每个

---

① Wilson, C., 1965: *England's Apprenticeship* 1603～1763, Longman, pp: 256～258.

② 〔德〕维尔纳·桑巴特：《奢侈与资本主义》，王燕平、侯小河译，上海人民出版社，2000 年，第 132 页。

③ McInnes, A., 1988: "The Emergence of a Leisure Town: Shrewsbury 1660～1760", *Past and Present*, No.120, p.75.

④ Hoppit, J., 2000: *A Land of Liberty? England 1689～1727*, Oxford, p.373.

⑤ Clay, C. G. A., 1984: *Economic Expansion and Social Change: England 1500～1700*, Vol. I, Cambridge University Press, p.177.

⑥ Thirsk, J. and Cooper, J. P., 1972: *Seventeenth-Century Economic Documents*, Oxford, p.397.

角落。小城镇的店主,能够向附近居民提供种类丰富的制成品,这些制成品来自于其他地区或外国,由专门从事特定商品贸易的巡回商人提供,如约克郡的克瑟厚呢,威尔登的玻璃器皿,诺威奇的织品,设菲尔德的餐具,斯塔福德郡的陶器。早在1578年,靠近肯德尔的一个小镇有一个店主叫詹姆士·班克豪斯,他出售的货物几乎是囊括了可以想到的东西,从麻袋布到西班牙丝绸,以及诸多时尚服饰品,如丝帽和法国吊袜带等。除了日常的杂货,还有文化用品,如纸张、墨水瓶和书籍。① 而到了18世纪,零售商店的数量和种类巨量增加,到18世纪中期,已经形成一个错综复杂的零售商店网络。②

过去学者们一般认为,只有到了19世纪,商店才首次运用窗口展示、内部装饰和货物展示技巧。但克莱尔·沃尔什的研究表明,在18世纪的伦敦,商店内部装修和商品展示设计已经成为一种至关重要的行销手段。③

随着18世纪商店数量的增加,商店形成了独特的建筑外形,店面的招牌,悬挂的标记,突起或弓形的窗户,窗口的展示和店前的广告,都是零售商店的特点。④ 与此同时,店主开始把自己的商店装饰得更优雅时髦,这样既是为了吸引新客户,也是为了取悦富裕的主顾,使其光顾商店时能得到愉快的享受。迪福描述了伦敦一家糕点店的装饰:由一组镜子构成的滑动窗户,所有过道贴着瓷砖,在后面的房间里,由上釉瓷砖组成的护墙板上装饰着风景画和人物肖像画,还有两个巨大的柱形镜和一个壁炉台上的镜子,两个巨大的枝形吊灯,挂着3个巨大的玻璃提灯,8个更小的提灯,25个墙面附属装置,一双价值25镑的银制固定物,中厅有6个造型雅致用来盛糖果的大号银质浅盘,12个在举行聚会时用来盛小蛋糕等食物的大餐桌装饰品,天花板上的绘画、提灯上的镀金、窗架和卷轴价值55镑。所有这些装饰品共值300镑,还不包括小盘子、瓷碟和杯子。⑤ 除了对店面进行装饰,店主还通过橱窗等来展示商

---

① Clay, C. G. A., 1984: *Economic Expansion and Social Change: England 1500 ~ 1700*, Vol. I, Cambridge University Press, p. 177.

② Mui, Hoh – Cheung and Mui, Lorna H., 1989: *Shops and Shopkeeping in Eighteenth – Century England*, London, p. 3.

③ Walsh, C., 1995: "Shop Design and the Display of Goods in Eighteenth – Century London", *Journal of Design History*, Vol. 8, No. 3, pp: 157 ~ 176.

④ Ibid, p. 160.

⑤ 〔德〕维尔纳·桑巴特:《奢侈与资本主义》,王燕平、侯小河译,上海人民出版社,2000年,第138页。

品，不同的商品使用不同的展示装置和设备，搁物架用来展示陶瓷，棚架和柜橱用来展示布料，玻璃盒用在金匠的商店。从 18 世纪初开始金匠商店最重要的展示设备就是橱柜，橱柜立在柜台后面的墙边，一般都从地板伸到天花板，前面是玻璃，构成顾客的视觉焦点。在 1746 年，玛撒·布雷斯维特的商店里，整个东西两面都是橱柜，每个橱柜都使用大约 4.5 英尺×15 英尺的玻璃，在西面的橱柜前是 15 英尺长的柜台。此外，还配有成套的抽屉、展示板、展示玻璃柜等，放在街边吸引路人前往商店购买。①

在最时髦的商店购物成为当时社会地位的标志，这些商店以装饰独特、品味高尚、货品精制、服务周到而著称，由于商店购物成为一项愉快的经验，因此购物也成为一项文化活动。《十足的英国商人》曾提到，一个绸布商在自己的商店里雇佣了"很多的仆人和熟练工人"。他曾接待过一位女顾客，在整整两个小时里，向其展示的商品价值高达 3000 美元，可这位顾客什么也没买。②

英国的商人、店主或者休闲娱乐场所开始在报纸上刊登广告和信息来促销。早在 18 世纪 20 年代，报纸就开始刊登赛马广告，板球广告随之而来，剧院和音乐会也开始刊登广告。到 18 世纪中期，广告已经五花八门，除了猎狐和赛艇，几乎没有一项休闲娱乐活动不做广告。③ 在伦敦，许多时髦和品牌商品广告，都出现在报纸上，如许多品牌药品都在报纸、书籍、小册子、传单上做广告，在 18 世纪药品广告成为伦敦和地方大多数报纸最大的单一类别广告之一。到 18 世纪中期，虽然报纸更专门化，但药品仍在报纸上做广告，以吸引报纸的下层读者。正是这些药品销售商还创造出了广告印刷技巧，通过运用木刻插图、醒目字体、证明书、签名、获得的专利等形式构成了近代广告艺术。④

第四，从消费场所来说，种类越来越多。咖啡馆、高档餐馆、小酒馆、饭店、剧院、音乐厅、舞厅、澡堂等等消费场所在大小城市不断涌

---

① Walsh, C., 1995: "Shop Design and the Display of Goods in Eighteenth – Century London", *Journal of Design History*, Vol. 8, No. 3, pp: 161~163.

② 转引自〔德〕维尔纳·桑巴特：《奢侈与资本主义》，王燕平、侯小河译，上海人民出版社，2000 年，第 174 页。

③ McKendrick, N., Brewer, J. and Plumb, J. H., 1982: *The Birth of a Consumer Society*, London, p. 273.

④ Styles, J., 2000: "Product Innovation in Early Modern London", *Past and Present*, No. 168, pp: 168~151.

现。商业化休闲成为最具发展潜力的产业。

澡堂从 17 世纪后半期在英国城市迅速流行起来,虽然是洗澡的地方,但是很快成为富裕者的娱乐场所,从 18 世纪开始,娱乐室、舞厅、疗养室等配套设施不断建立,吸引了公爵、小乡绅、牧师和富有的商人等各色人等。① 一位外国人对伦敦的奢侈淫逸十分吃惊,认为伦敦那些澡堂、小酒馆一夜的收入比荷兰一个国家维持 6 个月所需的总开支还要多。② 虽然这样的估计肯定夸张,但也可看到当时英国消费的兴旺。

1650 年英国第一家咖啡馆在牛津开业,两年后,伦敦第一家咖啡馆开业,在接下来的几十年里,迅速流行开来,在英国城市出现了几百家咖啡馆。③ 伦敦的咖啡馆数量众多,麦基估计在 1722 年有 8000 家,W. 贝赞特认为一度曾达到 3000 家,④ 实际数量可能达到 500~600 家。咖啡馆收取一便士的入门费,提供咖啡、巧克力和其他饮料,并且备有报纸、杂志、小册子。⑤ 在地方城镇,咖啡馆也如雨后春笋,如什鲁斯伯里在查理二世统治末期出现了第一家咖啡馆,此后数量成倍增长。约翰·麦凯在 18 世纪初期游览什鲁斯伯里时就对该城市场周围咖啡馆之多,印象极为深刻。⑥

在伦敦,一连串的舞会,在沃克斯礼堂和雷恩拉夫园(该园在 1749 年重建,是一个拥有众多包厢的巨大圆形剧场,还有众多小酒馆,值 16000 英镑)的化装舞会,赌场,社交聚会,剧院,夜总会,歌剧院,都吸引和诱惑年轻人前来消费。⑦ 在 1689 年以前,剧院还很少,少有新剧出演。到 1689 年以后,全国各地特别是伦敦剧院数量增长很快,老剧院也得到重建或修缮。如伦敦特鲁里街剧院就在 1673 年完全重建,并且在 1715、1762、1765、1775 年进行了改造和修缮。到 1762 年,每场演出的包厢费用已经上升到 354 英镑,到 1780 年能容纳 2000 名观众。到 18 世纪,从戏剧到音乐会的观众增长迅猛,职业多样化,剧院的经理发

---

① Hoppit, J., 2000: *A Land of Liberty? England 1689~1727*, Oxford, pp: 430~431.
② 转引自〔德〕维尔纳·桑巴特:《奢侈与资本主义》,王燕平、侯小河译,上海人民出版社, 2000 年,第 137 页。
③ Fritze, R. H. and Robison, W. B., 1996: *Historical Dictionary of Stuart England 1603~1689*, London, p. 105.
④ Besant, W., 1902: *London in the Eighteenth Century*. London, p. 308.
⑤ Hoppit, J., 2000: *A Land of Liberty? England 1689~1727*, Oxford, p. 432.
⑥ McInnes, A., 1988: "The Emergence of a Leisure Town: Shrewsbury 1660~1760", *Past and Present*, No. 120, p. 66.
⑦ Wilson, C., 1965: *England's Apprenticeship 1603~1763*, Longman, p. 256.

现低收入的工人也观看他们的戏剧,于是他们在定期演出之后,以便宜的价格推出"加时"演出。康文特园的账本表明,这一措施十分成功,为剧院每周带来 200~300 镑的额外收入。一些小剧院则完全面向这类低收入观众。与此同时,不断推出新剧,在 18 世纪上半期共有 1095 部新剧推出。① 观看戏剧和音乐会也成为地方城镇市民的日常文化活动。

除了这些商业化休闲的场所如雨后春笋般出现外,印刷品市场的增长是休闲商业化的另一重要方面。光荣革命后,英国获得了出版自由。从此,书籍、小册子、布道书、杂志、报纸出现了爆炸性增长。虽然没有精确数字,但从图书馆的藏书来看,1660~1688 年间每年大约有 1100 种书籍出版,1689~1727 年间每年大约有 2000 种,1728~1760 年间每年大约有 2300 种。② 印刷商和出版商发明了"分部书"(part-book),这种书的价格让最贫穷的购书者也能买得起。但这一生意的利润却很大,经常达到 1000% 的利润。在 18 世纪二三十年代,历史书、百科全书、地名词典和圣经被分成一便士和二便士部分出版。③ 在 18 世纪 40 年代的什鲁斯伯里,书商托马斯·德斯顿在他的书店里出售各种书籍,包括神学、历史、法律、医学、诗歌、数学,以及祈祷书、圣经、学校课本和销路特好的二手书籍。什鲁斯伯里学院图书馆在 1634 年只有 704 册图书,到 1736 年增加了两倍,到 1767 年达到了 5000 册左右。图书馆既向学院师生开放,也向社会大众开放,借阅登记表明借阅者以几倍的速度增长。学院图书馆成为该镇市民一处重要的文化设施。④ 报纸的增生扩散也生动地反映了印刷品市场的繁荣。在 1695 年以前,英国只有一张政府报纸《伦敦公报》,在 1695 年伦敦出现了三份非官方报纸《邮递男孩》(Post Boy)、《邮递员》(Post Man) 和《飞邮》(Flying Post),很快发展成为全国性报纸。1702 年出现了第一份日报《日报》(Daily Courant)。在 1695 年伦敦之外的地方没有报纸,在 1700~1727 年间地方至少出现了 51 份报纸。⑤ 杂志也如雨后春笋,如《雅典墨丘利》

---

① McKendrick, N., Brewer, J. and Plumb, J. H., 1982: *The Birth of a Consumer Society*, London, pp. 275~276.
② Hoppit, J., 2000: *A Land of Liberty? England 1689~1727*, Oxford, p. 178.
③ McKendrick, N., Brewer, J. and Plumb, J. H., 1982: *The Birth of a Consumer Society*, London, p. 271.
④ McInnes, A., 1988: "The Emergence of a Leisure Town: Shrewsbury 1660~1760", *Past and Present*, No. 120, p. 70.
⑤ Hoppit, J., 2000: *A Land of Liberty? England 1689~1727*, Oxford, p. 178.

(*Athenian Mercury*)、《观众》(*Spectator*)、《技艺家》(*Craftsman*)、《绅士的杂志》(*Gentleman's Magazine*)等,还出现了不少专业化休闲娱乐杂志和书籍,涉及各种音乐、烹饪、园艺等等。这些书籍也以市场化的手法加以推广,如约翰·沃尔什就通过大量推出便宜版本、大规模投入广告、暗中在报纸上发表大量吹捧的文章等手段来兜售他出版的音乐乐谱。①

总而言之,消费社会此时在英国已经诞生。追求享乐成为1700年左右英国社会变化的强大动力。不是单个人自我陶醉地追求享乐,而是全体或全社会都在追求享乐。② 甚至连儿童也受到消费经济的影响,成为销售儿童玩具、儿童书籍、童装和商业化教育的对象;③ 不单是伦敦成为时尚和消费之都,许多小城镇的休闲消费增长势头强劲。近二三十年对英国城镇和城市的研究,开始关注1660年以后英国城市生活中不断增长的奢侈和休闲现象。从弗朗西斯·希尔对乔治时代林肯的研究开始,对沃里克、诺威奇、温彻斯特和普雷斯顿的研究相继展开,彼得·邦塞通过对斯图亚特王朝后期和汉诺威早期普雷斯顿镇的研究,提出此时英国发生了"城镇文艺复兴"。在文化繁荣的同时,奢侈和休闲消费向英国的所有城市和城镇扩散。A. 麦克因斯根据自由民档案、十户连保名单等资料对什鲁斯伯里进行了研究,提出了"休闲城镇(leisure town)"的概念,什鲁斯伯里镇的休闲阶层——绅士、骑士等,1650年到1675年占所有自由民的6.1%,一个世纪后上升到18.4%,增长了三倍。到18世纪60年代所有与休闲相关的人口超过35%。什鲁斯伯里的城镇经济在1660~1760年间实现了从手工业或其他产业向休闲经济的转变,休闲设施和娱乐方式也不断地增多,标志着休闲城镇的形成。④ 虽然彼得·邦塞更愿意用"城镇文艺复兴"来指代这种现象,但两位学者实际上都同意此时英国的小城镇有时甚至是很小的城镇都出现了休闲娱乐消费,如定期的音乐会、聚会(assemblies,主要在晚上举行,可以跳舞、饮酒和玩纸牌)、赛马大会、读书俱乐部等。比如诺福克的小镇费肯汉姆、萨克斯蒙德汉姆、斯旺夫汉姆和威芒德汉姆

---

① McKendrick, N., Brewer, J. and Plumb, J. H., 1982: *The Birth of a Consumer Society*, London, pp: 279、271.
② Hoppit, J., 2000: *A Land of Liberty? England 1689~1727*, Oxford, p. 430.
③ McKendrick, N., Brewer, J. and Plumb, J. H., 1982: *The Birth of a Consumer Society*, London, p. 286.
④ McInnes, A., 1988: "The Emergence of a Leisure Town: Shrewsbury 1660~1760", *Past and Present*, No. 120, pp: 53~65.

在 1745～1760 年间都定期上演音乐会。在相对小的中心城镇如萨福克的艾尔和诺福克的哈兰斯顿，这些地方的旅馆都保留着出现在 18 世纪早期到中期的聚会房间。①

---

① Borsay, P., 1990: "The Emergence of a Leisure Town: Or an Unban Renaissance", *Past and Present*, No. 126, pp: 190～191; McInnes, A., 1990: "The Emergence of a Leisure Town: Or an Unban Renaissance? Reply", *Past and Present*, No. 126, pp: 196～202.

第四章 国家与国内产业：
从干预管理到取消管制

在重商主义时代，英国政府一度对各项产业的诸多方面都进行了行政或立法的干预，有的是为了促进某一行业的发展，有的是为了控制某一行业的发展，干预的动机各不相同，有的是为政府谋利益，有的是为了储备战争物资，有的是为了维护社会秩序，有的是出于地方的压力。不管出于什么样的目的，但总的趋势是，国家规范了市场秩序，为商业发展铺平了道路，制定了工业标准，用以规范老工业、促进新工业，干预农业变革进程和技术创新。总之，国家对国内产业进行了较为全面的规范和管理。

当然，这种规范和管理并不是一成不变的，政府还不时地根据市场形势的发展作出政策调整。在都铎王朝和斯图亚特王朝早期，国内的各项产业都深受国家的控制和影响，之后，由于英国市场力量的增强，国内各产业的发展越来越多地受市场力量的支配，国家的政策从直接控制变为间接干预。当然，即使在都铎王朝时期，国家的控制和干预也未必能达到预期的效果，V. 庞科通过对伊丽莎白时期枢密院的研究就发现，在工业和国内商业领域，实际上是市场而不是政府决定着伊丽莎白时代工业和国内商业的发展道路。[①]

第一节 为商业发展铺路

要建立一个统一的国内市场，就必须改变中世纪度量衡币制混乱不堪的局面，打破地方市场之间的人为障碍。在统一度量衡方面，由于英国政府的重视，进展较快。但是，"完全统一是不可能的，地方度量衡直

---

① Ponko, V., 1968: "The Privy council and the Spirit of Elizabethan Economic Management", *Transactions of the American Philosophical Society*, Vol. 58, p. 32.

到1835年法令才被废除"①。在护国政府时期，威廉·谢泼德在向政府所提的建议中，其中有一条是防止使用假的度量衡进行欺诈交易。② 一些地区和城市的度量衡仍在本地流行。阿瑟·扬在1790年还抱怨弄不明白面包的价格，因为有的城市用金衡制，有的城市用常衡制。1834年的一份备忘录，详细列举了衡量谷物标准的混乱。据说在斯塔福德郡，每个小镇都有不同的度量衡，一些小镇可以有二三套不同的体系。到1835年废除地方度量衡时，一些地方的量度标准成为通行全国的度量特定物品的标准，比如，度量谷物和其他干货的温彻斯特蒲式耳。③ 在统一币制方面，英国较为成功，到伊丽莎白政府统治时期，就顺利完成了这一任务，为英国经济的持续增长奠定了坚实的基础。

妨碍英格兰、苏格兰和爱尔兰之间开展交易的关税在重商主义时代逐渐被取缔。英格兰和苏格兰之间的关税壁垒最先消失。詹姆士一世继位后，于1607年在议会讲话时，指出废除关税壁垒带给整个王国的利益比个别商人的损失大得多。但两地之间的关税自由实行了几年后就不再继续，直到1707年合并法案之后，两地之间才建立起贸易、交通和航运的完全自由。威尔士到1747年才获得这一地位。而爱尔兰一直以来被看作是英国的殖民地，为了防止它的牲畜、呢绒等产品的竞争，英国向其征收高额的关税。爱尔兰与英国殖民地的直接联系也被切断，只能通过英国进行贸易。直到1800年两地之间才建立起自由贸易的关系。至于英国对其殖民地建立的关税壁垒，直到英国实行所谓的自由放任贸易政策时也没有被废除。

在中世纪阻碍国内商业发展的道路、桥梁、河流通行税以及城市通行税，在随后几个世纪也逐渐消失，特别是私有地通行税，逐渐消失在历史的云烟里，难觅其踪迹。在中世纪时期，英国国王就经常以一种令人吃惊的态度反对没有提供服务却收取费用的行为，或者无限期收费的行为。早在1290年，英国国王就驳回了一项收取通行税维修道路的请求。申请征收通行税的原因多是现存道路或桥梁损坏需要维修。在国王批准的此类请求中，都限定了收税的时限，且通行税只能用于指定的目的。特定地区的居民可以要求审计员就这笔收入的使用查账。如在1328年，英国国王就批准小镇纽沃克对过往商品征收道路铺设费，但明确规

---

① Heckscher, Eli. F., 1983: *Mercantilism*, Vol. I, New York, p. 115.
② Ramsay, G. D., 1946: "Industrial Laisser – Faire and the policy of the Cromwell", *The Economic History Review*, Vol. 16, p. 97.
③ Heckscher, Eli. F., 1983: *Mercantilism*, Vol. I, New York, pp: 115~116.

定只能征收3年。① 因此，虽然滥用通行税特权的事例所在多有，但从英国很少重申这些法令的情况来看，这些规定一开始就达到了预期的效果。虽然赫克歇尔认为："没有迹象表明这些税费的消失可以归功于国家的干预。"② 但是，中世纪通行税的消失肯定与市场经济的发展和国王权力的增强有着内在的关联，这应该是合理的推断。赫克歇尔也把英国易于实现税费统一归因于英国王权的统一以及海运具有压倒一切的重要性。③

城市通行税主要包括城墙修筑捐（murage）、码头使用费（quayage）、道路铺设费（pavage），这些税费一般在口岸、市场或集市征收，本城自由人也就是市民拥有免税权，当然，这种免税权也给予有商业往来的其他城市的市民。这种税费的征收由于缺乏连续性，且很随意，对商业的发展形成了阻碍。中世纪结束以后，这种税费并没有消失。当然，许多城市和市场的通行税在重商主义时代逐渐消失了，但在一些城市如伦敦、利物浦，这些税费成为城市大宗收入的来源，甚至一直延续到19世纪。④

中世纪时，英国主要有两种道路通行税，一种是用于道路维护的通行税，一般须经国王批准，且规定了征收的期限，一般是两年、三年或五年，有时是七年，在1302年、1304年、1306年、1315年、1346年、1353年、1410年等年份，国王都曾批准道路通行税。通行税只能用于指定的目的。另一种是私有地通行税，是基于私有产权、特权或古老习惯征收的，这笔收入一般归征收者所有。中世纪存在的各种道路、桥梁、河流通行税在随后的几个世纪里也逐渐消失了。⑤

英国的中世纪通行税虽然消失得很快，没有像法国、德国那样形成严重的人为关卡，但是，中世纪通行税的守成特点也决定了中世纪的道路遗产不容乐观，必将对国内贸易形成阻碍。虽然进入重商主义时代以后，英国那些向各个方向交叉着的道路不仅通到大城市，而且还通到所有稍显重要的地方，像一个密网盖在全国上面。虽然看起来英国已经拥有优越的道路系统，但实际情况是，道路确实不少，大多数几乎难于通行。这些道路很多是修在罗马古道上，狭窄到不仅两辆车，就是两匹驮马也几乎不能交叉通过。晴天尘土飞扬，雨天泥泞不堪，由于长期受到

---

① Bland, A. E. Brown, P. A and Tawney, R. H. ed., 1915: *English Economic History*, Select Documents, London, p. 133.
② Heckscher, Eli. F., 1983: *Mercantilism*, Vol. I, New York, 1983, p. 49.
③ *Ibid*, p. 48.
④ *Ibid*, pp: 50~51.
⑤ *Ibid*, pp: 46~49.

雨水和洪流的冲刷，整个道路深陷为沟渠，已成为到处布满大石头的永久沼泽地，难于通行。在许多地方，旅客和商贩宁愿避开道路而从田地里走。一辆车子走十英里要花上五个小时，有时需要多头牲畜拉车才能通行，使得车辆成为很慢、很贵、不实际的运输工具，商人通常宁愿使用驮马而不使用车辆。① 这样的道路状况使得运输成本高昂，戴尔比较了 14 世纪和 15 世纪英国水路和陆路的运输成本，在 1308～1309 年份里，每桶酒每英里的水路运输成本是 0.4 便士，陆路运输成本是 2.5 便士，在 1452～1453 年份里，每桶酒每英里的水路运输成本是 0.6 便士，陆路运输成本是 3.2 便士。在 1452～1453 年份里，在布里斯托尔购买 22 桶酒的花费是 117 英镑 6 先令 8 便士，而把这些酒运到白金汉的运输成本就达到了 16 英镑 13 先令 10 便士，运输成本超过了货物总价值的 14%。② 为了彻底改善这种交通状况，1660 年以后，特别是 1750 年以后，经过议会的批准，英国使用现代的市场手段发展公路和运河，出现了所谓的"收费公路"，由私人公司修筑，向使用者收费，这种高度商业化的公路系统与中世纪的收费公路从性质上已经天壤之别。这些收费公路占到英国公路网络的 1/5，英国第一次拥有了完整良好的公路系统，极大地促进了国内农业和工商业的繁荣。

在道路状况大为改进的同时，运输和通信手段在重商主义时代也有重大改进并被广泛地使用。"驿马车在 1608 年引进伦敦并迅速地推广到全国，到 1685 年，在伦敦和整个英格兰的重要驿站间建立起一个驿马车服务系统，甚至伸展到爱丁堡。"③ 邮政服务业发展了起来，"虽然为了递送政府信件的邮政服务早在 16 世纪初就存在了，但直到 17 世纪中叶，递送私人邮件的英格兰邮政总局才建立起来。或许甚至更为重要的是，国际邮政联系也持续地改进了，以至于到 17 世纪末，与大陆的通信就是经常和定期的了。"④ 通信的发展也使得商业联系得到加强，商品的流通和商业信息的获得都因此变得更为快捷。

国内各项产业的发展离不开信用的发展，但由于教会对高利贷的态度，使得信用的发展经历了一个复杂的过程。反对高利贷是中世纪基督

---

① 〔法〕保尔·芒图：《十八世纪产业革命——英国近代大工业初期的概况》，杨人楩等译，北京，商务印书馆，1991 年，第 87～88 页。
② Dyer, C. 1989: "The Consumer and the Market in the Later Middle Ages", *Economic History Review*, Vol. 42, p. 309.
③ 〔美〕罗伯特·金·默顿：《十七世纪英格兰的科学、技术与社会》，范岱年等译，北京，商务印书馆，2000 年，第 276 页。
④ 同上。

教世界一项普遍政策，英国也不例外。1488年英国一项反高利贷法宣布根除一切高利贷活动，任何人放贷收息将没收参与资金的一半。在伊丽莎白统治时期，高利贷被认为是一项恶行，法律通过严厉的处罚禁止高利贷，政府采取了各种行动反对高利贷。① 但在发展市场经济的要求下，在重商主义的氛围下，资本主义的各种信用形式逐渐突破观念和法律的束缚，通过制度创新发展了起来。"现在，相信在都铎时代不可能出现以提供信用的形式来投资是一种错误，相反，即使在那个时代，这种资金在英国明显扮演了一个重要的角色，特别是在工业和商业领域。毫无疑问，其重要性在不断增长。但是要消除人们认为利息是某种应受谴责的东西的想法，还需要花费很长时间。"② 英国国家政策不得不在这种道德诉求和市场经济需要之间不断妥协，制定利息限额。亨利八世和伊丽莎白一世时的法律规定最高利息为10%，詹姆士统治时期规定最高为8%，到1652年降为6%。③ 在这一时期，虽然仍有不少人从道德角度讨论利率问题，但英国重商主义者从促进商业发展的角度出发，对通过法律限制利息的做法不以为然，不时要求放开利息。在讨论是否应该收取利息、应该收取多高的利息以及是否应由立法规定最高限额等问题时，重商主义者完全将其视为一个纯粹的经济问题，不再像过去国家政策制定者那样从道德角度考虑问题。对他们来说，货币与土地一样，是一种生产要素，资金的利息是对所借货币的报酬，类似于土地的租金。他们努力探索决定利率高低的客观根源，他们发现原因就在于货币的总量，如加纳德·马林斯就认为"货币的富足降低了高利贷的价格或利率"，④他并且给出了详细的原因。马林斯的论战对手米塞尔登也认为："矫正高利贷的可能是货币的富足。"⑤ 威廉·配第指出，通过增加货币的数量，就可以把利率从10%降到6%。⑥

在政府的摇摆之间和市场的大力创新之下，英国的信用活动发展了起来。在16世纪，信用已经构成了种田者生活的一部分，农民借贷已经

---

① Ponko, V., 1968: "The Privy council and the Spirit of Elizabethan Economic Management", *Transactions of the American Philosophical Society*, Vol. 58, p. 53.

② Heckscher, Eli. F., 1983: *Mercantilism*, Vol. II, New York, p. 198.

③ Appleby, J. O., 1980: *Economic Thought and Ideology in Seventeenth – Century England*, Princeton University Press, p. 65.

④ Malynes, G., 1622: *Lex Mercatoria and Maintenance of Free Trade*, London, p. 266.

⑤ Misselden, E., 1622: *Free Trade, or the Meanes to Make Trade Florish*, London, Printed by John Legatt, p. 116.

⑥〔英〕威廉·配第：《配第经济著作选集·政治算术》，陈冬野等译，北京，商务印书馆，1981年，第76页。

是很正常的一件事。工匠也通过信用活动努力维护自己在工业组织内的独立地位，通过借贷，他们有机会购买店铺，获得经营资金。信用也在英国工业中扮演了一个重要角色。以呢绒业为例，形成了环环相扣的信用形式，牧羊人以赊账的方式把羊毛卖给呢绒商，呢绒商反过来向纺工和织工提供预付款。未整呢绒被送去染色和修整，当呢绒准备出口时，呢绒商从商人冒险家或布莱克沃尔大厅里的呢绒代理人那里获得一笔预付款。更常见的做法是，呢绒商授予出口批发商长期信用，后者将呢绒出售时才付款。信用活动也渗透到贵族和乡绅阶层，采矿业和外贸都在16世纪时已经采用信用形式来获得资金，汇票成为信用工具，英国政府的财政也越来越依赖信用关系。①

枢密院为维护社会稳定，积极帮助那些因参与信用活动欠债入狱的人，而且努力阻止其他人落入同样的境地。它发布命令帮助陷入经济困境的人，阻止债权人通过法律程序欺负他们。与此同时，枢密院努力确保反对高利贷的法律在地方上得到地方当局的执行，这些法律问题的处理已成为治安法官日常事务的一部分。当然，英国政府在救助弱者的同时也极力促进信用活动的发展。枢密院积极审理控诉在处理债务问题时没有守约的诉状，并且努力让双方达成妥协，有时也专门任命一个委员或仲裁人，在债权人和债务人之间保持平衡的影响。枢密院也极力维护市场秩序，认为合法约定的债务应该偿还。1564年11月11日，枢密院命令古尔德福德的市长和警长继续羁押因欠债而被关在牢房的人。1578年11月16日，枢密院再次对一名债务人采取行动，这名债务人以欺诈的理由竭力推脱及时还债。这笔债务开始于1577年7月15日，应还日期是1578年1月15日。但是合同没有明确提到这一日期是依据儒略历还是格利高里历。债务人认为合同依据的是儒略历，因此他在即将到来的一月才履行义务。但枢密院接受了债权人的观点，应该根据格利高里历也就是在前一个一月偿付债务，因为债务约定仅有6个月，因此枢密院命令将债务人关入牢房，直到他还债为止。②

伦敦交易所的建成标志着英国的信用交易发展到一个全新的阶段。交易所由托马斯·格雷欣创建，1566年开建，1570年完成。在交易所里，"大商人以及许多中间人……洽谈商品交易、汇兑、入股、海事保险等业务，海事风险由许多保证人均摊；交易所也是一个货币市场、金融

---

① Ponko, V., 1968: "The Privy council and the Spirit of Elizabethan Economic Management", *Transactions of the American Philosophical Society*, Vol. 58, pp: 44~45.

② *Ibid*, pp: 53~54.

市场和证券市场"①。伦敦成为与尼德兰、德国进行汇兑交易的中心。随着合股公司的发展，股票交易越来越活跃，从1695年，这家交易所已经开始买卖国家债券以及东印度公司和英格兰银行的股票。在1698至1700年间，证券交易搬到著名的交易所街。汇票、股票等信用票据交易促进了英国国内外贸易的发展。到17世纪末，英国终于实行了贵金属进出口自由，乔治·唐宁爵士断言："过去充当商品本位的金钱本身已变成一种商品。"② 此外，从1640年到1675年之间，伦敦的正规私人银行从金匠中发展出来，不但进行汇票交易，而且发行最早的"见票即付"的钞票，接受顾客的支票。到1694年，英格兰银行成立后，逐渐成为国家银行，它经营所有私营银行经营的业务，包括票据交易，银行信用正式发展起来。

统一度量衡，取消通行税，改善交通和通信条件，规范和促进信用发展，都为国内农工商业的发展提供了基本的条件，这些条件的具备是国家和市场力量共同推进的结果。

第二节 对工业的控制

在早期重商主义时代，英国对手工业的管理十分具体，主要体现在一系列详细的工业法规中。英国的工业法规主要是通过议会法令、王室公告和专利特许证、由枢密院或国王的法院发布的命令等三种手段创制而成，③ 既包括对产品质量的规定，也包括对学徒制度、工人工资等方面的规定。其中以伊丽莎白时期制定的《工匠法令》最为有名，被视为国家干预的典型。

英国工业法规的目标之一是控制产品质量。1552年，英国制定的《布品法规》，详细规定了22种毛织品的标准。这是英国第一次为维护呢绒质量而制定的管制条例，因为随着呢绒价格的下降，许多制造商试图通过降低工艺标准来减少成本，增加收益。在1464～1640年间，政府为维护英国产品质量做出了不懈的努力，出台了一系列的调整措施。当伦敦的肥皂制造商为了降低成本，申请使用存储的劣质油时，枢密院立即

---

① 〔法〕费尔南·布罗代尔：《15到18世纪的物质文明、经济和资本主义》第2卷，顾良译，北京，生活·读书·新知三联书店，1993年，第86页。
② 同上书，第201页。
③ Ekelund, R. B. Jr and Tollison, R. D., 1997: Politicized Economies: Monarchy, Monopoly, and Mercantilism, Texas A & M University Press, p. 49.

指出，这只对少数人有益，无数的人将因此受到损害。由于呢绒生产对英国至关重要，枢密院认为劣质产品将导致国外销售的减少，海外市场的收缩将引发国内的不满和暴乱，所以必须加强质量控制。一旦外国市场的消费者抱怨呢绒的质量，枢密院就十分重视，或者召开特别委员会，或者指示一位官员展开调查，并加以纠正。1597～1603年，法国政府开始没收有瑕疵的英国呢绒，特别是经过拉伸的呢绒。由于这种拉伸行为在英国普遍存在，这实际上等于法国市场已经向英国关闭。枢密院发出了许多命令，查禁这种行为，竭力重新打开法国市场。枢密院只取得了暂时和局部的成功，到伊丽莎白女王逝世时，这种行为仍普遍存在，特别是在英国北部地区。[①] 政府在1622年召集了一个调查委员会来处理在制作、印染和修整呢绒过程中的错误和欺诈行为。[②] 到17世纪50年代，利兹当局向西区季审法院反映呢绒商拉伸呢绒以达到应有的尺寸，西区的法官虽然拒绝进行联合大搜查，但承诺更有效地控制使用张布架抻布。[③] 总之，为了维护英国纺织品在欧洲市场的质量声誉，英国出台了无数的法令。[④] 但随着呢绒品种的增多，这种努力变得愈益徒劳，英国在1678年最后一次试图对呢绒工业的质量进行立法控制，但最终没有成功。[⑤]

此外，为了保证呢绒的长度和质量，并作为征税的根据，早在13、14世纪，英国就开始了对销售的呢绒进行检验和盖印的制度。在15、16世纪，英国通过了许多法令，这些法令错综复杂，极其混乱。在禁止使用某些工序的同时，又重新规定了一些工序，甚至详细规定了每种呢绒的长度、宽度和重量，以维护产品质量和为收取进出口关税提供规范。[⑥] 这些规定的检查工作由国家的检查员（即郡检查员）和城市公会的检查员共同执行。

英国工业法规的目标之二是通过制定作业标准，规范行业和社会秩序。16世纪上半期由于呢绒出口增长势头迅猛，从伦敦出口的窄幅呢绒

---

① Ponko, V., 1968: "The Privy council and the Spirit of Elizabethan Economic Management", *Transactions of the American Philosophical Society*, Vol. 58, pp: 23~24.

② Coleman, D. C., 1977: *The Economy of England* 1450~1750, Oxford University Press, p. 179.

③ Ramsay, G. D., 1946: "Industrial Laisser-Faire and the Policy of the Cromwell", *The Economic History Review*, Vol. 16, p. 100.

④ Heaton, H., 1920: *The Yorkshire Woollen and Worsted Industries*, Oxford, p. 124.

⑤ Coleman, D. C., 1977: *The Economy of England* 1450~1750, Oxford University Press, p. 179.

⑥ *Ibid*, p. 178.

数量50年增长了150%。① 在这种形势带动下，乡村工业发展很快，大量资本和新手涌入这一行业，使得耕地荒废，谷物依赖进口。许多人担心这种行业变迁会威胁到现存的经济和社会秩序。到16世纪下半期，由于战争等原因影响，英国呢绒出口出现衰退，此前涌入呢绒行业的许多人因此失业，只能去乞讨或偷盗，引发社会秩序混乱。既得利益者在经济不景气的情况下，希望国家整顿秩序，提高进入这一行业的门槛，以增加他们的利润。正是在这种形势下，《工匠法令》应运而生，② 严格了学徒制度，提高进入这一行业的门槛，规定了工人的工资，规范了产品的质量。

《工匠法令》是都铎时期国家与市场经济关系的一个集中反映，虽然许多学者如赫克歇尔、科尔曼等都指出了这一法令的中世纪渊源，但它是为解决都铎时期市场经济发展所面临的问题而制定的，并且对此后英国政府与市场经济的关系产生了深远的影响。它对全国最高工资额和学徒制度的规定，为国家广泛干预演进中的市场经济提供了法理依据。法令由国家干预的杰出代表治安法官贯彻执行。它规定，如果没有按照一个师傅与学徒间相互义务的正式合同（一式两份的合同）的规定，学徒满七年，任何人都不得在英国从事一种职业。而且，学徒的人数是有限制的，或者至少，学徒人数与成年工人的人数之间要保持某种比例。这一学徒条款不仅适用于城市，也适用于乡村，不仅适用于手工业，也适用于农业和商业。法令规定应该接受10岁到18岁的学徒，学徒年龄应该到21岁，最多到24岁。在城里，24岁是学徒期限和独立开业的最大年龄。这一条款明确要求一个人必须在他打算从事的同一个行业里做完七年学徒，不允许行业之间的流动。但是，这种对职业的控制实际上存在着很多困难，因为按照伦敦的习惯，在任何一个行当里完成七年制学徒有权从事另一个行当，这一习惯在许多地方城市里也有。一名伦敦金匠行会成员把一家铺路工召集到一起生活，这些人从此隶属于金匠的组织。在1671年，这些"金匠-铺路工"有39人，而当时铺路工行会本身仅有52人。1685年一位请求成为纽卡斯尔市民的糖果制造人被允许挑选一个行会，他像伦敦的铺路工一样，挑选了金匠行会。③ 这样把学徒约束到他们自己职业机构的努力就失败了。由此可见，《工匠法令》

---

① Fisher, F. J., 1940: "Commercial Trends and Policy in Sixteenth – Century England", *Economic History Review*, Vol. 10, p. 96.

② 1993: *Statutes of the Realm*, IV, William S. Hein & Co., Inc., pp: 414~422.

③ Heckscher, Eli. F., 1983: *Mercantilism*, Vol. I, New York, pp: 230、245.

并没有得到严格实施,经常被违犯。乡村呢绒纺织工业的学徒训练规定到 1694 年被废除,理由是发现这些规定带来了很多不便,并且对纺织行业造成了巨大的损害。

实际上,根据工匠法令的规定,七年学徒制只适用于英格兰和威尔士王国内现在从事的行业,不包括新出现的行业。而新创立的行业数量在 1563 年以后迅猛增长,如棉纺织业和袜业,都不受学徒条款的限制。此外,对这一法令是否适用于一个历史悠久的产业的新品种,如新织物,或者是否适用于新地区开办的老工业,如约克郡西区的精纺呢绒,当时就存在着诸多疑问。后来,普通法法院对学徒条款从两个不同的方向上加以限制,一是在乡村地区无效。这源于斯图亚特王朝复辟时期的大量判决,这样就放弃了对城镇以外商业和手工业的管制。二是不管是师傅还是工匠,只要在一个行业里工作了七年,就被认为是遵守了学徒制的要求。这就放松了对学徒的控制,过去不合法的从业行为只要从事够七年就合法了。1706 年的一项判决明确表达了这一点,几年后的另一项判决也确认了这项权利。此后,这被认为是一项公开承认的权利。首席大法官曼斯菲尔德在一项裁决中,对工匠法令这部国家产业政策的柱石表达了自己的异议,"第一,这是一部刑法;第二,它限制了自然权利;第三,它违背王国普通法赋予的普通权利;第四,从经验判断,赖以制定法案的政策大有疑问。"① 虽然曼斯菲尔德没有依据这些理由得出这部法律无效的结论,但他也接近这样做了。随着向工场(厂)制度的演变,在许多行业中规定学徒制和生产条件的法令才终止执行。

英国工业法规的目标之三就是控制和监管乡村工业的发展。15 世纪初,就有大量文献记载英国最重要的工业部门——呢绒工业开始大量向乡村扩散。在 16 世纪初,大多数纺织工业已经退出城市,转移到乡村地区。虽然很早就有人试图通过国家立法来阻止乡村工业的发展,但这种立法在 16 世纪之前就停止了。在 16 世纪英国通过的法律中,不仅仅考虑到城市工匠师傅的利益,而且照顾到农村及其要求。例如,1557~1558 年法令解释说,呢绒制造商不仅把大量耕地和牧场集中到自己手中,惹怒了农民,荒废了耕地,闲置了耕犁,而且也把各种工匠带出了城市和城镇。这一法律热切呼吁阻止工业从城镇的出走,阻止在乡村地区组建大型企业。但是,城市商人雇佣乡村织工遇到的真正抵制很少,这些法律的颁布并没有为乡村工业的发展设置大的障碍。最重要的是,

---

① Heckscher, Eli. F. , 1983: *Mercantilism*, Vol. I, New York, pp: 314、316.

法律制定者最终在既成事实面前屈服了。乡村工业分布最广泛的郡被排除在法律的限制范围之内。在所有乡村工业已经存在了多年的地方，乡村工业都得到了法律的公开承认，1557~1558年法令就允许所有现存的乡村工人继续他们的工作。1575~1576年进一步放松控制，到1623~1624年，这些法律和其他干预个人的立法都被完全废除了。①

国家虽然无法阻止乡村工业的发展，但试图通过行会或重新组建的监管机构控制城市郊区甚至是农村的手工工匠。当然，这种把行会的权威扩展到城市周围一定地区的努力基本没有取得成效。国家采取的策略是把行会发展成为一种控制十分混乱的乡村工业的工具，而不是在行会的帮助下取缔城郊的工匠。为此，国家采取了许多措施，比如努力建立一个监管机构，机构成员从城市和乡村工匠中平等招募。在15世纪中期的诺福克呢绒工业中出现过这种监管方式，并且在斯图亚特王朝复辟后再次出现。在詹姆士统治时期，萨福克各地的公会被合并，两个最重要的纺织城市被作为监管中心。在艾塞克斯和诺福克也出现了类似的情况。哈勒姆郡的制铁工业通过议会法令被合并在一个公会里，尽管这里已经存在一个更古老的组织。在1625年，政府试图在22个生产"新织物"的郡中创造一个地方管理组织，但这种努力没有成功。在1662~1663年，出现了一个更有效的计划，就是把约克郡西区的呢绒工业围绕利兹组成一个"永久的"公会。该组织包括了从地方和郊区平等挑选出的呢绒制造商，当然还包括治安法官。此外，国家经常采取的措施是，授予一个特定城市的合并行会明确的权限，控制或大或小的特定地区。早在14世纪，一些伦敦公会的权力已经或多或少地扩展到全国。另一个伦敦公会在15世纪下半期也获得同样的权威。新袜业组织最初坐落在伦敦，但逐渐把总部迁到诺丁汉，以确保在克伦威尔统治下管制全英袜业的特权。这一特权在1663年得到复辟政府的确认。在1542~1543年，约克的纺织师傅被授予监管整个英国北部纺织业的权利，当然，主要是约克郡，因为这里乡村工业发展迅猛。② 另外，在斯图亚特王朝时期，特别是1637年采取的措施是把郊区纳入垄断公司管控的范围，这种努力也没有取得实际效果。

在斯图亚特王朝复辟时期，国家对工业仍采取了一系列的控制措施，最典型的就是在1662年颁布了定居和迁移法案。该法的本质是试图把所

---

① Heckscher, Eli. F., 1983: *Mercantilism*, Vol. I, New York, p. 239.
② *Ibid*, pp: 240~242.

有的穷人固定在他们的居住地。但是，城市和工业地区的权贵都希望增加劳动力供应，因此，他们对执行这一法律没有兴趣。光荣革命之后，王室特权被限定在一个极小的范围内，再加上在一个变化了的生产结构中实施旧政策越来越难，工业管制政策逐渐消失了。① 在17世纪40年代革命期间，政府就承认士兵可以自由从事任何一种手工业，尽管他们没有经过学徒期。1666年伦敦大火后，任何参与城市重建的人都被赋予生活和经营的自由。在1663年为了鼓励亚麻布业，允许城里和乡下的每个人都可以经营亚麻布，不用缴纳费用。当丝线业在1662年组建行会时，被公开禁止采用任何工资准则。几年后，这一企业化组织的特权被剥夺，这些特权包括限制学徒要少于3人，以及限制每个成员拥有的纺锭数量。根据查理二世的特许状创办的机织者全国性组织，在1751年的下议院受到言词激烈的抨击，特许状本身被说成对工业有害，导致垄断，公会的章程和排斥外来者的措施被认为对国家具有高度危险。②

英国的工业管制措施在17世纪中期以后受到了重商主义者的激烈批评。蔡尔德就猛烈攻击国内工业条例，他不仅仅攻击强制性学徒制，而且谴责城市特许状和行会。他强调要废除呢绒工业的技术条例，理由是："如果打算拥有世界贸易，我们必须模仿荷兰人，他们把所有制造业既做得最次，也做得最好，这样我们就有能力服务所有市场。"③ 也就是说，英国既要占据高端市场，也要占领低端市场，既然这样，就不能受工业条例的条条框框束缚。《虚弱的英国》的作者看出了伊丽莎白工匠法令和行会特权对经济生活造成的伤害，他认为法令满足了一些人盲目的贪婪，不必要的长达七年的训练阻碍了人们把他们的孩子安置到工业中去，他认为行会是一种垄断，应该根据1623~1624垄断法令予以废除。④ 约翰·卡利在1695年宣布了他的观点，城镇和公司的特许状阻碍了手工业和制造业的勤奋和进步，因为这些特权把更好的匠人排挤出这些社团，除非他们以不合理的价格购买自由。⑤ 一些读者广泛的作家走得更远，他们极端反对垄断，以至于达到一种类似普世自由主义的态度。代表人物之一就是罗格·科克，在谈到以前对垄断的讨论时，他认为，如果垄

---

① Coleman, D. C., 1977: *The Economy of England 1450~1750*, Oxford University Press, p. 179.
② Heckscher, Eli. F., 1983: *Mercantilism*, Vol. I, New York, pp: 303~304.
③ Child, J.: A New Discourse of Trade, in Magnusson, L., 1995: *Mercantilism: Critical Concepts in the History of Economics*, Vol. III, London and New York, pp: 88~91.
④ Petyt, W., 1689: *Britannia Languens*, London, Sect. VII.
⑤ Cary, J., 1695: *An Essays on the State of England in Relation to its Trade*, Bristol, p. 125.

断意味着通过排除其他人来限制生产或销售,那么,首先,对英国臣民经济优势的限制是一种对整个世界的垄断,其次,在任何制造业中把自由运用技艺限制到社团的自由人,是一种对整个国家的垄断。第三,把外贸限制到贸易公司,是一种既对整个世界又对整个国家的垄断。①

到18世纪,英国的行会走向全面衰落,再也没有能力排斥外来者、维持对学徒制的要求。同时,资本家和雇主也要求增加劳动力的流动性,有权雇佣不属于本行业或本城市的帮工和学徒。伦敦城在1750年就做出一项决定,雇主获得了从伦敦城外雇佣帮工的无限权力。同样在布里斯托尔,排斥非本行会成员的行动也于1700年以后结束了。市场力量的发展使得英国的工业管制从内部坍塌了,国家和市政当局对这种变化也无能为力。

除了对工业加强管理外,英国还采取了各种措施支持工业的发展。英国政府对本国的支柱产业——呢绒业可谓给予了不遗余力的帮助。1571年,在制帽商公会的请愿下,英国规定城里和乡下的每个人在星期天都必须戴一顶英国呢绒帽,除非他离开自己的居住地。只有少女、小姐、贵妇人和贵族、绅士允许有例外。这一规定持续了相当长的时间。宗教传统要求用亚麻布殓葬,而英国为了支持本国呢绒业的发展,一再颁布法令规定裹尸布和棺木套都应该用呢绒,宗教传统也不得不在民族工业面前让步。在16世纪有人建议在英国为呢绒染色,赚取更多的钱。②这引起了枢密院的极大兴趣,枢密院支持通过引进外国工艺来改进本国的染色技术。一次,枢密院就命令郡官员和城镇市长给一位葡萄牙人提供帮助,他"随后就到达我国,旨在把一些印染呢绒的试验付诸实践"③。

国家还设立了生产准入制度,对工业产品的生产颁发特许证予以批准。最初,伊丽莎白女王利用这一特权扶植矿产、新型工业、新的生产过程和新原料或新产品的发展,其中有的是新引进的,有的是新发明的。如伊丽莎白女王就对硝石、黑色火药、食盐等特许生产权进行出售。在伊丽莎白女王统治后期,当工业扩展到全国市场时,这种独占市场的特权也不断扩展。于是这一特权逐渐涉及无以计数的商品,并且完全被国

---

① Heckscher, Eli. F., 1983: *Mercantilism*, Vol. I, New York, pp: 319~320.
② Tawney, R. H. and Power, E., 1953: *Tudor Economic Documents*, Vol. III, London, pp: 130~148.
③ Ponko, V., 1968: "The Privy council and the Spirit of Elizabethan Economic Management", *Transactions of the American Philosophical Society*, Vol. 58, p. 25.

王和特权受惠者所滥用。① 这种状况持续到詹姆士一世时期，形成的局面是：一个典型的英国人只能住在"用垄断的砖块建造的房子里，窗户上安着垄断的玻璃（如果有玻璃的话），靠垄断的煤炭取暖（在爱尔兰是垄断的木材），炉子是垄断的铁制成。他的墙上挂着垄断的挂毯，睡在垄断的床单上，用垄断的梳子梳头，用垄断的肥皂洗脸，用垄断的淀粉浆洗自己的衣服。他穿戴着垄断的缎带，垄断的亚麻布，垄断的皮革，垄断的金丝线，帽子由垄断的海狸皮制成，外加一个垄断的镶边。他的衣服靠垄断的衣带、垄断的纽扣、垄断的别针系起来，这些衣服都是由垄断的染料染色而成。他吃着垄断的黄油，垄断的葡萄干，垄断的熏青鱼，垄断的大马哈鱼，垄断的龙虾。他的食物靠垄断的食盐、胡椒和醋来调味，用垄断的玻璃杯畅饮垄断的葡萄酒和烈酒，用垄断的锡制成的白镴杯喝由垄断的蛇麻草制成的啤酒，这些酒装在垄断的桶里或瓶子里，在得到垄断特许的啤酒屋出售。他用垄断的烟管抽垄断的烟草，用垄断的骰子、纸牌或橡皮绳游戏。他用垄断的笔在垄断的纸上书写，（在垄断的蜡烛照耀下，通过垄断的眼镜）阅读垄断印制的书籍，这些书籍包括垄断的圣经和拉丁文文法书，这些书籍印制在由垄断收集而来的破布制成的纸上，用垄断的明矾制成的羊皮纸作封面，他坐着垄断的轿子或四轮大马车出行，用垄断的干草来喂拉车的马，他用垄断的法寻来支付小费。在海上，他靠垄断的灯塔指引。如果他能遂所愿，他也要成为一个垄断者。"② 这种为了增加政府收入而形成的工业准入制度安排对经济发展的作用情况十分复杂，有的促进了生产的发展，有的虽阻碍生产的发展，但由于并没有得到认真执行，其负面效果究竟有多大有待进一步深入研究。但是，这种制度安排从伊丽莎白统治晚期就受到议会议员和普通法法院法官的反对和抨击。斗争的成果就是 1624 年垄断法在议会通过，法令规定，禁止国王为了获得收入出售工业垄断权，"所有的垄断和所有此前或此后创设或批准的委托、授予、特许状和专利证"，不管是授予任何人、任何政治团体或任何法人"在本王国或威尔士境内购买、出售、制造、加工、使用任何东西的独占权，或者是授予任何其他垄断，或者是授予权力"去"处分其他人，或者发放执照，或者默许去做"任何违反法律和法规宗旨的事情，以及所有的公告、禁令、限制令、救助

---

① 〔美〕约翰·R. 康芒斯：《资本主义的法律基础》，寿勉成译，北京，商务印书馆，2003 年，第 66 页。

② Stump, W. D., 1974: "An Economic Consequence of 1688", *Albion: A Quarterly Journal Concerned with British Studies*, Vol. 6, pp: 26~27.

令和所有其他东西,旨在创建"支持同类事物的"都违反了本王国的法律,"因此根本是无效的"①。法令也规定,国王可以授予新的工业方法发明者14年的专利权。这一法令剥夺了国王对国内工业的垄断特许权,但没有触及国王对外贸公司的特许权。

虽然垄断可能限制了投资的自由,但也要看到,在16世纪下半期,正是在都铎政府的鼓励下,特别是在伊丽莎白女王的支持下,英国引进技术和移民,发展出利用自然资源的新工业,开辟了新的财富来源。在此之前,英国的出口清单上除了呢绒几乎没有其他制造品,英国工业发展水平远远落后于欧洲其他国家。这些新工业的发展,刚开始主要满足了两类市场的需求,国家的军事需要和劳苦大众的基本生活物质需要。大量资本开始涌向采煤、炼铜、炼锌、冶铁、炼铅、炼锡等新的冶金工业,酿造业、建筑业、制炮业、火药业、钢铁业、金属丝业、肥皂业、制盐业等行业也都发展了起来。② 英国政府还采取了许多措施限制工业原料(包括军事工业原料)的出口,鼓励进口。铁、铜、钟铜的出口禁令到1694年才废除。这些措施使得英国很快摆脱了军需工业受制于人的局面。此前,英国的军事力量严重依赖莱茵河地区和西北欧的军需供应,在1542~1550年的战争中,英国被迫进口几乎每一样军需品:雇佣军来自于德国和意大利,资金来自于安特卫普,船只和海军物资来自于波罗的海地区,锚、枪炮和火药来自于低地国家,小型武器装备来自于米兰和布雷西亚,军队的食品来自于但泽和荷兰,弓材来自于瑞士和汉萨。在这种情况下,正是通过政府授予特许权,且保证持续大量采购,才诱使资本家敢于冒险向采矿业和冶金业投入巨资,最终使英国的军需工业迅速发展起来。到1574年,由于生产发展迅猛,政府不得不出面控制销售和限制生产,因为大炮生产太多,开始向英国的敌对国家出口。③

都铎政府大力鼓励渔业和造船业的发展。为了支持本国渔业的发展,英国甚至通过法律强制规定,在一星期的某些天里,人们要限制吃肉而吃鱼。这一措施从1549年起在英国实施了一个世纪。枢密院每年发布指令确保渔业法得到执行。当时人们的想法是,一个繁荣的渔业是一个庞大的"蓄水池",一旦海军需要,就可以提供训练有素的船员和适当的

---

① 1993: *Statutes of the Realm*, Vol. Ⅳ, William S. Hein & Co., Inc., p. 1212.
② Stone, L., 1947: "State Control in Sixteenth – Century England", *The Economic History Review*, Vol. 17, p. 108.
③ *Ibid*, pp: 112~113.

船只。直到 1544 年，英国海军还依靠外国造船所造船，在这一年海军舰队的吨位有 50% 是外国建造的，多数为外国所有。此后，英国使用一切手段鼓励造船业的发展。通过航海法案，禁止船只出售，支持渔业，建造的船只超过 100 吨每吨补贴 5 先令，重建战略港如多佛，通过特许状强制贸易公司使用本国船只。此外，采取了许多措施来为造船业提供必需的原材料，通过严厉的立法保存木材，鼓励种植制作绳索用的大麻，鼓励在斯塔福德发展本国帆布制造业。建立莫斯科公司的主要目的之一，就是确保焦油、蜡、绳索、桅杆以及其他海军物资。① 直到 17 世纪初，据约翰·惠勒的记载，在大约 60 年间，航行于泰晤士河上的运载能力超过 120 吨的轮船不到 4 艘。② 由于持续的奖励政策，轮船特别是大吨位轮船的数目迅速地增加。在 16 世纪 70 年代商船总吨数只有 5 万吨左右，到 1629 年增长到 11.5 万吨，1640 年达到 15 万吨。③ 到 1688 年英格兰商船的总吨位比 1666 年增加了一倍。到 18 世纪以后，在对外贸易迅猛增长的拉动下，发展速度更快。同样，海军的发展也引人注目。在 1607 年，皇家海军 50 吨级以上的舰只仅有 40 艘，总吨位约为 23600 吨，为船只配备的人员总数为 7800 人，到了 1695 年，相应的数字分别为舰船 200 多艘，总吨位超过 112400 吨，人员 45000 多人。④ 通过发展渔业培养水手，通过奖励发展本国造船业，通过航海法发展本国航运业，这几项措施的联合实施，使得英国的造船业和航海业都获得了长足的发展。1582 年英国航运总吨位只有 68433 吨，到了 1609~1615 年，增长到了 101566 吨，1660 年达到 161619 吨，1702 年达到 267444 吨，1773 年达到 581000 吨；服务于北欧、不列颠诸岛及欧洲近邻、南欧和地中海、美洲和西印度和东印度等地的海外贸易的船舶吨位在 1663 年有 126000 吨，到 1686 年达到 190000 吨，到 1771~1773 年达到 375000 吨。⑤

英国在重商主义时代制定了一系列调整工业的法律法规，从上至下任命了许多官员来监管法律的执行，但是由于许多地方官员在地方工业中有自己的利益，所以往往是执法者犯法。1585 年伊丽莎白向布里奇沃

---

① Stone, L., 1947: "State Control in Sixteenth - Century England", *The Economic History Review*, Vol. 17, p. 111.
② Wheeler, J., 1601: *A Treatise of Commerce*, London, p. 23.
③ Coleman, D. C., 1977: *The Economy of England* 1450~1750, Oxford University Press, p. 67.
④ 〔美〕罗伯特·金·默顿：《十七世纪英格兰的科学、技术与社会》，范岱年等译，北京，商务印书馆，2000 年，第 212 页。
⑤ Wilson, C. and Parker, G. ed., 1977: An Introduction to the Sources of European Economic History 1500~1800, Vol. 1: *Western Europe*, London, p. 129.

特的一家磨坊授予特许状，其中规定市长、记录员和市政官要确保任何人如果不在几个由水力驱动的叫小磨坊的地方磨碎麦芽和其他谷物，就不允许他们进行酿造或出售啤酒。这些磨坊部分由王室、部分由赫特福德伯爵所有。到 1609 年或 1610 年，当时一个叫罗伯特·丘特的人建了一座马力磨坊。此人是镇里的市长和治安法官，他的职责就是执行特许状的规定。但是，他不但允许酿造商和其他人放弃小磨坊到他的磨坊，而且向他们施加压力，要他们这么做。他让他的妻子找带谷物到小磨坊的人谈话。丘特夫人去找存有大量麦芽的纽曼夫人的儿子和女仆。根据女仆的说法，市长夫人告诉她："为什么你们夫人不在我丈夫的磨坊磨麦芽呢？我希望你们好好利用这个磨坊。"纽曼夫人的儿子也证实说，丘特夫人对他说的更直白，她威胁说如果她的母亲不把麦芽带到市长的磨坊，"市长将过问"，果然，一周后纽曼夫人被逮捕，投入监狱，她的丈夫在其后召开的季审法庭上被罚款 20 先令。①

  另一个情况是越到基层，国家的法律执行体系越是采用了许多只是权宜之计的制度安排。例如，普通的检查员虽然领不到薪酬，但被赋予了收取货币罚款的权利，以诱使他们对违反法律者采取行动；普通大众充当告密者，会得到一半的罚没款；把监管权或罚款权作为一项垄断权出租或出售出去，垄断权所有人只要一次付清即可。这样一种纯粹为了财政收入的制度安排体现出了工业法规执行体系的荒唐，表明国家没有其他手段来控制工业，被迫诉诸私人利益，整个体系就等于向垄断权所有人能够发现的违法者收税。1621 年的一项公告废除了许多这种特权，其中包括授予师傅对学徒条款的豁免权，以及禁止将耕地变成牧场的禁令的豁免权。1639 年一项枢密院的命令和一项公告再次废除大约 30 项特权。收取罚款是市场管理员的临时津贴，甚至这一权利在詹姆士一世时也被包租出去。在 1636 年，两个人获得了在 31 年内调整工资和监管呢绒工业技术条例的特权，也就是说，主要是向违反者收取罚款。呢绒检查员很久以来就变成了一个纯粹的财政职务，许多例子表明，他们为呢绒盖印的印章已经作为普通商品广泛出售，但这也不能阻挡在 1594 年为新织物、在 1605 年为其他纺织品创设了全新的类似官职。② 所有这些都

---

  ① Ekelund, R. E. Jr and Tollison, R. D., 1997: *Politicized Economies: Monarchy, Monopoly, and Mercantilism*, Texas A & M University, p. 57.
  ② Clay, C. G. A., 1984: *Economic Expansion and Social Change: England 1500～1700*, Vol. II, Cambridge University Press, p. 237; Heckscher, Eli. F., 1983: *Mercantilism*, Vol. I, New York, pp: 253～255.

表明，这种制度安排存在着根本的缺陷，重商主义管理的大量任务没有正常的机构来承担，并没有得到严格认真执行。

第三节　政府与农业变革

在整个重商主义时代，农业占据主导地位。约翰·内夫认为英国在1540~1640年就经历了一次工业革命，但这一观点逐渐被史学家抛弃，因为个别工业部门的增长，不能代表整体的增长。在1640年左右，英国仍然是一个农业国家，是一个不发达的国家，呢绒工业仍是英国主要的工业。这一时期农产品的价格比工业品的价格增长快两倍，农业进入一个利润膨胀时期。土地比商业和工业提供了更好和更安全的回报。① 而根据格里高利·金的估计，英国在1688年国民产值是4300万英镑，其中农业占2000多万镑，工业略低于1000万镑，商业略高于500万镑。直到1811~1821年间，英国工业产值才超过农业。②

在重商主义时代，虽然农业比制造业和国际贸易更为重要，但是制造业和国际贸易吸引了更多作家的注意，因为"他们是年轻的一代，是家庭未来依靠的主要对象。而且他们比土地所有者和农民更想，也更有机会为自己挥笔泼墨"。当然，"对于经济学来说，这仅仅意味着'工商业'经济学家的数目多于'农业'经济学家"③。并不意味着英国重商主义者不重视农业问题。许多现代学者对重商主义的理解普遍存在着一个误解，那就是站在现代立场上，以为重商主义只重视商业特别是海外贸易的发展。西方学者对此早有警觉，W. D. 格拉普指出，"商业"一词在现代用法中意义狭窄得多，指流通过程的一个方面，这一用法误导人们认为重商主义者忽视农业、制造业、航运业和其他产业，事实上根本不是这样。④ "即使那些最热烈拥护重商主义的人，也承认农业对这个国家经济发展所具有的重要性（在这一点上，他们与其他国家那些头脑僵化、目光短浅的重商主义者有着显著的不同），商业资本家与新兴资产阶级也完全承认

---

① Beier, A. L., 1975: "Industrial growth and social mobility in England 1540~1640", *The British Journal of Sociology*, Vol. 26, pp: 242~243.

② 〔法〕费尔南·布罗代尔：《15到18世纪的物质文明、经济和资本主义》第3卷，顾良译，北京，生活·读书·新知三联书店，1993年，第346页。

③ 〔美〕约瑟夫·熊彼特：《经济分析史》第1卷，朱泱等译，北京，商务印书馆，2001年，第236~237页。

④ Grampp, W. D, 1952: "the Liberal Elements in English Mercantilism", *Quarterly Journal of Economics*, Vol. 4, p. 471.

农业的重要性。"① 把对农业的保护置于和对商业及工业的保护同等重要的地位，是英国重商主义的一个重要特点。赫克歇尔也认为，在英国重商主义思想发展的早期阶段，主张平等地和无差别地资助所有的产业，也就是今天所谓的"全面保护"，英国的这种重商主义保护形式的原则是，应该通过保护性关税平等地促进工业和农业。事实上，这种重商主义的保护形式成为现代保护主义的原型。英国与大陆国家在重商主义政策上的差异最终就体现在英国重商主义保护的这种特殊形式，即农业保护和工业保护的紧密结合上。②

由于手工业化和都市化从农村吸纳了大量的劳动力，对农业生产造成了冲击和影响，因此，英国竭力保证农业发展所需的劳动力，采取了诸如反对圈占土地变为牧场、维持谷物价格等措施。③ 在1349年到1563年间通过的劳动法令中，1388年的法令极为重要，立法的目的主要是针对农业。它规定，12岁时仍在土地上劳作的人必须继续留在土地上，不允许从事手工业；学徒合同不遵守这一规定的一律无效。另一条款无疑也偏向农业，规定在收获季节有闲暇的工匠、学徒和仆从等应该被强制去收割、捆扎和运送谷物。著名的《工匠法令》不但适用于城市，也适用于乡村，不但适用于手工业和商业，也适用于农业，其中许多条款都对农业有利，如为了确保农业的劳动力供应，规定在收获时节需要帮助时，所有的工匠和其他手艺人必须提供帮助。这些措施的目的在于防止以农业为代价的工业增长。

到16、17世纪，市场化的进程从城市深入推进到乡村。熊彼特精要地概括了农业、农村的变革，认为当时的"经济问题主要是农业问题，人民大众主要由农民构成，其中包括自耕农、农场主和农业工人。在16、17、18世纪，这一农业世界经历了种种变化，完全改变了其面貌，经济史学家说得很正确，是发生了一场农业革命，或者更确切地说，是发生了几场农业革命。这里，农业革命这一短语指的是两种不同的但相互关联的变化，它们互相促进，即使工业部门不发生任何变化，也会摧毁中世纪的社会结构。一方面，在农业生产的所有领域，发生了一连串技术变革；这一过程虽然在18世纪最为明显，但却发端于16世纪初。

---

① 〔意〕卡洛·M. 奇波拉主编：《欧洲经济史》第2卷，贝昱等译，北京，商务印书馆，1988年，第278页。

② Heckscher, Eli. F., 1983：*Mercantilism*, Vol. II, New York, p. 151.

③ Clay, C. G. A., 1984：*Economic Expansion and Social Change*：*England* 1500~1700, Vol. II, Cambridge University Press, p. 244.

另一方面，伴随着技术革命，还发生了组织变革，这一过程把中世纪的庄园转变成了生产粮食、羊毛和肉类的工厂，摧毁了领主与农民之间的旧关系"①。在这一商业化过程中，受价格浮动和利润机制的驱动，当时农村出现圈围土地、放牧羊群的运动。虽然最新的研究表明，在英国的东部和西南部，很早就出现了圈占公有地的情况，却并没有引发抱怨和投诉。② 在16世纪，圈地运动只限于局部地区，其中2/3发生在英格兰中部各郡，并且在中世纪后期就已经出现了较大规模的圈地运动：到1500年，1/3的圈地已经完成，且圈地的成本和收益都是有限的。因此，圈地运动不再被认为是一场破坏了平等与和谐的农民社会的大灾难，而是一个巩固在中世纪的农庄里就已经出现了的土地权和财富分配的过程。③ 但由于圈地运动直接或间接引发了许多社会后果，威胁到国家的稳定和安全，因此，成为国家和市场力量相互角力的重要问题。

国家对圈地的干预经历了两个阶段，最初阶段就呈现出较为复杂的利益变动格局："失去公地的男男女女把圈地看作是对他们生活的威胁，地主把圈地看作是对租约的颠覆，农场主把它看作是一种经济进步，议会则把它看作是食物短缺、物价高昂和社会不稳定的原因所在。"④ 圈地运动带来了社会动荡，许多人流离失所，直接威胁着都铎政府的统治基础。在都铎王朝时期，每次发生饥荒，圈地都会成为众矢之的。从1594年起，由于降雨太多，庄稼持续歉收，小麦价格上涨了4倍，大麦和黑麦是穷人制作面包的常用谷物，几乎也以同样的比例上涨。虽然中央政府和地方官员想尽了一切办法救济穷人，但仍有人饿死在街头。许多地方的群众揭竿而起，起义者说他们之所以起来反抗是因为受贫穷和谷物高价所苦。当时的公众舆论就认为成群的游民和最近的圈地之间有着紧密的联系。⑤ 在17世纪20、30年代的危机中，圈占土地仍受到调查，因为在谷物匮乏时圈地必然会引起反抗。在1607~1608年，南安普敦和其他地方就发生了圈地暴乱。1609年英国对全国

---

① 〔美〕约瑟夫·熊彼特：《经济分析史》第1卷，朱泱等译，北京，商务印书馆，2001年，第236页。

② Hopcroft, R. L., 1994: "The Social Origins of Agriarian Change in Late Medieval England", *The American Journal of Sociology*, Vol. 99, p. 1563.

③ 〔英〕罗伯特·杜普莱西斯：《早期欧洲现代资本主义的形成过程》，朱志强等译，沈阳，辽宁教育出版社，2001年，第87页。

④ Jones, N., 1993: *The Birth of the Elizabethan Age*, Oxford, Blackwell, p. 241.

⑤ Leonard, E. M., 1900: *The Early History of English Poor Relief*, Cambridge University Press, pp: 119、127.

进行了圈地大调查。在 1631 年许多暴乱者摧毁了布雷顿森林的篱笆,治安法官向枢密院报告了圈地的情况。这些足以说明,到了 1631 年圈地仍在进行。①

在 16 世纪,面对圈地运动,当时的人们对这一问题进行了大量的讨论,当时的政治人物托马斯·莫尔、弗朗西斯·培根、塞西尔都对这一问题发表了自己的看法。都铎政府为维护统治基础,出台了一系列限制圈地的法令。1515、1533、1535、1552 年的法令,规定了复杂的措施,②以图消弥圈地运动所带来的弊害。亨利八世于 1517 年设立了圈地调查委员会。1563 年,英国议会通过一项综合法案,改革管制圈地的法律,根据这项新的法律,从亨利八世 20 年起已经耕种 4 年的土地,必须保留为耕地,否则每亩罚款 10 先令。如果土地已经改为牧场,农场主有一年的时间恢复耕作生产。③ 但是,都铎政府的反圈地政策和措施在大地主和地方投机家的反对下,显得苍白无力,到 16 世纪末不得不废止反圈地法令。而同时期的重商主义者则从发展粮食贸易的角度反对圈地,因为这一运动造成农牧业比例的变动,粮食生产减少。当然,在 16 世纪的英国,人们与圈占耕地变为牧场进行持续不断的斗争还有另外一个原因:在当时人们的观念中,认为为了国防,需要维持一定的农业人口,1548 年的一份王室公告就宣布:"保卫王国,打击敌人的是人力,是大量真正的臣民,而不是成群的牛羊。"④ 英国圈地运动的步伐在 16 世纪后半期放慢,但在 17 世纪也从未停止过。

从 17 世纪开始,相当数量的地主和农民已经开始改变他们的耕种方式,极大地提高了英国的农业生产力。由于 16 世纪后期的人口增长,使得食品价格高于通货膨胀后的价格水平,再加上形成了欧洲粮食市场,种粮变得有利可图,许多农民开始更为积极地耕种,开垦出不少耕地。1571 年,一个调查委员会发现,坎布里亚 545 英亩的森林已经变为 32 个新农场。⑤ 正是从这个时期开始,英国农业革命正式出现,推动了新技术的采用:圈围、挖沟、排水、灌溉、翻土和培植新作物,英国的地主

---

① Leonard, E. M., 1900: *The Early History of English Poor Relief*, Cambridge University Press, p. 151.
② 1993: *Statutes of the Realm*, Vol. IIIV, William S. Hein & Co., Inc., pp: 176、451、553.
③ Jones, N., 1993: *The Birth of the Elizabethan Age*, Oxford, Blackwell, p. 241.
④ Tawney, R. H. and Power, E., 1953: *Tudor Economic Documents*, Vol. I, London, p. 428.
⑤ Jones, N., 1993: *The Birth of the Elizabethan Age*, Oxford, Blackwell, p. 242.

阶级成员开始把种地和市场紧密地联系在了一起。① 随着 17 世纪中期谷物的产量超出了国内的需求,谷物成为一种普通的商品,农业经营的市场导向开始占上风。此时的重商主义农业政策处于一种两难境地,一方面食品应该保持在低价位,另一方面,如果要维持农业的发展,就必须通过高价进行激励。1622 年英国贸易委员会的指示总结了这种两难处境,不得不考虑运用什么手段"使得我国在需要的时候得到供给,在富裕的时候耕作不被荒废"。②

其实,早在 16 世纪,《论英国本土的公共福利》的作者就通过博士之口,提出了农民的市场化要求:"为什么你们可以悉听尊便,而我就该受到限制呢?不是让我们大家一起受到限制,就是让我们大家同样享有行动的自由。你们可以到海外去出售你们的羊毛、兽皮、油脂、干酪、黄油、皮革,这些都是你们靠了放牧随意抬高价格,用它们来换取最大利润的。除非按照每蒲式耳 10 便士或 10 便士以上的代价计算,我是不会把小麦脱手的。"③ 到 17 世纪中期,约翰·穆尔也大声疾呼:"当草场比耕地更有利可图的时候,"为什么人们不应该"拥有把自己的耕地变成草场的自由?"④ 约瑟夫·李进一步认为:"上帝是秩序的上帝,秩序是万物的灵魂,是国家的生命,而共有地是混乱的策源地,是争议的温床,是乞丐的养成所。"⑤ 1660 年废除封建土地占有法案,把所有骑士保有的土地都转变为自由出租地,⑥ 加强了土地是私人财产而不是公共的资源这一信念,为下一阶段的圈地运动奠定了基础。

"光荣革命"后,由于已经没有生存危机的压力,圈地运动得到了国家和市场力量共同的推动。特别是 18 世纪以后,开始了所谓"议会圈地"时期,圈地得到国家强有力的支持,议会颁布一系列圈地条例,在 1720~1750 年间,每 10 年颁布 30 多项圈地条例,到了 1750 年以

---

① Appleby, J. O., 1980: *Economic Thought and Ideology in Seventeenth – Century England*, Princeton University Press, p. 55.

② Heckscher, Eli. F., 1983: *Mercantilism*, Vol. II, New York, p. 149.

③ 〔英〕伊丽莎白·拉蒙德编:《论英国本土的公共福利》,马清槐译,北京,商务印书馆,1989 年,第 67 页。

④ Moore, J., The Crying Sin of England, in Appleby, J. O., 1980: *Economic Thought and Ideology in Seventeenth – Century England*, Princeton University Press, p. 60.

⑤ Lee, J., A Vindication of the Considerations Concerning Common – Fields and Inclosures, in Appleby, J. O., 1980: *Economic Thought and Ideology in Seventeenth – Century England*, Princeton University Press, p. 63.

⑥ Stephenson, C. and Marcham, F. G. ed., 1937: *Sources of English Constitutional History*, New York and London, p. 536.

后则每 10 年颁布几百项圈地条例，最多时达到 506 项，① 最终导致自耕农在英国消失。这些条例一般都是由大地主向议会提出请愿书，只要他们代表要圈围土地的 4/5，议会一般不经过调查就草拟并通过圈地法案。在此时英国经济发展相对自由的情况下，国家对圈地活动的支持不同寻常。

国家不仅对土地经营进行控制，而且对谷物等农产品的销售进行监管。② 当时的人们也愿意接受政府的干预和控制。当饥荒发生时，控制谷物价格、保证充足供应、不让谷物外销等干预要求就十分强烈。此外，政府还带头实施了沼泽排干、土地改良等措施促进农业的发展。斯图亚特王朝前期，英国王室在约克郡、林肯郡、坎威岛等自己的领地上实行了一系列的改进农业土地的计划，在大沼泽西部的王室土地，通过排干，租金收入从过去的每年 18 镑增加到了 600 镑。经过荷兰排水工程师和承包商费尔默伊登的改造，在哈特菲尔德的王室地产收益相当可观，每年 16000 镑的现金和一笔 1200 镑多的新租金。③ 可见，增产效果十分明显。地方的地主也效仿王室，纷纷改良自己的土地。1576 年，伦敦市议员威廉·邦克斯致信塞西尔，建议对荒地实行强制分配和耕种，以解决食物短缺问题，平抑物价。④ 政府甚至资助农业改良，塞缪尔·哈特利布从克威伦那里得到一笔资金用来促进农业进步。哈特利布周围的许多人都希望政府能够带头开垦荒地、排干沼泽、引进新的作物。⑤

第四节　对技术革新的复杂态度

英国重商主义把充分就业放在十分重要的地位，格拉普甚至认为充分就业是英国重商主义的根本目标。那么，从旨在创造就业的政策观点来看，抵制节省劳动的机械是很自然的事情。事实上，重商主义经济政策经常起到这样的作用，例如 1552 年法令就指出许多地方使用新发明的刺果起绒机修整呢绒，法令规定不得使用这种机械，如果使

---

① 〔法〕保尔·芒图：《十八世纪产业革命——英国近代大工业初期的概况》，杨人楩等译，北京，商务印书馆，1991 年，第 111 页。
② 国家对谷物等食物的监管，见第三章、第五章。
③ Wilson, C., 1965: *England's Apprenticeship* 1603~1763, London, pp: 103~104.
④ Tawney, R. H. and Power, E., 1953: *Tudor Economic Documents*, Vol. I, London, pp: 72~77.
⑤ Appleby, J. O., 1980: *Economic Thought and Ideology in Seventeenth-Century England*, Princeton University Press, p. 101.

用，每匹呢绒罚款 5 里拉。① 虽然禁令给出的原因是使用这一机械会给纺出的呢绒造成损伤，但实际上政府担忧的还是影响就业。在伊丽莎白统治末期，政府拒绝给威廉·李发明的具有革命性的织袜机颁发专利。1623 年，枢密院命令打碎一架制针机，销毁机器生产的所有针。② G. 尼古拉斯就明确指出，1552 年禁令只不过是因为呢绒生产是大量人口的生存手段，禁令是出于对机械会妨碍人力劳动的恐惧，这种恐惧还体现在当时政府对待每一件新的机械发明的态度上。③ 赫克歇尔认为，这不是因为重商主义政策有意要达到这种目的，而是因为行会和多数其他工业管理体系在拖后腿。④ 杜普莱西斯认为，除了来自行会的阻力外，另一个同样重要的原因是，即使在资本比较密集的行业，新技术也并不一定能降低成本。他举了一个炼铁业的例子，虽然木炭鼓风炼炉将产量从 1600 年的 1 吨或不到 1 吨提高到 1650 年的 2 吨，有时甚至 3 吨，但是它们需要相当大的首次投资，而且每隔一段时间还得对炉衬进行高成本的更换，因此，许多炼铁业主仍继续使用熟铁吹炼炉。⑤

重商主义作为一种经济理论，一方面追求充分就业，另一方面从市场经济发展角度出发，需要支持技术创新，这就使许多重商主义者陷入一种两难境地，即如何把创造就业的政策和技术革新的先进理论协调起来。丹尼尔·迪福的例子体现了重商主义者面对这一问题时的明显矛盾。迪福讨论了创造就业的问题，他举了一个例子，一位英国人被命令离开俄罗斯，因为他建议利用一种新型船只重组河道交通，这种船只只需要 18 到 20 名船员，而以前需要 120 名。沙皇说这是一项要饿死他的人民的计划。迪福认为："这种愚蠢的行为成为一个对莫斯科人民的笑话。"显而易见，他是支持技术革新的。但是根据他的理论，一个基本的原则就是人民应该充分就业。这就形成了一个明显的两难困境。他本人并没有努力解决这种理论上的矛盾。在同一本书的另一处，迪福又提到，为了消费本国的产品，应该让人们就业。增加内河航运，就减少了人力和畜力的使用，对英国并不总是有利。迪福在这里支持的

---

① Nicholls, G., 1854: *A History of the English Poor Law*, Vol. I, London, p. 140.
② Heckscher, Eli. F., 1983: *Mercantilism*, Vol. I, New York, p. 264.
③ Nicholls, G., 1854: *A History of the English Poor Law*, Vol. I, London, p. 140.
④ Heckscher, Eli. F., 1983: *Mercantilism*, Vol. II, New York, p. 126.
⑤ 〔英〕罗伯特·杜普莱西斯：《早期欧洲现代资本主义的形成过程》，朱志强等译，沈阳，辽宁教育出版社，2001 年，第 151 页。

正是他在前面例子中所反对的。① 虽然重商主义在理论上看起来难以与对技术创新的先进态度协调一致,但在现实中,重商主义者或多或少向现实做出了妥协。实际上,做出这样的妥协并不存在多少困难,前面已经谈到,在重商主义思想发展的第三阶段,主张高附加值的产品出口,再加上这一阶段英国劳动力相对短缺,英国重商主义者一方面对懒惰的人大加抨击,另一方面极力寻找节省劳动的方法,因此,机械的发明无疑是一条解决之道。这样,到 17 世纪末,英国发明创造不断增多,并在运用中创造出显著的经济效果,政府的重商主义政策逐渐改变,从抵制发明创造变为禁止发明的机械流入外国。到 17 世纪末,政府考虑到织袜机对国内生产的影响,害怕帮助其他国家建立一个竞争性的工业,禁止织袜机出口。法案的前言表达了这一政策的转向:"一项有用且赢利的发明……后来被发现,能够更好更快地纺出精纺毛纱和丝袜、背心、手套和穿用的必需品。在短时间内能织出许多。"② 肯定了机器的效率和对劳动生产率的提高。到 1750 年和 1774 年,英国禁止出口各种纺织机器和工具,到 1781 年禁止铁制机械的出口。直到本国已经建立了完整的机器工业,英国的出口禁令仍未废除,一直持续到 1843 年。

实际上,英国政府特别是伊丽莎白政府,对外国移民的技术创新,通过授予垄断特许状给予鼓励和保护,以此吸引外国技术工人。正是通过这些措施,英国引进了大批佛兰德斯的纺织工匠,使得落后的英国呢绒工艺大为改进,③ 英国冶铁业的鼓风炉技术和大炮铸造技术就严重依赖法国人,深井采矿则由德国专家来传授,最早的制造纸张、硝石、铜器、黄铜器、钢制品等技术依赖于德国技术和德国技术工人。④ 正是外国技术工人使得新兴工业迅速成长起来。引进了硝石、玻璃、明矾、冶金、绳索、帆布等行业最新的制造工艺,政府授予的特许状一方面授予外国移民一定期限的垄断经营,另一方面也规定,新的机器或工艺必须切实可行,在此期间要将这些技术传授给英国人,雇用一定比例的英国工人,产品不能过于昂贵,不能禁止用旧工艺生产同类产品。这样,既保护了大众的利益,又使得专利所有权一旦受到侵犯,能够获得切实的

---

① Heckscher, Eli. F., 1983: *Mercantilism*, Vol. II, New York, p. 128.
② Heckscher, Eli. F., 1983: *Mercantilism*, Vol. I, New York, pp. 264~265.
③ 陈勇:《十四至十七世纪英国的外来移民及其历史作用》,载吴于廑主编:《十五十六世纪东西方历史初学集》,武汉大学出版社,2005 年,第 171 页。
④ Clay, C. G. A., 1984: *Economic Expansion and Social Change: England 1500~1700*, Vol. II, Cambridge University Press, p. 83.

补偿。①

　　17 世纪的重商主义作家和政治家并不赞赏抵制技术革新的行为。在现实生活中，重商主义者对技术革新并不反对，赫克歇尔认为，这部分是由于害怕外国人掌握新发现，如果新发现不能在本国得到运用，由此得到的新收益将彻底消失。同时，重商主义者也拥有进步的精神，对创业和冒险十分渴望，他们经常被不可抵抗的好奇心本身所吸引。17 世纪和 18 世纪初是创业者的黄金时代，也是一个投机的时代，当时人提出了各种计划和奇思妙想吸引大众投资，英国人开始自己发展新型工业技术，英国工匠开始扮演欧洲先进工艺先驱者的角色。② 查理一世的部分垄断特许状就是授予当时最出类拔萃的机器，在这些机器中，有排干沼泽的，有锯木的，有能使船只逆风航行的，不用风力或水力转动的磨，等等。在斯图亚特王朝复辟时期，英国的一位贵族伍斯特侯爵二世，出版了一本文集，他列举了他的 100 种发明。安德鲁·亚伦顿在其著作《英国海上和陆地的进步》中，用几百页列举了在每一个可能的领域的无数计划，目的在于"不用战斗就打败荷兰，不用花钱就清偿债务"。20 年后，丹尼尔·迪福也对许多特别是商业领域的工程和计划作了评论。由此可见，反对新的节省劳动的方法在逻辑上已经不可能，换句话说，重商主义已经全面支持技术革新。③ 他们已经看到，尽管技术创新在短期内能引起失业，但从长期来看，提高了生产力，改进了产品质量，对经济发展有利。④

　　默顿的研究表明，在重商主义时代，由于经济发展提出了许多最紧迫的需要解决的问题，发明被朝气蓬勃的经济发展引入了特定的轨道，发明的热潮日益高涨，使得 17 世纪成为一个"工程的时代"，特别是 17 世纪中期以后，是一个发明狂热的时代。在 1561 年到 1688 年间英格兰公布了 317 件专利，其中，43% 与煤炭工业直接相关，32% 与煤炭工业间接相关，14% 是解决矿井排水问题的。与农业相关的有 6 件。此外，科学家和技术人员对与交通航运、军需装备、纺织工业、农牧业相关的

---

① Carr, C. T. ed., 1913: *Select Charters of Trading Companies A. D.* 1530~1707, London, Quaritch, Introduction: lviii - lix.
② Clay, C. G. A., 1984: *Economic Expansion and Social Change: England 1500~1700*, Vol. II, Cambridge University Press, p. 83.
③ Heckscher, Eli. F., 1983: *Mercantilism*, Vol. II, New York, pp.: 126~127.
④ Wiles, R. C., 1968: "The Theory of Wages in Later English Mercantilism", *Economic History Review*, Vol. 21, p. 122.

技术问题进行了大量有益的探索,做出了一些重要的发明。① 从表 4-1 可以看出,此后这一热潮不断升温,在 1660~1700 年的 40 年间,英国共批准 236 项发明专利,在 18 世纪的前 40 年,数量相对少一点,但也达 204 项。在 1691~1693 年,就批准 64 项。② 重商主义者约书亚·塔克 1757 年在《旅行者指南》中生动地描绘了这种创新热潮的结果:"很少有国家能赶上,可能没有一个国家能超过英国用来节省劳动力的机械发明的数量。事实上荷兰在利用风力轮锯木、榨油、造纸等方面优于英国,但是涉及采矿和冶炼各种金属方面,英国人在机械动力发明上罕见地灵巧。适合于在矿坑中提升矿石的发明,如吊车或马力机;其他的发明有抽水设备,如水力轮和蒸汽机;还有其他的发明来减少四轮马车的费用,如配上本制构架能让马车在倾斜或向下的路面奔驰的机械,同时能载运大量东西。对这些发明来说,在不同的工序中运用时必须添加各种操作杆。也包括黄铜系列部件,切割轮,轧板轮和制作各种精致金属线的设备。所有这些,看法很奇妙,差不多是为了进一步操作和使用做准备。因此当我们进一步考虑到在伯明翰、伍尔弗汉普顿、舍菲尔德和其他制造业地区,几乎每一个制造商师傅都拥有一项自己的新发明,并且每天都在改进其他人的发明。我们可以自信地断言,在英国的这些地区,这些发明可以看作是一种实用技术的典范,在世界其他任何地方都罕有。"③ 并且由于应用的这种机械工序越来越多,极大地提高了劳动生产率。布里斯托尔商人、著名的重商主义者约翰·卡利对当时的技术进步和劳动生产率的提高有比较深刻的观察:"炼糖商每磅糖卖 6 便士,20 年前的收益是每磅 12 便士。蒸馏酒商出售烈酒只卖到从前价格的 1/3。玻璃瓶、丝袜和不胜枚举的其他制造品的售价只有几年前的一半,但没有降低穷苦劳动力的工资。"那么,是怎么做到这一点的呢? 卡利的答案是:"这源于制造商的独创和他对他工作方法的改进:炼糖商一个月之内完成了操作,祖辈需要四个月来完成;蒸馏酒商比以前教他们这门手艺的人……在更短的时间做出更多的烈酒。玻璃制造商找到了更快的制造玻璃方法,成本很小甚至没有,丝袜用机械代替了手工,烟草由动力机械代替小刀来切割,书籍由印刷代替

---

① 〔美〕罗伯特·金·默顿:《十七世纪英格兰的科学、技术与社会》,范岱年等译,北京,商务印书馆,2000 年,第 194、192 页。

② Davies, K. G., 1952: "Joint-Stock Investment in the Later Seventeenth Century", *The Economic History Review*, Vol. 4, p. 285.

③ Tucker, J., 1758: *Instructions to Travellers*, Dublin, p. 20.

了手写，松木板由轧板机代替人工锯开，铅由鼓风炉代替了手拉风箱的吹风。所有这些节省了许多劳动力，所以这些受雇者的工资不需要减少。"①

表4-1 1610~1759年专利申请数

1610-19	15	1680-9	53
1620-9	33	1690-9	102
1630-9	75	1700-9	22
1640-9	4	1710-19	38
1650-9	-	1720-9	89
1660-9	31	1730-9	56
1670-9	50	1740-9	82
		1750-9	92

资料来源：Coleman, D. C., 1977: *The Economy of England 1450~1750*, Oxford, p. 154.

过去史家多重视工业革命的研究，把工业革命视为技术革命，而技术革命的关键是机器的发明和创造。而 M. 伯格则从美学和品味原则出发，从物质文化的角度阐述了史家都不关注的18世纪产品和工艺革新，集中阐述了当时通过工艺和产品革新创造出新消费品的史实，这些新的商品被赋予了时尚和品味的特性，不仅足以激起巨富者的消费欲望，而且足以激起中产阶级和平民的消费欲望。② 从当时人对品味的热议中就可看出，这些新消费品正重塑人们的品味观和时尚感。③ 通过模仿和创新制造出的这些新商品就是"好的奢侈品"或者"英国奢侈品"。这些商品以变化和新奇著称，通过创造性的"模仿"赋予了愉悦功能，为中产阶级消费者带来了品味和身份区分。④

重商主义者波斯特勒维特就对中国、印度、日本制造品的技术、质量和工艺极度着迷，他在《贸易和商业通用辞典》中"机械技艺"词条下，大力褒扬孟加拉、中国和日本的工匠，认为英国工匠应该从中学习："总体而言，在机械或制造工艺方面，其他民族可能优于大不列颠，我们

---

① Cary, J., 1695: *An Essay on the State of England*, Bristol, pp: 145~146.
② Berg, M., 2002; "From Imitation to Invention: Creating Commodities in Eighteenth-Century Britain", *The Economic History Review*, Vol. 55, p. 3.
③ Ramsay, A., 1762, *A Dialogue on Taste*, London, the 2nd edition.
④ Berg, M., 2002; "From Imitation to Invention: Creating Commodities in Eighteenth-Century Britain", *The Economic History Review*, Vol. 55. p. 14.

的能人随时留意，不仅仅是模仿，而且要超越……对于进口的物品，对于他们能够了解、操作和详细检查的物品，他们最好模仿或者超越。"① 虽然英国人在模仿中国和欧洲陶瓷的过程，仿冒和剽窃所在多有，但更多的是创新，如伍斯特制造厂就生产出了实用、雅致和中小乡绅能够支付得起的器皿。更小的工厂则仿制更便宜的来满足中等阶层市场。② 这与约书亚·塔克的主张不谋而合。塔克认为制造商应该迎合农民和工匠的需求，使农场主、自由民、商人和制造业者能够拥有中等生活，使批发商、大商人和所有地主都过上上流生活。③

随着消费市场的扩展，英国消费品制造上的技术创新不仅仅体现在新技术的发明或者工艺的革新，而且体现在这些物品背后所具有的称为"设计"和创新的品质。判断物品是否设计得有品味的能力逐渐从专家和从业者传递到受到教育、能够阅读杂志和小册子作品的大众。麦克肯德里克等人认为，把设计和制造联系起来的复杂方案起源于18世纪后期以密德兰为基地的奢侈品制造商如博尔顿、韦奇伍德。M. 克雷斯克经过研究认为，在18世纪30年代，伦敦制造文化已经了解"设计"的商业重要性。也正是在此时，设计和创新的概念开始真正成为公众关心的事务，成为重商主义者、消费者和生产者关心的话题。④ 由于重视设计，鼓励制造商创新产品形式，实现产品多样化，这一时期在产品多样化和建立产品特性方面最根本的革新是品牌的发展。这些带有商标的产品在17世纪就已出现，到18世纪很普遍，生产者甚至在包装和容器上下足了工夫，在上面标上商标名称和其他信息。⑤

经过工业设计的消费品生产在很大程度受到原材料的制约，18世纪早期和中期设计发展的历史实际上受限于新材料获得范围和材料技术的

---

① Postlethwayt, *Universal Dictionary of Trade and Commerce*. in Berg, M., 2002; "From Imitation to Invention: Creating Commodities in Eighteenth – Century Britain", *The Economic History Review*, Vol. 55, p. 16.

② Berg, M., 2002; "From Imitation to Invention: Creating Commodities in Eighteenth – Century Britain", *The Economic History Review*, Vol. 55. p. 24.

③ N. McKendrick, J. Brewer and J. H. Plumb, *The Birth of a Consumer Society: The Commercialization of Eighteenth – century England*. London, 1982, p. 26.

④ Craske, M., 1999: "Plan and Control: Design and the Competitive Spirit in Early and Mid – Eighteenth – Century England", *Journal of Design History*, Vol. 12, pp: 190、188.

⑤ Styles, J., 2000: "Product Innovation in Early Modern London", *Past and Present*, Vol. 168, pp: 148、153.

发展。在复辟和乔治三世登基之间，英国成长为全球最有活力的贸易帝国，[1] 随着国家贸易权力触角的逐渐扩展，商业设计者可获得的外来原材料范围也逐渐扩展。要理解18世纪中期商业设计者为何有能力为市场设计生产种类繁多的商品，关键是要研究原材料供应的进步，那就是英国形成了全球范围的原材料供应。[2] 这样，18世纪充斥伦敦市场的消费品是由种类繁多的外来原材料制作而成。橱柜制造商皮埃尔·朗洛伊斯就使用各种新材料来制造买得起的橱柜，他在为他的商店发放的贸易卡中承诺，以最优雅的样式制造各种精美的橱柜和小柜，并且以最低的价格提供各种服务。这一"最低价格"的广告承诺表明他渴望诱导那些以前从来没有购买过此类产品的潜在消费者。另一位活跃于1726~1767年做彩饰墓碑的亨利·彻利也利用世界各地的原材料，充分展示了英国制造者的手艺，他的产品主要出售给乡绅和中等阶层，这些人以前从来没有购买过此类产品。[3]

---

[1] Canny, N., 1998: *The Origins of Empire: British Overseas Enterprise to the Close of the Seventeenth Century*, Oxford University Press, p. 37.

[2] Craske, M., 1999: "Plan and Control: Design and the Competitive Spirit in Early and Mid – Eighteenth – Century England", *Journal of Design History*, Vol. 12, p. 192.

[3] *Ibid*, p. 193.

第五章 国家与海外贸易：
从强力助推到自由贸易

英国重商主义思想在发展的第一阶段和第二阶段都认为，只有对外贸易才能增加财富，所以，对海外贸易予以高度重视。托马斯·孟就说："对外贸易是增加我们的财富和现金的通常手段。"① 西蒙·克莱门特明确宣布，他不把国内的消费计算在消费之内，因为他相信国内的交换或者国内贸易不能创造财富，因为一个人的利润被另一个的损失抵销，交易只不过是一种"交换"，或者是从一个口袋换到另一个口袋。② 到了第三阶段，重商主义者开始强调国内消费和生产的重要性，但外贸仍是促进国内就业的重要途径。

从重商主义政策来说，在英国海外贸易的发展过程中，国家的作用体现得最为明显，国家干预的手段也最为直接，主要是通过特许贸易制度加强市场准入管理，通过关税促进工业品出口和原材料进口，管制金银出口，管制粮食进出口，保护和加强对海外贸易的控制和管理，这也是亚当·斯密以来的所谓的自由主义经济史家对重商主义最为诟病的地方。此外，国家还通过外交和武力等手段支持商人开拓市场和殖民地。到17世纪末18世纪初，英国逐渐采取关税等现代保护主义手段来调节海外贸易，海外贸易也越来越自由。

第一节 外贸特许制度

英国海外贸易组织起源很早。在1296年和1305年，布拉班特公

---

① 〔英〕托马斯·孟：《英国得自对外贸易的财富》，袁南宇译，北京，商务印书馆，1965年，第4页。

② Clement, S.: A Discourse of the General Notions of Money, Trade, and Exchanges, as They Stand in Relation Each to Other, in Magnusson, L., 1995: *Mercantilism: Critical Concepts in the History of Economics*, Vol. III, London and New York, p. 368.

爵就授予英国商人特许状，清楚地表明英国外贸商人们在早期就有某种组织。1391 年，英国授予在汉萨地域内经商的商人特许状，同意该组织按照自己的意愿挑选代表。在 15 世纪初，英国颁发了一系列的外贸特许状，这是官方承认外贸规约公司的开始。到 16 世纪，市场经济的发展要求国王，在一定程度上包括议会，确认贸易组织的身份，解决他们的内部争端。到了伊丽莎白女王时代，她授予商人冒险家公司和东地公司首份组织公司的特许状，并把类似的特许权授予许多其他公司，开启了一个外贸发展的新方向。① 从此，英国海外贸易实行特许制度，海外贸易把持在特许商人手里。特许公司主要包括有两类：规约公司和合股公司，前一类公司包括商站商人公司、冒险商人公司和东地公司等，第二类公司包括 1553 年成立的俄罗斯公司和非洲公司、东印度公司等。

一、国家赋予外贸公司的特权

英国王权相对强大，国家统一，能够创立覆盖全国的外贸组织，这一点对英国外贸和商业组织的发展产生了深远的影响。在英国最古老的外贸组织商站商人公司身上这种统一体现得最为明显。商站商人公司是为开展羊毛贸易而创建，由商站商人组成一个法人团体，部分听命于国家，部分听命于私人。后来为了与欧洲大陆不同地区开展呢绒贸易又组建了冒险商人公司，其业务主要集中在荷兰，它不是一个官方机构。但只要他们身处国外，就会被外国作为一个国家单位来对待。②

合股公司不是由国家创设的，是由二类或者最多是三类人创造出来的，那就是伦敦商人，朝臣或者其他在政治舞台上有影响的人物，发明者、发现者和其他有资格从事此类活动的人，③ 他们急于从市场经济的洪流中捞取个人利益，但单个人无力承担所需的巨额资金和所冒的巨大风险，于是创设了合股公司。但是，合股公司必须得到国家的批准，获得国王的特许状。"在英国，要设立任何法人，国王的批准——明示或者默示的批准——都是绝对必要的……因此，所有设立法人的方法，包括依据普通法、国王的命令及议会法案在内，基本上都可被概括为凭借国

---

① Scott, W. R., 1912: *The Constitution and Finance of English, Scottish and Irish Joint-Stock Companies to 1720*, Vol. I. Cambridge, p. 8; Heckscher, Eli. F., 1983: *Mercantilism*, Vol. I, New York, p. 437.

② Heckscher, Eli. F., 1983: *Mercantilism*, Vol. I, New York, p. 330.

③ *Ibid.* p. 432.

王颁发的开封特许状或法人特许状设立。"① 公司从特许状得到的实际利益是双重的，其一是形成了垄断，也就是授予了公司在其活动领域内的独占权，由此可以提高价格，获得垄断利润，等于对消费品征收间接税；其二是获得了法人地位，拥有了"法律人格"，国家成为公司特权的保护者。从事外贸和殖民事业的公司也常常得到议会的支持，虽然在许多案件中，这些公司遭到了普通法法院的敌视，但议会时常通过法案，给予公司法律保护，反对法院的干预。② 当然，议会同意在如此多的案件中支持垄断，是由于议会的议员们在外贸和殖民地有着很深的利益关系。

英国公司的特许状详细规定了公司的名称，如"发现未知的土地、地域、岛屿和领地的冒险商人"公司等。这些冗长的名称只有经过特许才能改变，公司获得的印章是公司作为法人存在的明显证明。在多数情况下，它们也被授予"永久继承"，至少是"继承"，也就是它们的合法存在独立于其成员的寿命，同时，它们被授予在法院提出诉讼的明确权利。这样，从法律上来说，英国的公司或法人实际上是一个超个人的实体。这与荷兰的情形构成了鲜明的对比，荷兰公司的特许状从来没有授予他们一个官方的名称。在1724年的一个案件中，英国法院怀疑荷兰东印度公司能否以原告的身份出庭，因为它从来没有从国家获得一个名称。在1564年，伊丽莎白女王首次授予商人冒险家公司这一从事海外贸易的组织以法人身份和官方名称，并在这一名称前冠以"英国"，强调其全国性，从此，商人冒险家成为一个特定法人的正式名称，而以前这一名称通常是指远洋商人。伊丽莎白的特许状以明白无误的语言规定，加入公司的条件由公司任意决定。同时，特许状授权公司排除公司之外的商人。15年后，国家把类似的权利授予了东地公司。③

特许公司根据从国家获得的特许状拥有贸易垄断权，特许公司之外从事同样贸易的人被称为"非法经营者"。在1553年伦敦商人组成了莫斯科公司，希望通过发现东北通道开发东方的财富。发现这一通道的努力促使他们与俄罗斯领土建立了联系，他们决定集中精力开发与俄罗斯的有利贸易。1554年沙皇批准了英国船只进入俄罗斯的自由通道。1555年，公司从英国女王那里获得特许状，授予他们进入俄罗斯以及将来发

---

① 〔英〕威廉·布莱克斯通：《英国法释义》第1卷，游云庭等译，上海人民出版社，2006年，第529页。
② Heckscher, Eli. F., 1983: *Mercantilism*, Vol. I, New York, pp: 441~442.
③ *Ibid*, pp: 382、422.

现的任何其他国家的独占权。公司可以向其贸易特权之外的人发放执照，如果没有执照，与这些地区贸易的人将失去他们的船只和货物，没收货物的一半归国王，另一半归公司。① 面对众多的"非法经营者"，公司双管齐下，一方面利用国家的力量打击这些竞争者，另一方面，通过向这些人发放执照获得收入。这种执照在非洲公司中也扮演了重要的角色。在东印度公司，"许可船只"同样是一个普遍的现象。公司成员本身就有一些限定的权利，可以以自己的账户进行贸易。② 除了公司颁发的执照外，国王为了获得收入，也颁发各种各样的特许证照。在非洲奴隶贸易中，由于贸易站的建立和维护扮演着一个特别重要的角色，几家非洲公司建立后，就向公司外的商人发放执照收费。虽然数目巨大，但公司是根据国家授予的特许状收费，无疑拥有正当理由。1698年议会通过法案，将非洲贸易完全放开，这些公司仍然存在，但已没有垄断权。为了照顾公司的利益，公司可以收取进出口税，条件是只要它能证明收取的费用专用在防御工事上。③ 虽然在向欧洲出售英国产品的业务中，非法经营者和外国人不能被完全排除在外，但贸易公司的垄断特权使得这些公司能够支配欧洲贸易。根据1587年米迦勒节到1588年复活节期间伦敦港口簿的记载，估计英国全部外贸货物的94%经过伦敦。在这些数量中，商人冒险家的活动占据了最大的部分，大约占60%，东地公司和莫斯科公司也占有相当的份额。在1597～1598年，大约有105509匹呢绒从伦敦出口。其中，商人冒险家公司、东地公司和莫斯科公司运到欧洲76773匹，"非法经营者"和外国人运到荷兰和德国11461匹，11931匹被运到法国，其余的被土耳其公司、利凡特公司、北非公司等运到欧洲之外的港口。④

特许公司获得的另一项特权就是排斥零售商人加入外贸商人行列。在16世纪末17世纪初，批发和零售的分离，地方贸易和外贸的分离，成为发展的主流，尽管例外到处都有。借用一位律师之口："关于国内的零售商……我认为他们处于下等，与商人之名不相称……而商人冒险家是且应该被视作贵族的同伴，无比尊贵，因为他勇敢地在大海上冒险，

---

① Ponko, V., 1968: "The Privy council and the Spirit of Elizabethan Economic Management", *Transactions of the American Philosophical Society*, Vol. 58, p. 35.

② Clay, C. G. A., 1984: *Economic Expansion and Social Change: England 1500～1700*, Vol. II, Cambridge University Press, pp: 195～196.

③ *Ibid*, p. 406.

④ Ponko, V., 1968: "The Privy council and the Spirit of Elizabethan Economic Management", *Transactions of the American Philosophical Society*, Vol. 58, p. 43. 注134.

实现了我们的富有,也因为他是高贵的批发商,使各色人等获得利润,他给我们带来了希望。"① 在主流意见的支持下,这种分离使得组建完全由出口商(merchant)组成的外贸组织成为可能,英国海外商人团体因此不再仅仅是地方行会或商人公会的外贸辅助组织,相反,成为参与外贸者的主要组织。因此,规约公司的成员被禁止从事零售贸易,更有甚者,禁止接受曾经是零售商的人做成员。成员必须是"纯粹的商人"(mere merchants)成为一条行规。这种状况从16世纪中期起迅速流行。在1553年格雷欣的一封信中,提到了一项决定,尽管这项决定还没有实行,那就是明确区分外贸和零售业务,每个商人都应该在两者之间做出选择。1560年商人冒险家公司的约克成员武装反对把这一原则运用到他们身上。1577年这一原则运用到与西班牙贸易的一家公司,1579年运用到东地公司的特许状中,1584年运用到切斯特从事西班牙贸易的商人特许状中,规定只有从事海外批发的商人才能加入。这种独占随着时间的推移不断发展。在1608年和1609年商人冒险家承担的条例法典化的过程中,这一原则运用到伦敦商人,任何人一旦曾是零售商,必须在加入组织前一年发表书面声明,声明愿意放弃零售贸易或开办店铺,五年内不准重返零售业,如果违反,就会受到巨额罚款。在1605年利凡特公司的特许状和1611年与法国贸易的商人特许状中,规定成员如果经营零售业,就会受到开除的处罚。这一原则在地方城市相对和缓。规约公司从始至终在批发、海外贸易与手工业和零售贸易之间,树立起一道屏障。②

特许公司的特权还包括对加入公司的成员进行其他条件限制,以确保绝大部分商人来自于伦敦和地方成功商人的儿子,一小部分出自富裕的地主家庭。③ 虽然规约公司的代表极力强调公司对所有人开放,对王国内每一部分的商人开放,但公司不可能向所有人开放,加入公司的费用就带有敲诈性质。根据商人冒险家公司1608年修订的条例,对那些不是公司成员儿子或学徒的人,收费不少于200镑。此后依据一系列的官方公告,这一费用逐渐降低。但是,只有合法商人才能加入这一根本原则,作为一项限制措施,就变得更为重要了。在1581年,在枢密院的允许下,商人冒险家公司限制从学徒中接收新成员,完全排除不是公司成员儿子或学徒的人。1638年,查理一世竭力想让几个人加入东地公司,

---

① Heckscher, Eli. F., 1983: *Mercantilism*, Vol. I, New York, p. 379.
② *Ibid*, pp: 378~379.
③ Clay, C. G. A., 1984: *Economic Expansion and Social Change: England 1500~1700*, Vol. II, Cambridge University Press, p. 201.

他的愿望被公司的反皇派总督粗鲁地拒绝了，尽管候选人提出愿意支付最高费用。由此可以想象，没有如此有力的中间人，任何人根本没有机会加入公司。1661 年公司的纽卡斯尔分公司强烈抗议伦敦的管理部门接受船长成为成员，他们断言，这很快导致整个公司掌握在这些人手里。①

过去学界一般认为，加入规约公司，比加入合股公司更困难。实际上，合股公司也是根据特许状建立的垄断公司，要想成为其成员也必须经过一道道门槛。合股公司变为规约公司后，加入条件更严格，如莫斯科公司在 1669 年转变为规约公司以后，25 年中没有外人加入。合股公司也把成员称为"兄弟"（brethren），加入者被称为"自由人"（freemen）。东印度公司也像规约公司一样，对新成员的加入收取特殊的费用，根本不考虑这些新成员已经从以前的成员手里购买了公司的股份。新成员加入遵循的是流行在规约公司的原则。在东印度公司 1600 年的首份特许状中，规定了吸收新成员的顺序，首先是公司的学徒，其次是雇员和代理人，最后是所有其他人。此外还规定，交易应该由公司成员和每位成员到龄的儿子来进行，这表明公司希望后者首先继任成员。公司成员未成年儿子的入会费被降低，次子们的入会费更低。非洲公司也有类似的条例，1618 年的特许状规定所有成员的儿子到了年龄就应该被接受，公司及其成员的雇员和学徒在完成学徒后，应该得到承认。这些人都应该缴纳一定的入会费，为了他们的利益，这笔费用明显降低。到了 1670 年哈德逊湾公司也保持了这种中世纪行会的传统，根据公司首份特许状，首先从雇员和代理人中接受会员，然后是所有其他人。②

到 18 世纪以后，规约公司不是退出历史舞台，就是虽然存在，但逐渐被人们所遗忘，能够生存下来的，多转变为合股公司。斯科特认为，从规约公司向合股公司的转变标志着与中世纪制度的绝裂，这一制度曾经长期支配着对外贸易，公司的成员被限定为只有"纯粹的"或者"合法的"商人，且需做完了学徒。赫克歇尔认为这一变化也发生在合股公司本身，抛弃了过去吸收新成员的制度。斯图亚特王朝复辟以后，东印度公司的股票交易就十分普遍，1688 年以后，股票交易开始按照现代形式进行。这样，公司股份的转让使得维持成员间团结一致的感情变得不可能，也不可能维持从成员的儿子和学徒及雇员中吸收新成员的体制，任何人只要投资购买公司的股份就能成为公司的成员，任何人不投资就

---

① Heckscher, Eli. F., 1983: *Mercantilism*, Vol. I, New York, p. 387.
② *Ibid*, pp: 397~398.

不能成为成员，向新成员收取入会费的要求也消失了。①

二、公司对国家财政的帮助

公司和国家是一种相互依赖的关系，公司是解决国家财政问题的摇钱树。当时的许多大公司不得不应付国王有时要求参股，有时要求借款，偶尔索取礼物，有时要征税等问题。东印度公司的历史上，写下了无数这种财政侵夺的事例。大公司是王室的债权人，有时直接以较低的利率向王室借款，有时间接接管王室的债务。东印度公司、英格兰银行和南海公司都曾系统地接管国家的债务，国家通过向公司颁发特许状而从公司得到了许多财政帮助。

伊丽莎白女王即位之初，就面临着巨额的债务需要偿还，但由于她的王位并不牢固，在国内外借款都很难。不管愿意不愿意，公司都成为政府首选的筹款对象。政府采取强制手段从商人冒险家公司借款2万英镑以解燃眉之急。一次，商人冒险家公司在船上装满呢绒准备出发。这船呢绒运到安特卫普出售后，将获得一笔巨额收入。这笔收入被国王的财政代理人格雷欣盯上，政府发出命令将这艘船只扣留，直到冒险商人们答应用贸易收入偿还王室在佛兰德斯的债务，政府承诺在他们返回伦敦时予以偿还。但由于英镑定价高，而佛兰德斯先令定价低，让商人们损失不轻。② 莫斯科公司也在伊丽莎白女王时代利用有利条件，从俄罗斯购买海军装备，等于为女王提供了长期贷款。③

通过授予垄断公司特许状来获得公司的部分股份或部分利润，是英国在王室国家阶段经常采用的手段之一。早在亨利七世时，就授予约翰·卡伯特和他的儿子特许状，允许他们垄断探险发现国家的贸易，条件是每次航行，国王都要获得利润的1/5，为了确保这一份额，船只返航时必须停靠在布里斯托尔港口。在1581年，伊丽莎白女王向利凡特公司颁发特许状时，要求受许人必须进出口足够的物品，保证国家每年有500英镑的关税收入。1584年伊丽莎白女王向准备发现一条通往远东的西北通道的艾德里安·吉尔伯特颁发了特许状，规定探险可能发现的金银和贵重宝石的1/10归国王所有，在伦敦、达特茅斯或普利茅斯港口

---

① Heckscher, Eli. F., 1983: *Mercantilism*, Vol. I, New York, p. 413.
② Scott, W. R., 1912: *The Constitution and Finance of English, Scottish and Irish Joint – Stock Companies to 1720*, Vol. I, Cambridge University Press, p. 26.
③ *Ibid*, p. 30.

交付。①

此外，国王和大臣们也极力通过参股或投资等方式从海外贸易中获利。伊丽莎白女王就竭力从中获得尽可能多的财富，不仅投资了德雷克的私掠公司，而且投资了非洲公司，伊丽莎白还借给他们 4 艘军舰，条件是得到利润的 1/3。伊丽莎白向德雷克等人的私掠行动投资，从中获得了巨额利润。德雷克 1580 年成功劫获西班牙的巨额财富，伊丽莎白从中受益匪浅，虽然不知道她具体获得了多少财富，但伊丽莎白不仅凭借这笔财富还清了债务，还有相当的剩余。在 1585 年的私掠活动中，伊丽莎白投资 2 万英镑，其中 1 万镑是现金，另一半以一艘 850 吨的船抵现。1587 年的远征中，由德雷克和他的朋友、伊丽莎白女王、20 位商人投资，抢劫财物价值 108049 英镑 13 先令 11 便士，利润高达 138%，女王获得 45063 英镑 15 先令 9 便士。在利凡特公司成立之初，伊丽莎白女王就借给公司总督和三位助理超过 4 万英镑的一笔巨款。在 1583 年，公司需要筹集一大笔资金以维持"利凡特谈判"，不仅公司和最富有的商人踊跃出资，女王和枢密院成员也慷慨解囊，总共筹集了 8 万英镑。② 她的继任者都追随她的足迹。1624 年，詹姆士一世竭力想成为东印度公司的股东，公司理事们巧妙地拒绝了他，他们说，根据公司法律顾问的意见，国王的加入将使得整个企业变成国有财产，因为国王和他的臣民不可能共同拥有一家公司。这当然是一个借口。实际上，詹姆士一世早已是新河公司的半个所有者了。查理一世在 1628 年向东印度公司再次提出这一要求，他想不花一分钱获得公司 1/5 的股份。当他的努力失败后，查理一世和几位伦敦商人以及一位大臣，组建了一家公司与东印度公司竞争，他希望获得同样的利润。在 1660 年非洲公司更换特许状时，查理二世保留了拥有公司 1/16 股份的权利，两年后颁布新特许状的时候，取消了对国王股份的限制。斯图亚特王朝复辟后，王室成员加入公司已经习以为常，如在 1671 年，哈德逊湾公司的首任总督，查理二世的一位堂弟鲁珀特亲王，获得一大笔钱，尽管他什么贡献也没做。③ 东印度公司在 1660 年送信给身在低地国家的查理二世，欢迎他回国，并寄去价值 3000 英镑的银器。1662 年贷给他 1 万英镑，1666 年 4 月到 1667 年 7 月，贷给 7 万

---

① Beer, G. L., 1908: *The Origins of the British Colonial System* 1578~1660, New York, pp: 179、181~182.

② Scott, W. R., 1912: *The Constitution and Finance of English, Scottish and Irish Joint-Stock Companies to* 1720, Vol. I, Cambridge University Press, p. 70.

③ Heckscher, Eli. F., 1983: *Mercantilism*, Vol. I, New York, pp: 438~439.

英镑，1675～1679 年，贷给 20 万英镑。蔡尔德出任公司领导后，为了维持公司的特权，把贷款变成赠送，赠送现金、公司股份或者其他礼物，花费相对较少，从而减少了公司的支出款项。在查理二世统治的 25 年中，从东印度公司得到的款项超过了 32.2 万英镑。[1]

三、国家对公司活动的干预

国家对外贸公司活动的干预体现在两个方面，一是干预公司的组织和活动，二是把国家的功能委托给私人企业。

国家颁发的特许状从法律上规定了公司的组织架构。英国国王 1555 年颁发给莫斯科公司的特许状详细规定了公司的内部架构，公司成员有权集会并选出行政人员，首先是一名总督，这一职位由塞巴斯蒂安·卡伯特终身担任，他死后，选举两名"总督"。此外，公司有权每年选出 28 人，其中 4 人做"领事"，其余 24 人做"助理"。"领事"是以后合股公司中"副总督"的原型，不过这一名称明显源于意大利，在英国公司中很少见。在公司日常事务管理中，1 名总督、2 名领事和 12 名助理就达到了召开公司理事会的法定人数。在卡伯特在世期间，他因病缺席，理事会法定人数就由 3 名领事和 12 名助理构成。[2] 根据利凡特公司 1581 年最早的特许状，伊丽莎白女王保留了解雇公司总督、任命其他人担任这一职务的权力，国王也有权推选两名公司成员，享有与其他人一样的权利和责任。国王有权检查公司的行为，此外，还保留了定期撤销特许状和法人身份的权力。这一权力就曾用在东印度公司身上。在 1698 年，它的特许状被撤销三年。[3]

国家采取各种措施，努力使外港的商人能够参与外贸公司的商业活动，不让伦敦商人完全垄断海外贸易。在 1624 年，商人冒险家公司在议会的压力下，为私商的贸易提供了一些便利。但在詹姆士统治时期的 1634 年和 1639 年与在长期议会统治时的 1643 年，禁止私商贸易的规定又得到了加强。另一方面，公司的入会费与 1608 年的规定相比降低了。1688 年光荣革命之后，商人冒险家公司的垄断权被废除。在 1662～1663 年政府曾试验把呢绒品的出口完全放开，但很快又恢复了原来的状态。

---

[1] Sherman, A. A., 1976: "Pressure from Leadenhall: The East India Company Lobby 1660～1678", *The Business History Review*, Vol. 50, p. 336.

[2] Scott, W. R., 1912: *The Constitution and Finance of English, Scottish and Irish Joint - Stock Companies to 1720*, Vol. I, Cambridge University Press, p. 20.

[3] Heckscher, Eli. F., 1983: *Mercantilism*, Vol. I, New York, p. 448.

不过，入会费被再次降低了，当然，这只适用于地方港口的商人，伦敦商人要缴两倍的数额。根据东地公司1579年获得的特许状规定，只要布里斯托尔、埃克塞特和其他几个地方城市有资格的商人已经参与波罗的海贸易至少10年，公司就不能拒绝他们的加入。特许状还批准公司可以在伦敦之外甚至是国外举行会议。像商人冒险家公司一样，东地公司也组建了地方分公司。利凡特公司是合股公司的时候，被称作"伦敦商人的管理者和公司"，1605年它转变为一家规约公司的时候，国王授予公司的特许状，开始考虑不应该把贸易限制在少数商人和任何特定城市的手中，必须向王国内的每一位臣民开放。公司名称相应换成"在利凡特海从事贸易的英国商人的管理者和公司"。利凡特公司在字面上发生的变化，也在另两家规约公司身上发生了，就是在1605年与伊比利亚半岛贸易的公司和在1611年与法国贸易的公司。在公司超过五百多人的成员中，多数不是伦敦人。在第一个公司中，61位助理中有30位住在伦敦之外。议会出于对垄断的担忧，对这两家公司进行了抵制，所以这两家公司实际上从未投入运营。莫斯科公司于1555年获得首份特许状后，东海岸城镇的私商开始与公司竞争，到1566年议会授予第二份特许状时，规定4个地方城市的商人只要从事同类贸易达10年，就有权认购公司股份。①

把国家权力转交给公司的例子也很多，根据商人冒险家公司在1564年从伊丽莎白女王获得的特许状，外人（outsider）本质上和公司成员有同样的义务，那就是根据法令的规定交税，和公司成员接受同样的处罚。更为重要的是，按照这一条款，国家把对其他商人和非公司成员的控制权交给了公司商人。这实际上相当于把公共权力交到了私人手里。②

外贸公司还承担了国家的政治和军事功能。公司有权管理新发现或侵占的地域，在那里建立法院，制定地方法律，授予头衔，修筑堡垒，调动军队，发动战争，以及与非基督教王公和国家缔结和平，粉碎任何威胁他们特权的东西，逮捕和驱逐未经允许在他们的领地经商的人，在一些情况下，甚至有权铸造货币以供地方流通。在东印度公司和非洲公司可以一再发现这种权力。最好的例子是哈德逊湾公司的特许状，除了上述权力，还包括经济事务的垄断权，土地、水和矿产转让的垄断权，加起来就是一项几乎不可能更完善的权力控制清单，甚至把不服从公司

---

① Heckscher, Eli. F., 1983: *Mercantilism*, Vol. I, New York, pp: 423~424.
② *Ibid*, pp: 448~449.

规定视为对"对上帝和公司"的侵犯。①

特许大公司和国家之间的关系是很清楚的，没有国家授予的特许状和特权，没有国家的帮助，公司就不可能沿着他们所走的道路前进，也就不可能向国家提供将其权力扩展到世界每一个角落的手段。以东印度公司为例，它在东南亚和印度的贸易受到了荷兰商人的强力排挤，在失去东南亚香料市场之后，又面临着失去印度的危险。查理二世上台后，公司得到了王室的鼎力支持，马上更新了公司的特许状，海关官员帮助公司拘押返回英国的走私者和贪腐雇员。议会和国王都采取了与荷兰敌对的政策。但是，也应该看到，国家对于公司资金的筹集和组合方式、公司的具体经营等并不干预。

光荣革命后，英国掀起了一个投资热潮，从1689~1695年，新成立合股公司的数量从11家增加到100家，这些新公司几乎完全从事国内事业。公司繁荣的一个原因就是市场形势和政治条件都十分有利，合股公司不用国王和议会的特许状，仅凭公司的章程或一项专利证就可以成立，②更为重要的是，"在18世纪，国家发现了汲取财政的其他方法，向公司出售垄断权就停止了"③，这样投资的一个主要障碍废除了。南海危机发生后，国家在1720年通过了泡沫法案，限制股票投机，并把股票经纪人限定在100个，表面上看是消除了投机企业的飞速增长，但实际上也妨碍了现代企业的增长。

对海外贸易公司来说，更为重要的是，国家不再要求公司承担财政任务，对公司的发展产生了决定性的影响。南海危机后，沃波尔上任，拉开了英国财政史新的一页。由于采取了合理的国家信用体制，自愿认购国债者增多，国债的利率因此降低，到1733年，公众已经改变了对国债的态度，以前人们急于得到偿还，现在尽可能推迟偿还的时间。在这样的环境下，公司不再是吸收公众存款的渠道。到1720年，国家对企业形式发展的影响是无可置疑的，尽管这种影响从直接影响变为间接影响。④

---

① Heckscher, Eli. F., 1983: *Mercantilism*, Vol. I, New York, p. 451.
② Davies, K. G., 1952: "Joint-Stock Investment in the Later Seventeenth Century", *The Economic History Review*, Vol. 4, p. 292.
③ Heaton, H., 1937: "Heckscher on Mercantilism", *Journal of Political Economy*, Vol. XIV, p. 378.
④ Heckscher, Eli. F., 1983: *Mercantilism*, Vol. I, New York, p. 447.

第二节　禁止金银出口

亚当·斯密认为，"财富由货币或金银构成"是英国重商主义的核心理论之一，① 虽然这种解释模式曾经广为人们所接受，但不少西方学者的出色研究已经证明这一论断过于简单。② 当然，重商主义者十分重视金银等贵金属的积累却是确凿无疑的，威廉·波特、约翰·洛克、约翰·布里斯科、雅各布·范德林特都引用布道书中的一句话"货币万能"来强调货币的作用，③ 范德林特甚至用这句话作为其著作的名称，重商主义时代的经济政策也不时体现出对金银积累的考虑。

由于英国没有金银矿藏，这一天然局限使得英国只能通过出口剩余获得金银。如果进出口商品价值相等，就无法获得金银，所以为了获得贵金属，必须使出口的商品多于进口的商品。因此，重商主义贸易顺差理论背后有其合理成分，因为随着市场的扩大，流通中就需要更多的货币。④ 此外，重商主义者主张增加经济中货币流通的数量，是因为他们认为这可以促进工商业的发展。也就是说，随着从自然经济向货币经济的快速转变，只有交易的扩散（在国家间是通过外贸，在国内是通过更细致的生产分工）才意味着更大量地和更频繁地运用交易手段。这长期被认为是重商主义者主张增加流通中的货币数量的主要原因，从一定范围来说，货币数量的增加意味着更大量的交易。⑤ 因为重商主义者意识到，货币是提升经济活动的催化剂，货币短缺极大地阻碍着经济发展。⑥

重商主义货币政策同样经历了三个阶段，在第一阶段强调禁止金银出口，在第二阶段则要求取消金银出口禁令，强调只要实现了贸易顺差，

---

① 〔英〕亚当·斯密：《国民财富的性质和原因的研究》下卷，王亚南、郭大力译，北京，商务印书馆，1974 年，第 1 页。

② Viner, J., 1930: "English Theories of Foreign Trade before Adam Smith", *The Journal of Political Economy*, Vol. 38, pp: 264~298.; Appleby, J. O., 1980: *Economic Thought and Ideology in Seventeenth - Century England*, Princeton University Press, pp: 199~241; Coleman, D. C. ed., 1969: *Revisions in Mercantilism*, London, Methuen & Co Ltd.

③ Murphy, A. E., 1997: *Monetary Theory* 1601~1758, Vol. I, London and New York, introduction, p. 1.

④ Magnusson, L., 1994: *Mercantilism: The Shaping of an Economic Language*, New York, p. 162.

⑤ Heckscher, Eli. F., 1983: *Mercantilism*, Vol. II, New York, p. 219; Magnusson, L., 1994: *Mercantilism: The Shaping of an Economic Language*, New York, p. 162.

⑥ Murphy, A. E., 1997: *Monetary Theory* 1601~1758, Vol. I, London and New York, Introduction, p. 2.

金银就会流入本国。第三阶段由于英国已经形成了世界性的贸易帝国，货币的进出口已经不再成为主要的经济问题。相反，从南海危机以后，从货币短缺的担忧转向对过量货币扩张的担忧。

早在中世纪时期，英国为解决货币短缺的难题，就对货币的进出口进行控制。爱德华一世统治时期，就先通过王室公告，然后在1299年又通过议会法案，禁止硬币和贵金属出口。15世纪的议会法令中，就禁止金银等贵金属出口，鼓励进口。在地理大发现以后，寻找金银矿藏的希望成为欧洲人前往世界其他地方殖民和探险的主要驱动力，由于墨西哥、秘鲁的白银源源不断地流入西班牙，没有金银矿藏的国家就通过劫掠运银船、走私、贿赂、贸易等各种手段获得金银，力图让金银留在国内。由于商品经济的发展使得货币成为商业和交易的生命，在这种时代大背景下，许多重商主义者认为，国家应该禁止金银出口，严格管制货币，加强对外贸易和外汇交易的管理。汇兑交易应该仅限于皇家汇兑官或国王授权的一些人，一切汇兑交易不得高于或低于汇兑平衡率，这样，汇兑才是合法的，汇率才能趋于稳定，金银财富才能保留在国内。如马林斯等人就持这种观点。在16世纪最后25年，英国国内对国际货币市场进行了无休止的大讨论，在每次贸易衰退时，控制汇兑的要求就会出现。1551年禁止开展私人汇兑业务，在16世纪50年代末的商业危机中，这一禁令再次推行，并在1559年再次暂停执行，1576年又一次禁止私人汇兑。①

在都铎王朝和斯图亚特王朝早期，英国基本上采取的是禁止金银出口的政策，曾颁布过无数贵金属出口的禁令。比如，在1553年，英国议会颁布和重申禁止金银出口的法令。② 在1621年下院对贸易危机的讨论中，把货币短缺的原因归结为15点，其中第五点原因就归结于东印度公司有权每年输出11000镑。③ 在以后的许多次讨论中，东印度公司特许输出货币的行为都成为众矢之的。但是，托马斯·孟等重商主义者都认识到："输出我们的货币借以换得商品乃是增加我们财富的一种手段。"④ 正是在这种思想认识的影响下，1663年，英国废除了金银和外国货币的

---

① Fisher, F. J., 1940: "Commercial Trends and Policy in Sixteenth–Century England", *Economic History Review*, Vol. 10, p. 105.
② 1993: *Statutes of the Realm*, Vol. IV, William S. Hein & Co., Inc., p. 170.
③ Thirsk, J. and Cooper, J. P., 1972: *Seventeenth–Century Economic Documents*, Oxford, p. 3.
④ 〔英〕托马斯·孟：《英国得自对外贸易的财富》，袁南宇译，北京，商务印书馆，1965年，第13页。

出口禁令，只禁止英国铸币出口。①

重商主义货币出口政策之所以会在 17 世纪由禁止出口变成可以自由出口，出现大幅度的政策转向，是因为英国重商主义者自己坚信，在处于贸易逆差的时候，把贵金属保留在本国是没用的。重商主义者一般都举西班牙的例子，来说明禁止货币出口政策的荒唐。他们认为，只要实现了货物出口剩余，贵金属进口剩余就会自动实现。赫克歇尔认为，这种重商主义政策具有一箭双雕的作用，一方面，国家摆脱了不受欢迎的货品剩余，据信这种剩余会导致失业；另一方面，国家的货币总量会增加。所以在 17 世纪 90 年代法国战争期间，一些英国重商主义作家抱持的观念是，可以向敌人供应物品，因为敌人不得不用货币来支付，这样耗尽敌人的货币，敌人就会崩溃。但从理论上来说，重商主义的这一货币思想具有无法解决的矛盾和问题。赫克歇尔也指出了这一点。他认为，如果按照重商主义理论，实现了出口剩余，其必然结果是随着货币的流入，货币流通增加，国内价格上升，高物价将促进进口，抑制出口。因此随货币流入接踵而至的是进口剩余，结果是汇兑混乱，外国货币升值，最终将在这一基础上形成新的平衡。重商主义者很快发现自己的理论会使自己处于一个两难境地。他们希望的贵金属流入形成的推动力将导致自我的毁灭，先是国内物价上升，然后是进口剩余。此外，重商主义货币理论不可能在所有国家都付诸实施，因为这是一个增加贵金属总体产量的问题，而不仅仅是一个在所有国家间分配既有数量的问题。赫克歇尔认为，从一定范围来说，货币数量的增加意味着更大量的交易，从理论上来说，向货币经济的转变引发的货币需求可能不会引起价格下降，增加货币数量也有可能不抬高物价，从而不会引发贸易逆差。②

从英国的实际情况来看，随着货币数量的增加，的确出现了货币贬值的情况。从铸币产量的估算数据来看，英格兰和威尔士的货币存量在 16 世纪 40 年代大约是 100 万镑，到 1551 年通过货币贬值达到 200 万镑，到 1700 年上升到 1200 万镑，如果加上各种钞票、汇票和其他信用工具，达到 1500 万镑，到 1800 年整个英国的货币总量一定超过了 2500 万镑。③虽然货币的增加伴随着货币价值的降低，但由于摆在英国人面前的世界市场在不断扩大，再加上英国转口贸易的繁荣，使得英国虽然与非欧洲

---

① 1993: *Statutes of the Realm*, Vol. V, William S. Hein & Co., Inc., p. 451.
② Heckscher, Eli. F., 1983: *Mercantilism*, Vol. II, New York, pp: 179、219.
③ Wilson, C. and Parker, G. ed., 1977: *An Introduction to the Sources of European Economic History* 1500~1800, Western Europe, Vol. 1, London, p. 130.

国家的贸易出现了相当大的逆差，但通过向欧洲再出口殖民地产品获得利润，使得英国能够保持一个良好的贸易状态。

重商主义货币政策的转向也与重商主义财富观念的转变有关。在《东印度贸易是给这个王国带来最大利益的贸易》中有精彩的讨论，这部著作的作者一般认为是著名的东印度总督、城市商人帕皮隆（Papillon）。该书提出："固然衡量资本或财富的尺度通常是货币，但与其说这一尺度真的存在，还不如说它存在于人们的想象中。我们可以说一个人拥有1万镑的财产，尽管他手头上可能连100镑都没有；如果他是个农民，他的财产便是土地、谷物，或者牛羊，和农具……想象一下，一个拥有和管理农场的人手里掌握着超过他经营农场事业所需的货币，谁不把他看作一个傻瓜呢，让自己的钱白白地躺在箱柜底……他可以用他的钱在一个价廉的市场购买货物，运到另一个价昂的市场，再加上运输的利益，他的财富大大增加。"根据这一原则，他得出结论："设想一下，在一个只能用货币或金银购买商品的国外地方，把10万镑金银运到这里，购买在国外其他地方能卖到20万到25万镑的商品，赚得的钱返回英国，掌握一项如此赢利的贸易，难道不是王国的利益所在？"① 这样看来，重商主义者的财富观念也发生了极大的转变，不再把货币看成是唯一的财富。在新的财富观念的推动下，英国的货币政策发生了转向，开始允许把金银运送出国。

第三节　促进工业品出口

英国重商主义政策的核心之一，就是通过进出口禁令或保护性关税来促进本国制造业的发展。这些措施旨在通过政府帮助本国商人获取国际贸易的更大份额，培植本国工业的发展，为自己的工业创造比较优势，或削弱竞争对手的优势。

在伊丽莎白时代，英国经历了第一次工业繁荣。此时就出现了幼稚工业理论，也就是为了扶持英国的幼稚工业，政府必须给予帮助。这个论点在重商主义文献中到处都可以看到，直到产业革命初期，詹姆斯·斯图尔特爵士仍在强调这一观点。不少人特别强调工业"幼年期"的观点，要求政府给予扶持。如阿瑟·多布斯指出："奖励只限于鼓励处于幼年期的制造业或其他有改进的行业"，"如果改进以后，这

---

① Heckscher, Eli. F., 1983: *Mercantilism*, Vol. II, New York, p.192.

些工业不能依靠自身的力量获得发展",那么进一步扶植将是徒劳无益的。亚伦顿建议保护亚麻布制造业,但只限于七年。① 为支持国内工业的发展,重商主义者还提出了军事论点、关键工业论点、全面自给自足论点和就业论点。这些观点在以后也不时在历史中闪现,如军事论点甚至得到了亚当·斯密的支持:"由于国防比国富重要得多,所以,在英国各种通商条例中,航海法也许是最明智的一种。"② 即便如此,"还有人要求补充航海法的条款,规定贸易使用的船只必须是英国造的,而且必须用英国木材,使用英国制造的帆布。条款还应规定,死者在入殓时必须要用英国毛织品包裹。种植园里所有的奴仆和黑奴都要穿着英国的毛织品,以利于发展英国这一重要工业。"③

禁止原材料出口,是支持本国工业生产的一大手段。英国为了保护本国的支柱产业呢绒业,早在 1338 年就颁布出口禁令,禁止活的公羊出口,以免外国改进羊毛质量,从而损害英国的利益。在爱德华六世时期,英国工业保护政策成形,禁止原材料和其他生产手段的出口成为这一政策的主要部分。④ 在伊丽莎白统治时期通过的一项法案,禁止出口活羊,否则没收财产,监禁一年,斩断左手,如果再犯,就判处死刑。斯图亚特王朝复辟时期的第一届议会,进一步扩展了羊毛出口禁令。这项政策虽然违反了养羊者的利益,但由于鼓励了呢绒业的发展,被认为符合国家的整体利益。⑤ 查理一世也采取了多项措施来保护英国的毛纺织业,例如他禁止向外国厂商出口纱线或漂洗土,禁止进口各种形式的花边和珠宝赝品,⑥ 禁止出口的还包括羊毛、毛线和精纺线、皮革和羊角等。1662 年法案规定禁止皮革出口,1668 年又通过一项新法案,在前言中提到,严格禁止皮革出口,生皮的价格因此降低很多,阻碍了养牛业的发展,导致土地租金和价格的下降。与此同时,皮鞋匠和其他制革工人却仍然把他们的商品价格定得相当高。这实际上使得这项政策处于一个两难的境地。另外,禁止半成品出口也可能导致商品根本不能出口。以呢

---

① 〔美〕约瑟夫·熊彼特:《经济分析史》第 1 卷,朱泱等译,北京,商务印书馆,2001 年,第 533 页。
② 〔英〕亚当·斯密:《国民财富的性质和原因的研究》下卷,王亚南、郭大力译,北京,商务印书馆,1974 年,第 36 页。
③ 〔特立尼达-多巴哥〕艾里克·威廉斯:《资本主义与奴隶制度》,陆志宝等译,北京,北京师范大学出版社,1982 年版,第 53 页。
④ Heckscher, Eli. F., 1983: *Mercantilism*, Vol. II, New York, p. 111.
⑤ *Ibid*, p. 137.
⑥ Larkin, J. F. ed., 1983: *Stuart Royal Proclamations*, Vol. II, Oxford, pp: 258、480、507.

绒为例，欧洲大陆的人们对优质的英国呢绒很欢迎，但他们对英国人的染色工艺根本不满意。詹姆士一世努力强调和执行禁止出口未染色呢绒的旧有法律，他的一个最有名的律师朱利叶斯·凯撒爵士在枢密院质问，是否为了向 10000 个染工和精整工提供工作，而把 100000 个纺纱工和织布工抛入失业的境地？① 为了支持本国商品的出口，重商主义者甚至支持在战时向敌国出口商品。约翰·卡利在 17 世纪末英国与法国交战时写道："我希望我们的产品和工业品能够更好地供应他（指法国），我们靠这个挣他的钱，很快就会削弱他。"②

英国很早就将关税完全掌握在国家手里，成为调节对外贸易的得力工具。早在 14 世纪，英国就通过增加羊毛关税来保护本国毛纺织业的发展。英国从都铎王朝开始，就逐步减免出口税，降低原料进口税。斯图亚特王朝的关税政策也具有保护主义的性质。但在此前，对毛织品等制成品征收出口税对保证财政收入至关重要。在光荣革命后，随着现代财政体制的确立，国家的财政需求能够得到有效满足，关税不再是一种简单的财政工具，而成为对外发展政治经济关系的有力武器。③ 出口免税的重商主义政策逐步得到执行，开始降低或免征出口税。1700 年，废除了毛纺织品的所有出口关税。1722 年，通过沃波尔的关税改革，完成了这项免税过程。④ 与此同时，为了应对法国、印度等国的产品竞争，对进口商品征收的关税在光荣革命后逐渐提高，1690 年和 1693 年征收进口附加税，税率为 5% 或 10%，有时达到 20%，涉及进口商品值的 2/3。从此进入一个关税壁垒不断增高的过程，威廉和安妮统治时期，是增长最快的阶段。从前，大多数进口商品仅征收 5% 的关税，此后，进口商品税率至少增加到 15%，多数商品增加到 20%～25%，或者更多，这就对英国工业形成真正的保护。⑤

正是在政府的帮助下，英国的棉纺织业才在与印度印花布的竞争中脱颖而出。在 17 世纪末和 18 世纪初，印度的印花布大规模地占领了欧洲市场，在 18 世纪初，英国的进口猛涨到 86 万匹。在 1675 年就开始对棉布征收关税，1700 年禁止从波斯、印度和中国进口印花布，1720 年禁止使用和穿戴印花布。到 1735 年终于向强大的市场力量让步，把在

---

① Heckscher, Eli. F., 1983: *Mercantilism*, Vol. II, New York, p. 149.
② Cary, J., 1695: *An Essay on the State of England, in Relation to Its Trade*, Bristol, p. 120.
③ Coleman, D. C., 1977: *The Economy of England 1450~1750*, Oxford, p. 195.
④ Davis, R., 1966: "The Rise of Protection in England 1689~1786", *Economic History Review*, Vol. 19, p. 310.
⑤ *Ibid*, pp: 310~311.

英国加工的亚麻和棉毛、印染制品排除在禁令之外，使棉布和亚麻织品获得了合法的发展权利，鼓励了英国内部棉布替代品的生产。通过禁止印度印花布的进口，英国不但延缓了毛纺织业的衰落进程，而且促进了棉纺织业和亚麻行业的发展。此外，英国还通过严格的政府政策，排挤和摧毁了苏格兰和爱尔兰的毛织业，把这两地培育成亚麻产地。英国对从欧洲大陆进口的亚麻布征收高达产品价值150%的关税，1731年取消了原先对从欧洲大陆进口亚麻征收的高额进口税，这样，英国的亚麻布业的原料成本大为降低。1742年议会又通过法案，对出口殖民地需要的粗织亚麻布实施补贴，并取消对爱尔兰和苏格兰亚麻布的所有关税。爱尔兰的亚麻布出口几乎从零开始，在1705～1750年间运到英国的数量（许多是再出口）几乎增长了22倍，1728～1815年苏格兰的产量也增长了18倍。这样，形成了英格兰专门发展毛纺织业和棉纺织业，苏格兰和爱尔兰专门发展亚麻布生产的产业发展格局。此外，保护性关税对白纸业等行业的发展也影响甚巨，在1710～1800年由于白纸的进口税越来越高，使得进口几乎减少至零，白纸的产量就翻了两番。①

在爱德华四世统治时期，为了使弓和箭供应充足，就采取了强制措施。1472年规定，所有从威尼斯和其他迄今为止出口过弓板的地方进口商品的商人，必须在进口每吨货物时带回4只弓材。1483～1484年，进口葡萄酒也必须承担同样的义务。这一政策持续了一个世纪。直到1570年，汉萨商人还抱怨说，这一义务让他们承担了货物价值之外的成本。伊丽莎白女王在大陆事务中的左右手格雷欣爵士在1562年写信给塞西尔，谈到他自己运送的硝石和弓材，他说："这是一件比任何财富都好的事情。"② 当中世纪晚期军事技术的发展把弓和箭送进了博物馆以后，英国对新的武器装备实行了同样的政策。早在16世纪就禁止各种铜合金的出口。这一禁令一再得到重申，并在1541年进一步扩展。晚至1681年，还发布王室公告禁止出口大炮。③ 在军事工业的基础上，在政府的支持下，英国的金属冶炼业和五金制造业逐渐发展起来，表5-1表明，到17世纪中后期以后，这些行业的产品出口大

---

① 〔英〕罗伯特·杜普莱西斯：《早期欧洲现代资本主义的形成过程》，朱志强等译，沈阳，辽宁教育出版社，2001年，第317页；〔美〕伊曼纽尔·沃勒斯坦：《现代世界体系》第2卷，孙立田等译，北京，高等教育出版社，1998年，第349页。

② Heckscher, Eli. F., 1983: *Mercantilism*, Vol. II, New York, p. 32.

③ *Ibid.*

幅增长。

表 5-1 1663/9~1752/4 年金属制品出口

		增加的百分比
1663/9 年仅伦敦	44000 镑	
英格兰和威尔士	57000 镑	
1699~1701 年英格兰和威尔士	114000 镑	100
1752~1754 年英格兰和威尔士	587000 镑	415

资料来源：Coleman, D. C., 1977: *The Economy of England* 1450~1750, Oxford, p. 166.

第四节 管制粮食进出口

英国重商主义时代的国内食物政策，前面已经论述。在这样一个饥荒频仍的时代，保证本国食物供应是政府的头等大事。英国早在中世纪时就禁止谷物出口，这一禁令可以追踪到 1176~1177 年。在 1203 年，又禁止谷物和其他食品出口。1360~1361 年也颁布了谷物出口禁令。从都铎王朝开始，政府就采取了较为严格的措施对粮食进出口进行管制。

1534 年，议会法令规定，没有国王颁发的盖有国玺的出口许可证，不能出口谷物、牛肉、羊肉、菜牛肉、猪肉、干酪、黄油、禽肉和其他食物。① 1555 年议会通过法令，宣布尽管以前已经有法律禁止出口食物，但据说贪婪的人们向国外出口了大量的谷物、干酪、黄油和其他食物，因此从此时起禁止运送食物出海，未经许可出口就处以重罚。有出口许可证的人，出口超过规定数额，罚款超额价值的 3 倍，监禁一年，不得保释。只要小麦、黑麦、大麦的价格分别没超过一夸脱 8 先令 6 便士、4 先令、3 先令的水平，任何人都可以自由出口。② 1556 年枢密院更是设立了粮食管制委员会，一系列关于谷物贸易的法规出台，一般是由政府设定一个谷价标准来确定是否限制出口。1559 年法案规定，当谷物价格低于下列标准，那就是小麦每夸脱 6 先令 8 便士，大麦和麦芽 3 先令 4 便士，燕麦和燕麦芽 2 先令，豌豆和蚕豆 4 先令，黑麦 5 先令，允许从诺

---

① 1993: *Statutes of the Realm*, Vol. III, William S. Hein & Co., Inc., p. 438.
② 1993: *Statutes of the Realm*, Vol. IV, William S. Hein & Co., Inc., pp. 243~244.

福克和萨福克出口谷物。① 1563 年谷物出口法具有鲜明的都铎时期重商主义特征，法案鼓励造船业、制造业、渔业和农业的发展，规定女王的任何臣民向外国出口小麦、黑麦、大麦、麦芽、豌豆、蚕豆的条件是，英国出生的臣民是唯一的船主，谷物的价格没有超过指定的价格，即小麦每夸脱 10 先令，黑麦、豌豆和蚕豆 8 先令，大麦和麦芽 6 先令 8 便士。② 此后，在 1571 年、1593 年英国又颁布了类似的管制谷物出口的法令。在 1571 年还规定，如果没有特别通行证，出口小麦时，女王收取每夸脱 12 便士的手续费，其他种类的谷物 8 便士。③ 总之，从 16 世纪中期起，英国对谷物出口采取了保护性政策，出口的价格限制不断增加，国王保留完全禁止出口的权利。④ 这些法令的出台除了稳定国内粮价和社会秩序的考虑外，政府掌握着出口许可证发放的大权，可以谋取财政收益，但政府也会对谷物产区的市场化要求加以考虑，对特殊情况特殊处理。

除了上面提到的这些王国法令，都铎时期的英国政府还在 1516、1519、1531、1544、1546、1547、1548、1549、1550、1565、1572、1588、1590、1595 ~ 1597 年发布了禁止谷物出口的公告，执行议会通过的法律，随时处理突发和紧急情况。禁止谷物出口的公开目的是保持王国谷物供应以便抵销坏收成的影响。满足军队需要也是禁止谷物出口的一大原因。1580 年 10 月底，贝德福德伯爵接到命令，限制从英国西部出口谷物，以便爱尔兰驻军能够更容易地得到供应。1581 年 1 月，政府要求哈丁顿伯爵停止从约克郡出口粮食，因为苏格兰可能需要粮食供应。⑤ 都铎政府对粮食出口的全面限制通常伴随着专员对禁运机制的监督，以及下达指示，命令这些人和其他地方官员严格执行法律和程序，以便为了整个国家的利益来调节国内谷物的流动和使用。当形势需要的时候，由各地负有责任的人提议谷物进口，再由政府根据形势做出是否进口的决定。政府发出这些指示的目的是为了住在乡村地区和城市地区的所有人，特别是穷人，能够在匮乏和饥荒的年代买到食物，而做出了这样的

---

① 1993：*Statutes of the Realm*，Vol. IV，William S. Hein & Co.，Inc.，p. 374.
② *Ibid*，pp：422 ~ 428.
③ *Ibid*，p. 547.
④ Heckscher, Eli. F.，1983：*Mercantilism*，Vol. II，New York，p. 144.
⑤ Ponko, V.，1968："The Privy council and the Spirit of Elizabethan Economic Management"，*Transactions of the American Philosophical Society*，Vol. 58，p. 11.

制度安排。①

都铎政府对谷物进出口的管制由枢密院监管,由地方来具体执行。如果某一地区的形势特别严重,在对全国出口进行限制之前,或者这一限制没有生效之前,这一地区的谷物出口就会被专门的法令禁止。根据1572 年 9 月 11 日的一项公告,禁止谷物从英国出口,直到 10 月末。1573 年 2 月 9 日禁止谷物从南安普敦出口,除非从财政大臣那里获得许可证。13 天后,也禁止从苏塞克斯出口。同一年 5 月,整个王国的出口禁令生效。② 1565 年成立了管制谷物和食品的专门委员会,努力阻止向海盗提供供应。第二年,用出口禁令来防止谷物流向英国的敌人。一些英国城市也利用出售出口许可证来帮助公共工程项目筹集经费,他们的这种行为有时也会得到枢密院的帮助,枢密院会下达命令,除非得到城市的同意,禁止从该地区输出谷物。1579 年 9 月,禁止从肯特和苏塞克斯出口谷物,除非有以前发给多佛的出口许可证。到 1582 年,任何人想从肯特和苏塞克斯出口,必须根据枢密院 1579 年的命令给多佛的特权以补偿。③

到了斯图亚特王朝时期,在 1604、1624、1627 年都规定了允许谷物出口的价格标准,是以前法律的继续。在 1656 年也通过了一个类似于1627 年法令的法案。到 17 世纪 70 年代以后,英国政府对谷物市场的干预政策发生了一个大转折。在 16 世纪时,英国的政治家都认为把谷物留在本国,对本国的福利至关重要。这也导致严禁向敌人出口谷物。在伊丽莎白时期,就严禁向西班牙出口谷物。但早在此之前,持相反观点的人就开始表达他们的意见。在英国革命后,他们取得了胜利,不但允许谷物出口,还推出了谷物出口补贴制度。过去管理谷物对外贸易的法令关心的是控制谷物出口,而不是进口。总体来说,法令关心的是为谷物制定一个最低价,谷物价格高于最低价,禁止出口,低于最低价,允许出口。这个最低价不时地予以修改,1555、1563、1593、1604、1624、1656、1663 年通过的议会法案都做出了这样的修改。众所周知,几乎从来没有达到这样的最低价,结果是从 1590 年到 1670 年,只有少数几年各地的商人能够按照谷物法的条款自由出口谷物。④ 1663 年法令还规定,

---

① Ponko, V., 1968: "The Privy Council and the Spirit of Elizabethan Economic Management", *Transactions of the American Philosophical Society*, Vol. 58, pp: 9~10.

② Ibid, p. 10.

③ Ibid, p. 11.

④ Outhwaite, R. B., 1981: "Dearth and Government Intervention in English Corn Market 1590~1700", *The Economic History Review*, Vol. 34, p. 389.

当国内谷物价格不高的时候,进口谷物要征收高额关税,当小麦价格没超过 48 先令时,税率是每夸脱 5 先令 4 便士;黑麦、豌豆和蚕豆没超过 32 先令时,征收 4 先令;大麦和麦芽没超过 28 先令时,征收 2 先令 8 便士;荞麦不超过 28 先令时,征收 2 先令;燕麦不超过 13 先令 4 便士,征收 1 先令 4 便士。① 这是英国农业史上谷物首次得到高关税保护。

到 1670 年,粮食出口价格限制完全放开,规定不管是外国人还是本国人,不管谷物价格是多少,都可以出口谷物,照章缴纳关税即可。1672 年实行了临时的谷物出口奖励制度,到 1689 年正式实施出口奖励金制度。根据 1689 年法令前言的说明,如果向国外出口谷物,国内价格较低的话,不仅对地主来说,而且对整个国家的贸易来说,都是一项很大的优势。因此,法令规定,在英格兰和威尔士任何港口,当小麦每夸脱价格在 48 先令或者 48 先令以下,黑麦 32 先令,麦芽或大麦 24 先令时,国家给予谷物出口奖励金。② 这种低价战略使得英国在 18 世纪上半叶已成为欧洲主要的谷物出口国,政府的资助金占到出口谷物价值的 16.5%,英国人成功地把波罗的海地区、法国的生产者排挤出荷兰市场,在贩运粮食的贸易中取代了荷兰人。沃勒斯坦认为:"这种资助普遍奏效,并且在英国农业生产所有地区都可以感受到它的影响,这一点可以通过在这一高出口时期整个英国的小麦价格日趋统一表现出来。"③

第五节 支持殖民开拓市场

从都铎王朝开始,国家日益成为海外商人的强大后盾,通过政治、外交甚至军事手段来推动海外贸易的发展,帮助商人开拓海外市场和殖民地。

在重商主义时代,英国政府通过和平谈判的方式,以国家的名义与许多国家缔结了互惠互利的商业条约,保障英国商人在欧洲大陆从事贸易的相应权利,同时利用与不同国家的条约削弱和打击主要的商业对手。据统计,都铎王朝统治时期,英国与其他国家共签订双边或多边条约 92

---

① 1993:*Statutes of the Realm*, Vol V, William S. Hein & Co., Inc., p.449.
② 1993:*Statutes of the Realm*, Vol VI, William S. Hein & Co., Inc. p.62.
③ 〔美〕伊曼纽尔·沃勒斯坦:《现代世界体系》第 2 卷,孙立田等译,北京,高等教育出版社,1998 年,第 347 页。

项，其中，许多是商业条约。①

英国商人在开拓欧洲市场和欧洲以外的市场时，都得到了政府的大力帮助。在 1563 年英国与尼德兰发生冲突时，英国当时主要的外贸市场安特卫普向英国商人关闭。英国商人在政府的谋划和帮助下，先开辟了埃姆登市场，后又开拓了汉堡市场。在进军德意志市场的同时，英国商人逐渐向波罗的海渗透，组建了东地公司。1555 年，在玛丽一世的特许下，莫斯科公司成立，开拓俄罗斯市场；1581 年，伊丽莎白女王特许成立土耳其公司，发展地中海和土耳其贸易。在开拓这些市场的过程中，或是由枢密院事先斡旋，达成通商协议，或是由商人携带国王或枢密院写给贸易目的地君主的信件作为使臣前去洽谈。正是在政府的关怀下，英国商人开辟和扩展了欧洲大陆市场、波罗的海市场、地中海市场，并打通了俄罗斯市场和土耳其市场。

英国凭借其强大的海军力量，在发展对外贸易和争夺殖民地时，不惜诉诸武力，发动商业战争。赫克歇尔认为，重商主义思想根植于一个静态经济生活观，那就是世界上的经济资源数量是固定的，一国之所得，必是另一国之所失。正是这一重商主义理念为商业战争提供了成因，因为按照这种观念，一个国家在国内推进经济进步的努力是没有意义的，除非掠夺其他国家的财产。在重商主义哲学中，很少有其他因素对经济政策，甚至整个外交政策的制定有更大的影响。② 虽然赫克歇尔的论断并不全面，因为英国重商主义在 17 末世纪以后就不再坚持静态经济观，而是主张贸易互惠和国际劳动分工，但重商主义国家必然会通过商业战争来争夺海外市场和殖民地，因为"社会结构决定了这些新的主权国家是好战的。……他们当中没有一个拥有自己所需要的一切，而是彼此拥有所需要的东西。而且它们很快就被新世界所包围，诱使它们竞相去征服和掠夺"。③

在重商主义时代，商业战争是家常便饭。以 1540～1640 年这一百年间为例，欧洲主要国家进行了不间断的战争，只有 1548 年、1549 年、1550 年和 1610 年没有战争，每 25 年里有 24 年在打仗。④ 英国虽然与欧

---

① Powell, K. and Cook, C., 1977: *English Historical Facts* 1485~1603, London, pp: 168~171.

② Heckscher, Eli. F., 1983: *Mercantilism*, Vol. II, New York, p. 24.

③ 〔美〕约瑟夫·熊彼特：《经济分析史》第 1 卷，朱泱等译，北京，商务印书馆，2001 年，第 231 页。

④ Nef, J. U., 1942: "War and Economic Progress 1540~1640", *Economic History Review*, Vol. 12, p. 13.

洲大陆有英吉利海峡这一道天然的屏障，国内相对和平，但从地缘政治和长远战略考量出发不同程度地卷入了欧陆的战争。彭慕兰认为："现代欧洲早期的政治经济——特别是代价高昂的长期军事竞争——在造成欧洲独有的海外商业扩张中起的作用可能大于企业家的才干，或是大于对异国商品的好奇心本身。"① 保尔·芒图也认为："战争与外交助长了英国商业的自发进步，并为商业在今后开辟着一条广泛的出路。"② 以战争促进贸易，为了贸易发动战争。英国从都铎王朝开始，国家日益成为海外商人拓展海外市场和抢夺殖民地的坚强后盾。为了保障海外贸易的发展，英国不断扩张海上力量，通过战争来实现贸易目的。英国皇家海军在亨利八世时正式建立并不断壮大规模。凭借其强大的海军力量，英国在发展对外贸易和争夺殖民地时，不时发动商业战争，来为市场经济开路。威廉斯就认为："贸易引起战争，战争为了扩展贸易。事实上在旧商业制度下，贸易本身就是一种战争。"③

在伊丽莎白女王时期，由于频繁的海盗活动对西班牙殖民财富的劫夺和对殖民地的骚扰，以及英国对尼德兰革命的支持，1588 年，英国和西班牙进行了海上决战，西班牙著名的"无敌舰队"覆灭，商业霸权遭到重创，殖民优势开始丧失。英国则从此开始开创自己的海洋霸权时代，为英国商人打开了西班牙所发现的大西洋世界。

英国要想后来居上，还必须向荷兰、法国等当时的欧洲强国发起挑战，"由于荷兰是事实上的霸主，因此，促进英国商业的发展只有两种可能的途径：一，国家对英国商人提供支持；二，国家对外国商人加以抵制。"④ 并且英国商人面临的形势很严峻，因为，"在欧洲呢绒市场上，荷兰和法国的竞争使得英国呢绒商永远处于防卫状态，贸易世界看起来像生存斗争而不是共享财富。"⑤ 为了打击海上强国荷兰，英国出台了一系列的航海法。1650 年的航海法，禁止外国船只未经许可就与英国殖民地进行贸易。1651 年颁布了著名的航海条例，规定凡进入英国的商品必须用英国的

---

① 〔美〕彭慕兰：《大分流——欧洲、中国及现代世界经济的发展》，史建云译，南京，江苏人民出版社，2003 年，第 182 页。
② 〔法〕保尔·芒图：《十八世纪产业革命——英国近代大工业初期的概况》，杨人楩等译，北京，商务印书馆，1991 年，第 74 页。
③ 〔英〕T. G. 威廉斯：《世界商业史》，陈耀昆译，北京，中国商业出版社，1989 年，第 102 页。
④ 〔美〕伊曼纽尔·沃勒斯坦：《现代世界体系》第 2 卷，孙立田等译，北京，高等教育出版社，1998 年，第 97 页。
⑤ Appleby, J. O., 1980: *Economic Thought and Ideology in Seventeenth - Century England*, Princeton University Press, p. 161.

或生产国的船只运输，禁止外国商人染指英国与其殖民地之间的贸易，只有英国商人和英国船只或殖民地的船只，才能在殖民地内从事商业活动。① 航海法的主要内容，都是为"海上马车夫"荷兰人量身定做的，是英国向当时商业强国荷兰发起的挑战。荷兰作为当时欧洲航运业最为发达的国家，实际上被剥夺了不列颠与其殖民地之间甚至与欧洲其他各国之间的航运业务，割断了荷兰捕鱼业向英国的供给联系，这个法案不仅可以打击荷兰世界贸易中心的地位，而且可以帮助英国取得海外贸易和殖民地贸易的霸权，同时极大地促进了国内的造船和航运业。卡利对这一条例大加赞扬，认为是"第一次谋划对海外殖民地做出安排，以使英国人更好地开展他们的商业活动"，把主要利润留给母国，使英国成为商业的中心、殖民地的太阳。② 英国先后在 1652~1654、1665~1667 年和 1672~1674 年发动了三次英荷战争。"三次英荷战争的目的是摧毁荷兰的贸易和海运。"③ 荷兰的海上霸权开始衰落，英国逐渐成为世界贸易仓库和中心。

从 18 世纪开始，通过西班牙王位继承战争、奥地利王位继承战争、七年战争，英国逐渐超越和战胜法国，取得霸权，开辟了一个广阔的世界市场。克拉克也认为，西班牙王位继承战争的主要目的是经济，"到战争的最后一年 1712 年，我们的航海和贸易较先前和平时代已经取得了明显的优势"④。正是对外贸的重视使英国重视海军和殖民地，从而使英国取得了在同法国长期斗争中的军事胜利。于 1748 年结束的奥地利王位继承战争，是英国人使商业利益在战争中占绝对优势的战争，而且战争仅仅是被用来平衡贸易而不是平衡势力。⑤

通过一系列的战争，英国确立了殖民强国的地位，为本国商人打开了通向西班牙、荷兰、法国等国家在美洲、非洲和亚洲殖民地的大门，夺得更多的殖民地，以及糖、烟草等殖民地产品，而英国的工业

---

① Thirsk, J. and Cooper, J. P., 1972: *Seventeenth-Century Economic Documents*, Oxford, pp: 502~505.

② Cary, J., 1695: *An Essay on the State of England in Relation to its Trade*, Bristol, pp: 68、70.

③ Brewer, J., *The Sinews of Power: War, Money and the English State 1688~1783*, 转引自乔万尼·阿瑞吉, 贝弗里·J·西尔弗等:《现代世界体系的混沌与治理》, 王宇洁译, 北京, 生活·读书·新知三联书店, 2003 年, 第 43 页。

④ Clark, G. N., 1928: "War Trade and Trade War 1701~1713", *Economic History Review*, Vol. 1, p. 280.

⑤ 〔美〕伊曼纽尔·沃勒斯坦:《现代世界体系》第 2 卷, 孙立田等译, 北京, 高等教育出版社, 1998 年, 第 352、343 页。

品源源不断地运往大西洋对岸。总而言之,在这个西欧各民族国家百舸争流的时代,英国从一个事实上落后的国家变成一个航海时代的霸主。

通过商业战争,英国开拓出一个名副其实的世界市场。17世纪中期英国出台贸易和航海法案的时候,殖民地贸易还占不到英国海外贸易的10%。在1699～1701年和1772～1774年之间,英国向爱尔兰、北美和西印度的殖民地、西非贸易口岸和东印度的商站等属地和势力范围的出口增加了7倍,从起初占到英国全部出口的18.8%,上升到占59.6%。在1707年以后,以英国为中心,在贸易和制造业领域形成了一个"准共同市场",这一市场由英国、威尔士、苏格兰、爱尔兰以及英国在北美和西印度的殖民地组成。对英国出口商来说,这是一个意义非凡的自由贸易带,从17世纪末到18世纪70年代,英国的进出口增长了132%。在1660～1775年间,英国的进口由两部分组成,第一部分是食物和饮料,占到进口总额的一半,特别是糖、茶、烟草和咖啡等外来品,第二部分占到30%以上,主要是原材料和半成品,包括木材、条铁、亚麻线、丝线、毛线,这些半成品的进口可以使英国的制造商利用其他地区更廉价的劳动力和自然资源。① 英国和北美洲及西印度群岛的殖民地之间形成了顺畅的三角贸易关系,南美洲的殖民地和岛屿生产价值颇高的经济作物出口,如烟草、食糖、靛青、生姜、棉花和染料木材。北美殖民地则提供鱼、木材、船只和海上服务,英国则为所有的殖民地提供制造品、食物、劳动力(白仆和来自非洲的黑奴)和商业服务。②

商业战争对重商主义经济的影响是全方位的,不仅仅是为英国夺取了世界市场和殖民地,更为重要的是,在加强军备的过程中,英国发展出了新工业,并为工业发展奠定了坚实的技术基础。前面提到的伊丽莎白时期英国新工业的大发展,就是在战争的压力下为加强军备实现的。早在16世纪上半期,英国军需主要依靠莱茵地区和西北欧的军事工业。这种军备严重依赖外国的状况引起了英国枢密院的焦虑。正是在这种情况下,英国政府对采矿和冶金等与军需有关的工业大力扶持,如授予皇家矿业公司专利垄断权的目的就是为了黄铜大炮的制

---

① Price, J. M., 1989: "What did Merchant Do? Reflections on British Overseas Trade 1660～1790", *The Journal of Economic History*, Vol. 49, pp: 274、267～271.

② Zahedieh, N., 1999: "Making Mercantilism Work: London Merchants and Atlantic Trade in the Seventeenth Century", *Transaction of the Royal Historical Society*, Vol. 9, p. 144.

造不再依赖于外国铜。正是政府保证大量和持续地采购铜，使得资本家敢投资于这项耗资巨大的事业。政府也鼓励外国军械工人移居英国，制造小型武器和盔甲。同时，铸铁大炮的发明带动冶铁生产的迅猛发展。① 约翰·内夫也注意到了军需生产和采矿、冶金行业迅猛发展的关系，并且详细论述了战争和技术进步的关系，火器和大炮的发明不但引发了战争的变革，而且引发了一系列新的技术问题，带动了技术的进步，战争也直接和间接地促进了大规模工业的发展，② 也就是工业组织的进步。

英国通过对殖民地进行全方位的重商主义管理，为英国谋取了丰厚的利益。英国对殖民地采取的经济政策具有多重作用，首先是由于地理和经济结构不同，与母国经济形成了良好的互补，可以为母国提供充足的供应，美洲殖民地的烟草、食糖、木材等都是英国所欢迎的消费品和生产资料。英国采取了许多措施，保证这些产品在本国市场的优惠地位，甚至是垄断地位。最好的例子就是英国采取了禁止在本国种植烟草的政策，甚至不惜动用武力来保证这一政策的实施。其次是采取措施防止殖民地形成经济发展的潜力，从而实现政治上的独立。在17世纪30年代以铁棒政策统治爱尔兰的斯特拉夫德勋爵公开写道："我的意见是，所有的智士都建议尽可能保持该地对英国的服从和依赖……然后迫使他们从此从英国购买衣服，购买食盐，他们怎么能离开我们而不陷入赤贫呢？"③ 在《英国的商业和航海》一书中，吉（Gee）强调英国必须成为加工工厂，加工来自不断扩大的殖民帝国的原材料。他认为，通过用这些加工品来进行交易，英国就会获得很大利润。他的结论是：通过这种手段，我们可以雇佣我们自己的穷人。④

英国还采取措施确保殖民地的贸易都是与母国进行。在发给纽芬兰公司和百慕大公司的指示或特许状中，政府都明确要求把桅杆、木料等殖民地产品送到英国。⑤ 在1615年发给东印度公司的特许状中，就满怀

---

① Stone, L., 1947: "State Control in Sixteenth - Century England", *The Economic History Review*, Vol. 17, p. 112.
② Nef, J. U., 1942: "War and Economic Progress 1540 ~ 1640", *Economic History Review*, Vol. 12, pp: 26、13 ~ 21.
③ Heckscher, Eli. F., 1983: *Mercantilism*, Vol. II, New York, p. 41.
④ Gee, J., The Trade and Navigation of Great - Britain Considered, in Magnusson, L., 1995: *Mercantilism: Critical Concepts in the History of Economics*, Vol. I, London and New York, p. 49.
⑤ Beer, G. L., 1908: *The Origins of the British Colonial System 1578 ~ 1660*, New York, p. 185.

希望地建议，东印度产品的商站应该设在本国。在 1636 年，同样建议殖民地的烟草应该集中在伦敦。1650 年规定禁止外国船只与殖民地进行贸易，1651 年通过了著名的航海法案。1660 年的航海法案迈出了决定性的一步，从而成为旧殖民体系的基础。法案规定，殖民地应该把他们最重要的产品只输送给母国。三年后，又通过一项可以称为商站法案的重要法律，对欧洲商品向殖民地出口作了规定，目的是"使本王国不仅成为殖民地商品的商站，而且成为供应殖民地的其他国家和地区商品的商站。"[1]

---

[1] Heckscher, Eli. F., 1983: *Mercantilism*, Vol. II, New York, pp: 70~71.

第六章 财政与税收：
国家与市场力量的博弈

一个国家的财政与税收结构的演变集中反映了国家与市场经济关系的变化轨迹。财政和税收制度不但关系着市场经济的生产和分配，而且税赋负担的大小和征收方式都会对市场经济的扩展能力和社会消费需求产生重要影响，例如，16世纪90年代的国税就使得英国社会相当大一部分人的生活本可以保持在水平线以上，现在却变穷了，将许多小农场主赶入了永久性穷人的行列。在肯特，由于削弱了承租人支付地租和罚金的能力，使得许多乡绅也处境艰难。1593年议会讨论征收紧急税的时候，弗朗西斯·培根就说："要支付税收，乡绅们就得卖掉他们的盘子，农场主就得卖掉他们的黄铜罐。"[1] 英国政府在战争时期为了增加政府的现金收入采取的许多措施，对英国经济和社会产生广泛影响的最典型的例子，是亨利八世时的出售修道院土地和货币贬值政策。英国重商主义时代的有识之士指出："税赋问题的争议不仅仅涉及我们的土地和货物，更涉及我们所拥有的全部。那些赋予我们先辈自由的特权正被讨论，如果不多加保护，我怕会使得我们自己的自由和财产比他们还要少。"[2]

因此，财政和税收制度直接牵动着投资的增加、经济增长的潜力和效率以及产权制度的确立，直接关系到市场经济的健康发展。同时，政府征税的能力对国家政策的制定和实施具有重要的约束。在重商主义时代，财政和税收问题对国家力量和市场力量都至关重要，是双方博弈的重点之一，英国围绕如何解决国家的财政危机，围绕制税权应该掌握在谁的手里，国家的代表国王与市场力量的代表议会展开了激烈的争夺，最终通过"光荣革命"才从制度安排上根本性地解决了这个宪政问题，

---

[1] Clay, C. G. A., 1984: *Economic Expansion and Social Change: England 1500~1700*, Vol. II, Cambridge University Press, p. 260.

[2] Trevelyan, G. M., 2002: *England Under the Stuarts*, London, p. 124.

并且通过创新财税体制,形成了现代的财税结构,为现代国家的形成奠定了基础。

第一节 国家的财政危机

进入重商主义时代以后,英国政府面临着严重的财政危机,一是当时的财税结构和体制决定了政府面临着入不敷出的困境,二是近代以来的战争给现行的税收体制带来了前所未有的压力,以致詹姆士一世在写给枢密院的信中说:"我始终担忧,最可能威胁我的唯一弊病和消耗是这种匮乏的弊害。如果能去除这一弊害,我认为在其他方面我就会像基督诞生以来的其他国王或君主一样快乐。"[1]

从财税结构和体制来说,早在中世纪时期,英国就形成了"国王靠自己的收入生活"的习惯。英国国王虽然是诸多封建领主中最大的领主,但也"必须依靠土地的收入以及某些因袭的无可争辩的收入来源,例如法庭的罚款和古代的惯例收入而维持生活"[2]。国王只有在战争时期才能向臣民征税。进入重商主义王朝国家阶段,英国政府名义上仍然从属于王室,开支仍从国王的国库中支取。从税收结构来说,国王的收入分为经常收入和临时收入。经常收入主要包括封建性收入和关税,而临时收入则包括战时征收的直接税以及向商人借的债务。

国王的封建性收入主要有以下几项:(1)王室领地的收益。包括土地收入,以及来自庄园的继承税、贡赋、对未成年人的承继人的监护并享受他们的产业,以及从嫁女税所获得的收入等,[3] 此外还包括封建没收财产及附属权利的收益、手中闲置的教会地产的收益等。[4] 在亨利七世时,通过没收叛乱贵族的领地和财产,使王室领地大约增加了60%,15世纪80年代,王室领地年收入大约为10000英镑,到亨利七世在位晚期增加至40000多英镑。[5] 此后,由于亨利八世的穷兵黩武和挥霍浪费,王室土地在财政上的重要性逐步下降。在16世纪早期,王室领地收入占经常性收入的近40%,在1502~

---

[1] Wilson, C., 1965: *England's Apprenticeship* 1603~1763, London, p.89.
[2] 〔英〕约翰·克拉潘:《简明不列颠经济史》,范定九等译,上海,上海译文出版社,1980年,第242页。
[3] 同上。
[4] 〔美〕道格拉斯·诺斯等:《西方世界的兴起》,北京,华夏出版社,1999年,第84页。
[5] 阎照祥:《英国史》,北京,人民出版社,2003年,第139页。

1505年间，每年总收入达105000英镑，王室领地收入达40000英镑。到16世纪末，王室土地收入在总收入中所占比例不到三分之一，到17世纪30年代，只占14%。① 伊丽莎白女王虽然励精图治，节约开支，在她统治的最后五年时间里也不得不出售了价值372000镑的王室土地，积累了300000镑的债务。② 詹姆士一世的首席大臣索尔兹伯里明知从长远来看，出售王室土地将削弱王室地位，甚至在1609年他还劝说詹姆士同意主要的王室地产应该世代相传，永远受益，但到此时为止他已出售了价值超过400000英镑的王室地产。③
（2）王室法庭的收入。正如中世纪英国流行的一句谚语所言——"司法获大利"④，监护法院的收益、星室法庭的罚款收入等都曾一度成为王室收入的重要来源。在伊丽莎白一世统治晚期，监护法院的收入每年有14000镑，到1607年达到17000镑，1612年达到23000镑，到詹姆士统治晚期接近40000镑。⑤（3）免役税收益。骑士在缴纳一种"免役税"（也称为盾牌税）后便可以豁免兵役，或者交一笔兵役代偿费后，由别人代为服役。（4）向封臣征收的常税如协助金，依照英国封建惯例，在封臣的长子被授封为骑士、封君的长女出嫁、为被俘的封君交纳赎金等三种情况下封君有权征收协助金，亨利七世就曾两次使用过这一权利。詹姆士一世在1609年就以亨利王子受封为骑士为名征收了共20000镑的封建协助金，虽然亨利王子受封为骑士发生在六年前。⑥（5）城市的捐税。英国的许多城市位于国王的领地上，国王为城市颁发特许状，自治城市向国王缴纳的捐税。（6）向教会榨取。国王通过教士收入税、空缺教职土地、教士首年俸和出卖教职等手段向教会敛财。

随着英国城市的发展，工商业不断向纵深挺进，进出口业务增多，英国社会经济结构面临着深刻的变革，为了满足岁入需求，就必须寻求对传统税源的突破，实现从依靠农业税收向依赖工商业税收的结构性转

---

① Clay, C. G. A., 1984: *Economic Expansion and Social Change*: *England 1500～1700*, Vol. II, Cambridge University Press, pp: 251～252.
② Wilson, C., 1965: *England's Apprenticeship 1603～1763*, London, 1965. p. 90.
③ Lockyer, R., 1989: *The Early Stuarts*: *A Political History of England 1603～1642*, Longman, p. 78.
④ 〔英〕约翰·克拉潘：《简明不列颠经济史》，范定九等译，上海，上海译文出版社，1980年，第244页。
⑤ Lockyer, R., 1989: *The Early Stuarts*: *A Political History of England 1603～1642*, Longman, p. 79.
⑥ *Ibid*, p. 78.

变。从 13 世纪起，英国国王开始开辟新的税源，到爱德华一世时正式确立关税制，关税逐渐成为英国政府财政收入的基础。到亨利七世时关税收入由每年 3.2 万英镑增加到 4.2 万英镑。① 这样，从 15 世纪起关税正式成为君主收入的主要基础。但关税收入依赖于对外贸易的状况，在重商主义时代，外贸市场经常发生剧烈的波动，或者被战争所阻断。为了让国王获得稳定的关税收入，从 1604 年到 1671 年，英国的关税被包租出去，包税人每年付给王室一定的租金，就可以由他们自己来征收关税。刚开始每年租金 112400 镑，后来增加到每年 120000 镑，到 1600 年每年 136000 镑，1614 年又提高到每年 140000 镑。② 虽然关税收入有所增加，但更多的收入落入了包税人的钱袋里。除了以关税为主体的商税外，英国的税收还包括以战争或防御为名征收的以 1/10 和 1/15 税为主体的动产税，以及补助金、人头税、教区税、户税、财产所得税等，这些构成了英国的税收。但这些税收的征收有诸多限制，第一，必须得到议会的同意和批准，在发生战争等紧急情况时才能向议会提出征收。以 1603 年为例，议会批准了补助金、1/10 和 1/15 税。补助金对土地征收 4 先令，对货物征收 2 先令，总数达到 70000 镑，另外对教士征收了 20000 镑。1/10 和 1/15 税作为动产税，对各郡征收 1/15 税，对城镇征收 1/10 税。③ 第二，这些税收的征税程序日益僵化，削弱了其在财政收入中的地位，如 1/10 和 1/15 税，征税所需的财产评估是根据纳税人的口头誓言来完成的，根本不能反映纳税人财产的真正价值。在伊丽莎白女王统治晚期，瓦尔特·罗利爵士就公开承认，在女王的税簿里，他们的财产值 30 镑或 40 镑，不过是他们财产的百分之几。这一情况在斯图亚特王朝也没有得到改进，米德尔塞克斯伯爵莱昂内尔·克兰菲尔德的财产在 1622 年被评估为 150 镑，他的实际财富可能接近于 90000 镑。白金汉公爵拥有年收入近 20000 镑，而他的财产仅估算为 400 镑。尽管枢密院反复申斥地方的估价员，批评他们低估自己和邻居的财产，但他们仍置若罔闻。结果是补助金的征收额逐渐减少，在伊丽莎白初年一次补助金能达到 137000 镑，到 1621 年这一数字下降到 72500 镑，到 1628 年授予查理一世的补

---

① 阎照祥：《英国史》，北京，人民出版社，2003 年，第 139 页。
② Lockyer, R., 1989: *The Early Stuarts: A Political History of England 1603～1642*, Longman, p. 75.
③ Fritze, R. H. and Robison, W. B., 1996: *Historical Dictionary of Stuart England 1603～1689*, London, p. 509.

助金每次只能征到 55000 镑。①

国王的支出主要包括，王室消费、修建宫室、王室官员的薪俸和津贴等。虽然英国政府官员数量不大，但官员的薪水在平时仍占了政府收入的很大一部分，使得财政体系成为社会财富再分配的一种方式。英国官员的数量在 1625～1642 年间只有 1400 人左右，大约占成年乡绅和贵族的 3%～5%。② 这样再分配的资源落入了很小一部分家庭的腰包里。最大的支出是战争的费用。在中世纪的时候，王室政府有时能够保持收支平衡，甚至出现盈余，但进入重商主义时代以后，随着政府职能的扩展和战争费用的膨胀，入不敷出成为政府的常态。亚当·斯密对近代军备和战争的巨额费用深有感触："火器发明后，战争技术起了大变化。于是，平时训练一定兵额，战时使用一定兵额，所需的费用，都进一步增加。"③ 在 1488 年到 1492 年间与法国的战役花费了 108000 镑，1511 年夏季和 1514 年秋季的军事冒险花费了 892000 英镑，用于支付军队的工资、给养和武器装备。16 世纪 40 年代的战争耗费了大约 3200000 英镑，每年大约 560000 英镑。④ 此外，地方防御设施的花费、军队平时训练的费用和派驻海外的装备和给养，都是一笔巨额的费用。塞西尔就曾提到，为迎击西班牙大舰队，仅地方防御设施的费用就相当于 4 个补助金。⑤ 在 1552 年，英国的外债达到了 108000 英镑，加上国内的债务，达到了 220000 英镑，三年后外债增长到了 148526 英镑 5 先令 8 便士，利息高达 14%。⑥ 伊丽莎白政府有时面临着即使愿意支付高额利息，也借不到一分钱的处境。

当詹姆士一世在 1603 年登上英格兰王位的时候，他把自己描绘成"像一位在荒凉贫瘠土地上徘徊了 40 年的穷人，现在来到了希望之地"。詹姆士在南下途中，受到了英国社会领袖的热情款待，看到他们的财富

---

① Lockyer, R., 1989: *The Early Stuarts: A Political History of England* 1603～1642, Longman, p. 81.

② Clay, C. G. A., 1984: *Economic Expansion and Social Change: England 1500～1700*, Vol. II, Cambridge University Press, p. 261.

③ 〔英〕亚当·斯密:《国民财富的性质和原因的研究》下卷，王亚南、郭大力译，北京：商务印书馆 1974 年版，第 271 页。

④ Bernard, G. W. 1986: *War, Taxation and Rebellion in Early Tudor England*, Harvester Press, p. 53.

⑤ Archer, I. W., 2001: "The Burden of Taxation on Sixteenth-Century London", *The Historical Journal*, Vol. 44, p. 600.

⑥ Scott, W. R., 1912: *The Constitution and Finance of English, Scottish and Irish Joint-Stock Companies to 1720*, Vol. I, Cambridge, p. 16.

远胜于苏格兰，他因此断定自己贫穷的日子已经一去不复返了，作为英格兰国王，他可以奢侈铺张，慷慨花钱。但英国王室的财政困境很快让他明白，他高兴得太早了。到 1605 年 10 月他就告诉大臣索尔兹伯里："一想到我是九五之尊，却债务奇大，手段奇少，我就恐惧。"① 虽然詹姆士结束了与西班牙的战争，但并不意味着军事支出的结束，在爱尔兰的驻军每年需要花费近 600000 英镑，维护在一些荷兰城镇中的要塞每年需花费 25000 英镑。索尔兹伯里在 1608 年向议会两院解释了王室政府面临的困境，积累的债务已经达到警戒数字 1400000 镑，并且以每年 140000 镑的速度增长。通过出售王室土地和其他措施，他把债务减少到了 300000 镑，把每年的赤字减少到 46000 镑，他已经无能为力，只能向议会求助。②

1660 年斯图亚特王朝的复辟带来了王室费用的恢复，查理二世面临的财政问题也不容乐观。一支超过 60000 人的军队和一支超过 100 艘战船的舰队，每个月大约需要花费 100000 镑；士兵和海员的欠款，购买设备和海军贮备的大笔债务，这两项加起来达到了 1100000 镑；查理一世未还的债务，查理二世流放时所欠的债务，残余议会和护国政府所欠的合法债务，加起来总数也达到了 900000 ~ 1000000 镑之间。据唐宁在 1661 年的观察，国王每年需要 1500000 或者 1600000 英镑。而议会每年只给国王 1200000 镑。③ 从斯图亚特王朝复辟到 17 世纪末，政府借贷总数达到了 14000000 ~ 15000000 镑之间。④

到了 18 世纪，战争更是接连不断。从 1700 年到 1760 年，大约有 30 年时间在打仗，另外 30 年在准备战争。战争费用也在不断攀升，安妮女王的战争花费超过了 50000000 镑，其中 23000000 镑转化为国债，奥地利王位继承战争花费了 43000000 镑，其中 30000000 镑转化为国债，七年战争总费用高达 82000000 镑，其中 60000000 镑转化为国债。⑤ 从表 6 – 1 可以看出战争对国家财政的巨大压力。

---

① Lockyer, R., 1989: *The Early Stuarts: A Political History of England* 1603 ~ 1642, Longman, pp: 71、74.

② *Ibid*, p. 80.

③ Glassey, L. K. J., 1997: *The Reigns of Charles II and James VII & II*, Macmillan Press LTD, pp: 41 ~ 43.

④ Wilson, C., 1965: *England's Apprenticeship* 1603 ~ 1763, London, p. 313.

⑤ *Ibid*, pp: 313 ~ 314.

表 6-1 18 世纪战争费用和公共借贷（单位：镑）

年份 (1)	总费用 (2)	总收入 (3)	贷款筹集的余额 (4)	(4)占(2)的 百分比（%）
1688~1697	49320145	32766754	16553391	33.6
1702~1713	93644560	64239477	29405083	31.4
1739~1748	95628159	65903964	29724195	31.1
1756~1763	160573366	100555123	60018243	37.4
1776~1783	236462689	141902620	94560069	39.9
1793~1815	1657854518	1217556439	440298079	26.6
总数	2293483437	1622924377	670559060	33.3

资料来源：Wilson, C. and. Parker, G. ed., 1977：An Introduction to the Sources of European Economic History 1500~1800, Vol 1：*Western Europe*, London, p. 132.

虽然在重商主义时代战争和军事费用是国家财政入不敷出的重要原因，但正如查尔斯·威尔逊所言，战争带来的财政压力对工业、商业、就业和经济发展究竟起到了什么样的作用，史家却看法不一。① 有的史家认为，战争导致对外贸易中断，这从关税上就可以反映出来，在 18 世纪上半期，英国在战时的关税收入明显少于和平时期，如在西班牙王位继承战争和奥地利王位继承战争期间，关税收入就下降了。此外，在战争时期，土地税和财产税明显上升。因此，由于限制了市场，征收高额税收，推迟了工业革命。而有的学者则认为，英国是个小国，资源有限，市场狭小，因此，海外市场对英国的工业化具有至关重要的作用，战争从长远来看拓展了殖民地市场，高税收和其边际效应导致的社会和政治无序和商业混乱是工业进步必不可少的代价，"正是国际贸易和帝国潜在的经济利益鼓励了 18 世纪的政治家冒险追求好斗的对外政策"②。

第二节　对制税权的争夺

英国国王从 12 世纪起就开始对臣民征收财产税，但从 14 世纪中期开始，议会掌握了个人财产税的批准权力，国王每次征收财产税都必须经过议会批准。征税权特别是工商业税收的征税权归属于议会，对重商主义时代英国国家与市场经济的关系走向有着意义深远的影响，由于议

---

① Wilson, C., 1965：*England's Apprenticeship* 1603~1763, London, p. 313.
② Beckett, J. V. and Turner, M. 1990："Taxation and Economic Growth in Eighteenth-Century England", *The Economic History Review*, Vol. 43, pp：398~400.

会掌握着征税权,而从都铎王朝开始,议会下院逐渐掌握在工商业者和与工商业有紧密联系的乡绅等人的手里,议会与国王围绕征税权展开了激烈的争夺。这种博弈的存在一定程度上决定了英国不可能维持和产生一个庞大的中央政府和官僚组织,决定了英国政府不可能不计成本地实施他们所选择的政策,逼迫臣民满足开支,也决定了英国的财政政策以促进工商贸易和农业的发展为目标。

在重商主义时代,由于开支激增,征得的税收根本无法满足开支的需要,这是自都铎王朝以来,英国王室面临的困境之一,英国国王们不得不广开财路,弥补不足。同时,随着近代民族国家的形成,君权走向专制,作为王朝国家的国王也越来越希望自力更生,绕过议会,通过扩张所谓的王室特权来为政府筹集资金,加大了各地的税收负担。进入斯图亚特王朝,尤其是查理一世时的征税实际上一直都没有得到议会许可。比如在1618~1638年间,莱斯特郡总共向国家缴纳了73000镑税收,其中仅有29000镑是议会补助金和强迫借款。① 议会也越来越不愿意批准税收。如1601年的议会为伊丽莎白女王表决了4个补助金和8个1/10和1/15税,1606年议会授予詹姆士3个补助金和6个1/10与1/15税,1610年只有1个补助金和1个1/10与1/15税,从此直到1621年再没有批准国王征收此类税收。②

为解决财政危机,都铎王朝特别是斯图亚特王朝的国王采取了权宜之计来筹措资金,其中一些措施没有经过议会的批准,被议会视为"非法"的手段,有的是复活了古代的封建义务。这些为了增加政府收入的权宜之计,给英国的经济和社会带来了根本性的影响。英国国王采取的权宜之计主要包括以下几种。

首先是没收教产和出售王室土地。亨利八世通过教会改革,获利颇丰。因为教会拥有大量财产。在1535年王室领地的年收入最多只有40000镑,而教会的年收入高达400000镑。③ 总计关闭男女修道院718所,遣散僧侣修女8000余人,修道院资产全部没收,大批修道士被迫还俗。修道院的大量浮财地产,多半由国王转让出售。到1547年亨利八世去世时已有1/3~2/3地产被转让或出售给俗人。亨利八世凭空获利142

---

① Archer, I. W., 2001: "The Burden of Taxation on Sixteenth - Century London", *The Historical Journal*, Vol. 44, p. 600.

② Fritze, R. H. and Robison, W. B., 1996: *Historical Dictionary of Stuart England 1603 ~ 1689*, London, p. 509.

③ Hoskins, W. G., 1976: *The Age of Plunder*, Longman, p. 121.

万英镑。① 但巨额的战争费用使亨利八世从修道院夺来的财富迅速告罄，于是增收各类捐税、举借贷款、实行通货膨胀政策和改铸劣钱来弥补财政亏空。爱德华六世和玛丽女王继续转让没收的地产，1558 年伊丽莎白女王即位时，3/4 的修道院地产已非王有。在 1588 年与西班牙战争结束时，伊丽莎白女王已经出售了 25% 的王室土地，筹集了 75 万英镑。尽管如此，詹姆士一世还是继承了伊丽莎白时期遗留下来的 35 万英镑债务。在其在位时他又出售了 25% 的王室土地，使得王室领地的收入由 15 万镑下降到 3 万镑。而他的儿子查理一世依然要偿还遗留的债务。为了开支而出售大量可以获得收入的资产，表明财政问题已经成为当时国家的疾患。此外，还意味着，随着时间的推移，税收问题日趋恶化，因为每次出售土地都意味着未来的收入会减少，在 1617 年，赤字达到了 3.6 万英镑，或者说收入只够支出的 90%。②

其次是借款，特别是强迫借款。短期借款，是中古以来英国国王惯用的弥补不足的办法，爱德华四世和亨利七世时，因为财政拮据，不得不依靠借款来满足财政需求。亨利七世首开都铎王朝强迫借款之先河，亨利八世在 1522 年向全国拥有 5 英镑及以上个人财富或者相当于价值 5 英镑的土地的臣民借款，那些拥有 20 英镑及以上财富的人共借给国王 105456 镑，20 英镑财富以下的人共借给国王 57484 镑，世俗人员借给国王 162940 镑，教会贡献了 56252 镑，其中主教和教会的高级教士借给国王 38569 镑，普通教士拿出了 17683 镑。亨利八世此次借款总数达到了 260697 镑。③ 这些借款手段也为斯图亚特王朝所采用。英国的富人们成为国王借贷的对象。通过 1604 年和 1605 年的借款，国王一年就借到了 111891 英镑，直至 1609 年 12 月才最终清偿完毕。1617 年的强行借款（还不到 10 万英镑）直到 1628 年才得以偿还。从 1611 年到 1625 年，国王一直通过相同的办法来贷款。这种贷款越来越像税收，但由于它们都属于贷款，所以并不需要得到议会的批准。但是，国王并未与财富集团建立起一种系统的、正常的关系，即履行今天的承诺以获得未来的贷款机会。实际情况恰恰相反。斯图亚特王朝的国王大多是以威逼利诱的方式来获得借款的，所以是强迫借款。④ 虽然强迫借款是都铎王朝和斯图

---

① 阎照祥：《英国史》，北京，人民出版社，2003 年，第 148 页。
② 〔美〕道格拉斯·诺斯，巴里·温加斯特：《宪政和承诺：17 世纪英国公共选择制度的变迁》，见《比较》第 6 辑，北京，中信出版社，2003 年，第 59 页。
③ Hoskins, W. G., 1976: *The Age of Plunder*, Longman, pp: 22~23.
④ 〔美〕道格拉斯·诺斯，巴里·温加斯特：《宪政和承诺：17 世纪英国公共选择制度的变迁》，见《比较》第 6 辑，北京，中信出版社，2003 年，第 59 页。

亚特王朝惯用的解决公共财政问题的手段，但1626年的强迫借款却极不寻常，因为此次国王不是向个人借款，而是向所有的补助金缴纳者强迫借贷相当于5个补助金的数额，总收入近300000镑。① 这实际上变成一种未经议会同意的议会税收，所以遭到了各方的抵制，在北安普顿郡、林肯郡和格洛斯特郡，大批主要纳税人都在枢密院官员和借款专员面前公开拒绝支付这笔款项。在艾塞克斯，几百名普通补助金缴纳者进行了长期抵制。② 由于拒绝缴纳借款，共有70名乡绅被逮捕入狱，其中5人被送上法庭，这就是有名的"五骑士案"。这一切，最终导致1628年议会提出了权利请愿书。

第三是卖官鬻爵。詹姆士国王还迎合新富阶层的虚荣心理，指示亲信卖官鬻爵，加快封赐爵位，借以敛财。詹姆士一世即位不久，仅4个月不列颠就增加了906名骑士，全国骑士总数陡然增加了2倍多。此后，他加大了出售骑士爵号的幅度，由1610年的每年31名增加到1615～1619年间的平均每年120名。③ 他从1611年开始以1095英镑的价格出售准男爵头衔，而且承诺出售数量有限。但很快就降低了价格并卖出了超过承诺数量的头衔，截至1622年，售价跌到220英镑。④ 上议院贵族爵位的出售是在他即位后第三年开始的。到1628年新议会开会时，上院世俗贵族达到128名，是斯图亚特王朝初期时的2倍多。⑤ 英国上议院规模的扩大改变了现有议席的价值，因为它限制了现有议员保护自己免受国王控制的能力。

第四种增加收入的办法就是出售垄断权和"特许权状"等王室特权。都铎王朝和斯图亚特王朝广泛地实施专卖制度，在玻璃制造、制盐、肥皂制造等行业中采取发放垄断许可证的做法。在16世纪后半期，王室出售了不到100项垄断特许权，而詹姆士一世用20年左右的时间就出售了108项。⑥ "1606年宫廷债务攀升至60万英镑，迫使国王出售专卖权和王室森林，平衡政府开支，但收支仍不相抵。"⑦ 出售垄断权的收入不

---

① Lockyer, R., 1989: *The Early Stuarts: A Political History of England* 1603～1642, Longman, p. 223; Fritze, R. H. and Robison, W. B., 1996: *Historical Dictionary of Stuart England* 1603～1689, London, p. 510.

② Fritze, R. H. and Robison, W. B., 1996: *Historical Dictionary of Stuart England* 1603～1689, London, p. 199.

③ 阎照祥：《英国史》，北京，人民出版社，2003年，第181～182页。

④ Hirst, D., 1986: *Authority and Conflict: England* 1603～1658, Cambridge, p. 113～114.

⑤ 阎照祥：《英国史》，北京，人民出版社，2003年，第182页。

⑥ Wilson, C., 1965: *England's Apprenticeship* 1603～1763, London, p. 102.

⑦ 阎照祥：《英国史》，北京，人民出版社，2003年，第181页。

仅用来还债，还用来支付朝臣的薪水，或者就是为了获得现金收入。①由于国王出售的专利特许权太过泛滥，以至于变成一种新的未经议会授权的税收方式，并且严重干扰了工商业活动，给消费者增加了负担，引发了社会的不满，遭到了议会的反对，1614 年议会对一项授予玻璃制造业的专利特许权表示不满，1617 年授予啤酒馆的专利特许权引发了愤怒，1618 年出售了金银线制造专利特许权，并把原有的制造者罚款或投入监狱，引起了更大的愤怒，1624 年这种对垄断和专利特许政策的不满达到了顶峰，导致 1624 年法案的出台。

为了增加收入，国王还通过其他方式"复活"早已湮没在历史烟尘中的古代封建义务和王室特权。斯图亚特王朝就把古代海岸城市为保护王国必须捐助船只的义务，变成了为发展海军向全国征收的货币税，甚至在和平时期也征收。②利用古老的王室食品征发特权，以"公共目的"强买许多商品，所支付的价格均无不低于市场价。在 17 世纪 20 年代，王室食物征发权每年带来的"未经议会表决的"税收达 4 万英镑。③

斯图亚特王朝国王与议会对制税权的争夺实际上牵涉到三个核心问题：第一，未经议会同意，国王是否有权征收国税？第二，王室特权的范围到底在哪里？第三，国王是否可以随意拘捕臣民？这三个宪政性的问题直接关系到臣民的财产权和人身自由权。早在都铎王朝时期亨利八世统治的 1525 年，当亨利八世要求他的臣民拿出他们财富和收入的一部分，给予他一项和平补助（the Amicable Grant），帮助他争夺法国王位和领地，但这项补助遭到了臣民的普遍反对，亨利八世最后不得不放弃要求。④这项补助之所以遭到普遍抵制，就是因为它不符合宪政惯例，没有经过议会批准，侵犯了臣民的财产权。斯图亚特王朝国王绕过议会，滥用特权，不择手段地增收，极大损害了自己的信誉，损害了工商业的利益，给市场经济的发展造成了威胁，仍不能解决财政的窘境，却遭到议会的强烈反对和臣民的抵制。这种国家力量和市场经济力量的激烈冲突，最终通过英国革命才得到解决。

---

① Clay, C. G. A., 1984: *Economic Expansion and Social Change: England 1500～1700*, Vol. II, Cambridge University Press, p. 257.

② *Ibid*, p. 259.

③ 〔美〕道格拉斯·诺斯，巴里·温加斯特：《宪政和承诺：17 世纪英国公共选择制度的变迁》，见《比较》第 6 辑，北京，中信出版社，2003 年，第 59 页。

④ Bernard, G. W., 1986: *War, Taxation and Rebellion in Early Tudor England*, Harvester Press, p. 150.

第三节 近代国家税制的形成

"光荣革命"后英国确立了君主立宪政体,通过一系列法案来限制国王的权力,而把政治实权逐渐转移到议会,开创了议会至上的时代,"权利法案"明确规定,不经议会同意不能征收赋税。议会"牢固地重新确立起开增新税赋方面的绝对权力;同时,国王独立的税收来源也受到了限制"[1]。从1690年起,议会在收税时都指定一个委员会来审查政府的开支。此后英国的税收体制开始呈现出现代的特点。

表 6-2 1661~1755 年英国公共收入的分布(单位:千镑)

年份	政府收入	关税	占百分比	消费税	占百分比	其他收入	占百分比	土地税和财产税	占百分比
1661~1665	7114	1718	24.1	1210	17.0	1071	15.1	3115	43.8
1666~1670	8243	1560	18.9	1463	17.7	1384	16.8	3836	46.5
1671~1675	9430	2697	28.6	2376	25.2	2824	29.9	1533	16.3
1676~1680	8402	3202	38.1	2661	31.7	1004	11.9	1535	18.3
1681~1688	13238	6033	45.6	4723	35.7	2347	17.7	135	1.0
1688~1695	24645	5298	21.5	6363	25.8	2710	11.0	10274	41.7
1696~1700	22207	5875	26.5	5805	26.1	2458	11.1	8069	36.3
1701~1705	24885	7292	29.3	7596	30.5	1301	5.2	8696	34.9
1706~1710	26417	6493	24.6	8228	31.1	1488	5.6	10208	38.6
1711~1715	27615	7302	26.4	9926	35.9	1803	6.5	8584	31.1
1716~1720	30535	8330	27.3	11072	36.3	3036	9.9	8097	26.5
1721~1725	29830	7878	26.4	13316	44.6	1909	6.4	6727	22.6
1726~1730	30921	8178	26.4	13623	44.1	1514	4.9	7606	24.6
1731~1735	28505	7774	27.3	14287	50.1	1597	5.6	4847	17.0
1736~1740	29120	7450	25.6	14554	50.0	1350	4.6	5766	19.8
1741~1745	32254	6290	19.5	14337	44.5	1235	3.8	10392	32.2
1746~1750	35370	6895	19.5	16427	46.4	1220	3.4	10828	30.6
1751~1755	35192	8362	23.8	17804	50.6	1320	3.8	7706	21.9

资料来源:Beckett, J. V. and Turner, M. 1990:"Taxation and Economic Growth in Eighteenth - Century England",*The Economic History Review*, Vol. 43, p. 380.

---

[1] 〔美〕道格拉斯·诺斯,巴里·温加斯特:《宪政和承诺:17世纪英国公共选择制度的变迁》,见《比较》第6辑,北京,中信出版社,2003年,第65页。

第一，国家税收持续增长并且以间接税为主。"光荣革命"后，英国经济发展骤然加快，世界商业霸主地位逐步确立，公共开支剧增，税收也随之水涨船高，但此时英国的税收结构发生了历史性的转折，也就是主要依靠间接税而不是直接税（见表6-2）。政府只有在战时才能够征收直接税，在其他情况下由于议会下院的反对，很难征收直接税。[①]这一转变实际上在革命期间已经开始，长期议会顺应工商业者的要求，结束了通过特许专卖制度取得岁入的做法，开始建立征收商品税和消费税以解决国家岁入的制度。从1643年开始对大批商品包括肉类、牛油、牛肉、盐、肥皂、皮革、羊毛和奢侈品征税，如1685年至1688年平均每年为国家提供70.7万英镑，略低于同期关税额98万英镑。[②]据估算，到1736~1738年间平均每年土地税为100万英镑，窗税等为13.5万镑，但间接税要高得多，其中关税为150万镑，消费税为300万镑，印花税为15万镑。战争期间，虽然也增加直接税，但主要通过大幅增加间接税来补充国家收入，如奥地利王位战争时期提高了盐税、葡萄酒税、纺织品输入税和醋税。在七年战争期间制订了一般关税法，加强对来自殖民地的商品和啤酒征税。到18世纪末，英国的税收总额达到1500万镑。[③]单以消费税为例，从17世纪70年代到18世纪70年代，消费税激增，从17世纪70年代占总收入的28%，到18世纪70年代占到总收入的47%。[④]

英国税收结构的这种变化，对英国经济飞速发展有着不可估量的意义。首先，间接税是看不见的，故而不易激起社会冲突。正如布罗代尔所言："英国则以从许多消费品（包括大众消费）征收的间接税为大宗税项（1750至1780年占70%）。间接税不太明显，容易隐藏在价格里。"[⑤]英国也不像其他欧洲大陆国家，并没有为特定的特权集团免税。[⑥]

[①] Beckett, J. V. and Turner, M. 1990: "Taxation and Economic Growth in Eighteenth – Century England", *The Economic History Review*, Vol. 43, p. 383.

[②] 沈汉 王建娥：《从封建社会向资本主义社会过渡研究——形态学的考察》，南京，南京大学出版社，1993年，第320页。

[③] 〔法〕布罗代尔：《15至18世纪的物质文明、经济和资本主义》第3卷，顾良译，北京，生活·读书·新知三联书店，1993年，第439~440页。

[④] Beckett, J. V. and Turner, M. 1990: "Taxation and Economic Growth in Eighteenth – Century England", *The Economic History Review*, Vol. 43, p. 396.

[⑤] 〔法〕布罗代尔：《15至18世纪的物质文明、经济和资本主义》第3卷，顾良译，北京，生活·读书·新知三联书店，1993年，第439~440页。

[⑥] Dickinson, H. T., 2002: *A Companion to Eighteenth – Century Britain*, Blackwell Publishers Ltd, p. 22.

其次，这种税收结构影响的是消费和需求，而不是储蓄和投资，从而有利于投资的扩大。虽然埃克哈特·赫尔马思认为英国是欧洲税负最重的国家之一，英国国家向其臣民征收的税收远高于绝对主义的法国，从17世纪晚期开始，英国的税赋曲线就陡峭上升，在光荣革命和拿破仑战争结束之间，英国的总税收净值增长了 10 倍。① 不过，J. V. 贝克特和 M. 特纳的研究表明，税率的提高，对消费的影响不是太明显，消费几乎没有减少，甚至还持续增长。② 因为此时英国已经步入了消费社会，所以税收负担开始由全社会的大部分人口来承担，扩大了税基。对富人们来说，随着收入的增加，税收负担的总趋势是减少，可以省下钱去投资。因此，正如 C. 威尔逊所指出的那样，与欧洲其他国家的财政体系相比，英国的财政体系设计较为良好，管理较为完善，没有抬高成本扼杀贸易和工业，没有因不公平而激起深刻的社会纠纷。③

第二，国家税赋走向理性和成熟，与其他经济政策紧密配合，为发展经济服务。随着英国重商主义思想的成熟，并且成为国家政策的取向，英国从都铎王朝开始，逐步减免出口税，降低原料进口税，使英国的财税体制逐步现代化。这一政策在光荣革命后，执行得更为彻底，开始免征出口税。1691 年取消了猪肉、牛肉、奶油、干酪和蜡烛的出口税。1699 年，是决定性的一年，取消了所有毛织品、谷物、麦片、面包以及若干其他商品的出口税。1709 年，凡由不列颠船只装运的出口煤都免纳关税。最后，沃波尔于 1721 年完成了或者接近完成了这项免税的过程。仍须缴纳关税的主要商品只有由外国船只装运的煤以及铅、马匹和"本色"呢绒。与此同时，还对谷物出口给予奖励金，以鼓励出口。④

第三，公共税收体制和公共信贷制度为英国争霸世界提供了保障。公共税收体制的成熟和公共信贷制度的创立，为英国财政两条腿走路、实现现代化奠定了坚实的基础。

随着政府开支的剧增，税收很快就到达了极限，只够政府支出的一部分，必须寻找新的收入来源。英国成功地创立了公共信贷制度，从而解决了公共财政的困境。1694 年英格兰银行成立，以 8% 的利率发行 120

---

① Dickinson, H. T., 2002: *A Companion to Eighteenth - Century Britain*, Blackwell Publishers Ltd., p. 21.
② Beckett, J. V. and Turner, M. 1990: "Taxation and Economic Growth in Eighteenth - Century England", *The Economic History Review*, Vol. 43, p. 395.
③ Wilson, C., 1965: *England's Apprenticeship* 1603 ~ 1763, London, p. 362.
④ 〔英〕约翰·克拉潘：《简明不列颠经济史》，范定九等译，上海，上海译文出版社，1980 年，第 391 ~ 393 页。

万镑的公债，在 11 天内被认购一空，并把全部资本贷给了政府。以其成立为标志，英国的公共信贷体系开始建立。公共借贷有时由政府直接与投资者洽谈，有时通过大公司或英格兰银行进行。早在 17 世纪末，英国就发行了财政票据，但起初流通十分缓慢，发行规模小。到 1707 年，英格兰银行接手了财政票据的发行，成为政府临时借贷的代理人。财政票据成为为政府提供短期信用的主要工具。① 在英格兰银行的操作下，英国的公债成为国内和国际上的抢手货，在伦敦和阿姆斯特丹市场上的发行量激增，信誉度提高，以致 1782 年英国政府发行的公债数额为 300 万镑，而认购数额高达 500 万镑②，为国家发展提供了巨额的资金。到 1781 年，正如诺尔斯勋爵所说的，英格兰银行已成为"英国国家机构的一部分"。③

在经历了南海公司泡沫之后，英国由沃波尔建立了公共信用体系，虽然巨额公债把许多英国人吓得咋舌，甚至连大卫·休谟都担忧"不是国家毁了公共信贷，就是公共信贷毁了国家"，但公债正是英国争霸世界取得胜利的重要原因之一，因为"公债的利息准时偿付，不容违约，借款由议会保证还本，这一切确立了英国的信誉，因而借到的款项之大令欧洲惊诧不已"。④ 政府的公债还为英国人提供了一条新的投资渠道，政府的消费和支出也促进了市场经济的发展。政府的税收保证了公债的还本付息，在和平时期，英国政府支出的一半以上用来支付国债的利息，另外 1/3 的公共支出也通过货物和服务的订单又回到了经济运行中。⑤

在重商主义时代，英国从税收结构来说，经历了从封建性收入为主向以工商税收为主、从直接税为主向间接税为主的演变；从征税原因来说，经历了以战争和防御费用为由向维持国内秩序和政府日常开支为由的转变；从税收用途来说，经历了主要用于王室消费和战争费用向用于政府机构日常运转和国家管理的转化。从英国税制的演变可以看出，税收说到底，是为了满足国家公共开支的需要。随着英国近代国家体制的

---

① Wilson, C., 1965: *England's Apprenticeship* 1603~1763, London, p. 314.
② 〔法〕布罗代尔：《15 至 18 世纪的物质文明、经济和资本主义》第 3 卷，顾良译，北京，生活·读书·新知三联书店，1993 年，第 433 页。
③ 〔英〕约翰·克拉潘：《简明不列颠经济史》，范定九等译，上海，上海译文出版社，1980 年，第 380 页。
④ 〔法〕布罗代尔：《15 至 18 世纪的物质文明、经济和资本主义》第 3 卷，顾良译，北京，生活·读书·新知三联书店，1993 年，第 432~433 页。
⑤ Beckett, J. V. and Turner, M. 1990: "Taxation and Economic Growth in Eighteenth-Century England", *The Economic History Review*, Vol. 43, p. 397.

形成，王室私人机构向国家政府的转变，国家管理职能向全国放大和扩展，税收也日益具有公共性质，并最终在征税的原因和税收的用途上指向政府的公共开支，战争或防御已不是征税的唯一原因，这就要求税收体制必须公开、公正、有序、有效，能够切实保障民众的财产权，经过议会和国王等诸多利益集团、阶层几百年的博弈和角逐，议会最终取得根本上的控制权，在这一过程中，英国的近代税收体制逐渐完善并最终确立。

第七章　国家与市场经济互动的结果

发展市场经济的核心问题，是处理好政府与市场的关系。在重商主义时代，国家与市场经济的关系是多方面、多层次的、分阶段的，双方的相互作用对英国经济社会发展产生的影响是全面而深刻的。从王朝国家迈向现代国家，从特许垄断市场经济到自由市场经济，国家与市场经济关系三阶段演进的总趋势是国家干预和控制越来越少，市场经济发展的自由度越来越大，空间越来越广。

在重商主义时代，国家与市场经济的互动对英国的发展到底产生了什么样的影响，需要结合史实做客观具体的分析。正如沃勒斯坦所言："对那些通过使企业经济效益增至最大而牟取利益的人来说，国家机器有时极为有用，有时却是重大的障碍。"[①] 也就是说，这种影响既有积极效果，有时又会产生消极作用。从积极方面来看，在国家的强力护航下，扩大了市场运行空间，促进了英国商业的繁荣、财富的积累和经济的增长，推动英国社会实现了成功转型，带动英国实现了大西洋世界的商业霸权和开拓出一个世界市场。从消极方面来看，随着市场经济的不断深入，市场力量的不断增强，国家的管制惯性也在束缚和阻碍市场经济的发展。

与此同时，市场力量反过来对国家功能产生了多方面的影响，例如，市场力量对国王特许垄断权的反对不断推进，最终通过革命彻底改变了国家的政治结构，改变了国家经济管理结构，成功实现了经济社会与国家的分离。正是在重商主义时代的大背景下，在国家与市场经济的互动中，国家与市场经济的边界才逐渐明晰起来，英国的资本主义才越过万重关山，最终脱颖而出，乃至改变了人类历史发展格局。

---

① 〔美〕伊曼纽尔·沃勒斯坦：《现代世界体系》第 1 卷，孙立田等译，北京，高等教育出版社，1998 年，第 194 页。

第一节　国家对市场经济发展的促进

亚当·斯密为了确立自由贸易的理论图式，把自由贸易与重商主义对立起来，把重商主义等同于国家管制，仅代表商人与制造业者的利益。① 这与前面论述的重商主义理论与政策实际不符：首先重商主义就包括国家控制和自由贸易两个面相，决不是只有国家干预一副面孔；其次是"在整个这一时期，英国未能像其他国家那样控制国民生活，尤其是，国民生活的经济部门，包括殖民事业在内，处于较为自主的状态。即使开展计划工作，其范围也比较有限，主要涉及与爱尔兰和殖民地的经济关系以及对外贸易，而与我们的讨论关系较大的一点是，这种计划不像在大多数欧洲大陆国家那样执行得那么严格。"② 所谓英国在都铎王朝时期对经济生活的全面控制，是放在英国自己的历史发展进程中来看的，而不是与其他欧洲大陆国家相比较来说的。与这些国家相比，即使在英国国家干预达到高峰的伊丽莎白女王时期，英国对市场经济的控制也是相对宽松的。特别是在国家与市场经济关系的第二阶段以后尤其是第三阶段，重商主义政府相对自由的政策极大地促进了经济的发展，即使在都铎王朝时期，英国的国家干预措施也不应该予以全盘否定，因为一些干预措施在当时的历史条件下具有一定的积极影响。总体而言，在重商主义时代，英国国家与市场经济的三阶段互动具有以下几方面的积极影响：

一、从总体上来说，国家与市场经济的互动促进了英国商业的繁荣、财富的积累和经济的增长。

在重商主义时代，商业资本是经济发展的主导力量。正是由于政府采取了一系列促进农业、工业和国内外贸易的政策措施，英国的经济获得了长足的发展。

通过圈地运动和技术变革，农业经营方式发生了历史性变化，亩产量和粮食商品率都增加了。18 世纪英格兰和威尔士谷物产量增加了 40%。汤森通过轮作等技术革新，使小麦在自己的土地上每英亩的产量从 10 蒲式耳增至 24 蒲式耳。而另一位罗伯特·贝克韦尔的科学培育法使小牛的平均重量从 50 磅增至 148 磅，使菜牛的平均重量从 370 磅增至

---

① 〔英〕亚当·斯密：《国民财富的性质和原因的研究》下卷，王亚南、郭大力译，北京，商务印书馆，1974 年，第 229 页。
② 〔美〕约瑟夫·熊彼特：《经济分析史》第 1 卷，朱泱等译，北京，商务印书馆，2001 年，第 234 页。

800磅,使绵羊的平均重量从28磅增至80磅,羔羊则从18磅增至50磅。① 工业的部类不断增多,出口数量不断攀升,以1700年的出口指数为100,到1730年就增长到142,到1750年增长到176。②

在市场网络的构建和市场交换体系的发育上,通过政府的大力鼓励和支持,英国成功整合了国内市场,形成了以伦敦为中心的国内统一市场体系。伦敦在16世纪中期是欧洲第六大城市,在17世纪末成为欧洲最大的城市,"它对国家经济的影响,从毗邻诸郡向全国包括海外殖民地扩展"③。海外市场则从传统的欧洲市场不断向外扩展和延伸,遍布欧洲、美洲、非洲和亚洲。商品交换规模不断扩大,商品流转速度不断加快;商人资本放量扩张,商人的财富不断增长。到17世纪初,英国伦敦以外的各地商人资产一般在2000镑至4000镑之间,而同时期伦敦作为经济中心,其商人财富积累得较快,大约有五十多名伦敦商人的资产在2万镑至10万镑之间。④ 而R.格拉斯拜将伦敦商人按照财富的多少分为7个层次,第一层的财产数在10万镑以上,1600~1660年,有10人,1660~1720年,有15人;第二层的财产数在3万镑至10万镑之间,1660年以前有12人;第三层,2万镑至3万镑,60人;第四层1万镑至2万镑,300人;第五层,5000镑至1万镑,600人;第六层,500镑至5000镑,稍少于7300人;第七层,不足500镑,占伦敦市民的40%。⑤ 其富有可见一斑。据重商主义者查尔斯·达维南特的推算,英国的社会财富在1600年达到1700万镑,到1630年增加近一倍,达2800万镑,1660年增加一倍,达5600万镑,到1688年增加50%以上,达8800万镑。⑥

英国的各类公司的发展势头迅猛。到1695年,英国共有140合股公司,总股本达到425万英镑。此时,在12家最大的合股公司中,工业企业占到3家,一家造纸厂,一家丝织厂,一家玻璃厂,最大的合股公司

---

① 〔英〕查尔斯·达维南特:《论英国的公共收入与贸易》,朱泱等译,北京,商务印书馆,1995年,第160页。

② Wilson, C. and Parker, G. ed. , 1977: *An Introduction to the Sources of European Economic History* 1500~1800, Vol.1: Western Europe, London, p.122.

③ Clark, P. , 2008: *The Cambridge Urban History of Britain*, Vol. II, Cambridge University Press, p.315.

④ Jack, S. M. , 1977: *Trade and Industry in Tudor and Stuart England*, London, p.42.

⑤ Grassby, R. , 1995: *The Business Community of Seventeenth - Century England*, Cambridge University Press, pp: 247~249.

⑥ 〔英〕查尔斯·达维南特:《论英国的公共收入与贸易》,朱泱等译,北京,商务印书馆,1995年,第160页。

类工业企业在规模上排在第五位。此后，英国经济发展势头更为迅猛，到1719~1720年，仅南海公司的股本就达到1695年140家公司总股本数的两倍，各类公司的总资金达2066万英镑。① 这一数字并不是很多，因为更大的部分作为借款贷给了国家。以英格兰银行为例，在1695年资本只有72万镑，到1717年达到了550万镑，同时公司总股本超过了2000万镑。②

二、从一定意义上讲，国家与市场经济的互动保障了英国从农业社会向市场社会的成功转型。

在人类的本性中蕴藏着两股巨大的力量，一是自利，一是关爱他人。市场经济和资本主义利用了人性中自利的力量，取得了经济进步和社会发展，但市场经济和资本主义只服务于有钱人，因为在市场经济和资本主义体系中，一个人的财富数量增加，为他服务的经济动力就会相应增强；而如果一个人的财富数量减少，则为他服务的经济动力就会减弱，直到完全消失。卡尔·波兰尼在《大转型》中证明了市场社会趋向于自行毁灭，他根据"无管制市场"造成的社会不稳定性，生动地描绘了其破坏效应，"如果听任市场机制成为人类命运及其自然环境乃至购买力的数量和用途的惟一指导者，那将导致对社会的破坏。"③ 在英国重商主义时代，资本主义的兴起充分释放了人性自利的力量，从而给市场活动带来强劲的活力和动力。但英国能够成功实现社会转型的关键在于，国家在帮助有钱人获取更多财富的同时，也没有推卸掉为穷人提供基本生存条件的责任。济贫和就业等措施有力地缓解了急剧的经济和社会变革带来的冲击。

赫克歇尔认为，都铎和斯图亚特王朝早期经济政策的最大特点是，不断地努力帮助深受市场经济发展之苦的社会阶层，首当其冲的是纺织工人和工匠，帮助他们抵制工商业企业主和管理者，同时也帮助受到圈地和养羊业压迫的农业人口。这种做法的新颖之处在于根据市场情况评定工资和对呢绒业企业主的一视同仁。《工匠法令》的目的之一在于提高纺织工人的工资。在1593年为补充现存法律的工资条款而起草的一项法案中，再一次公开重申了这一目的。这一法案明确宣布了最低工资率，而不是像以前的法令规定最高工资率。根据这一法案草案，呢绒制造商

---

① Heckscher, Eli. F., 1983: *Mercantilism*, Vol. I, New York, pp: 411~412.
② Wilson, C. and Parker, G. ed., 1977: *An Introduction to the Sources of European Economic History* 1500~1800, Vol. 1: Western Europe, London, p. 136.
③ Polanyi, K., 2001: *The Great Transformation*, Boston, p. 76.

给的工资如果低于规定额 1 便士,就会被罚款 1 先令。如果他们付的工资高于规定额,则维持不变。在詹姆士继位后不久,这一工资原则就第一次运用在议会法案中,斯图亚特王朝竭力支持这一原则。这一法案也规定,呢绒制造商不能充任评定工资的治安法官。这一条款明显是为保护工人而制定,不利于他们的雇主。① 为了防止失业,甚至在雇主不挣钱的情况下,也强迫他们开业,并必须支付高工资,如果他们表示不服从,立刻被投入监狱。一个突出的例子是,一位呢绒制造商一直被关在监狱里,直到他向他以前的三位工人支付了两倍的工资,并且撤销了对他们的起诉。根据一项特殊的法令,在经济萧条期间,地主们必须离开伦敦,回到各自的郡,② 经营好自己的土地和产业。赫克歇尔把都铎王朝和斯图亚特王朝早期这种有利于下层群众的政策称为"福利政策"。波兰尼也认为:"在都铎王朝和斯图亚特王朝早期,英国通过调节社会变革的进程,使它变得能够被社会承受,使它的结果能够被疏导为破坏性较少的措施,从而解救了英国免遭西班牙那样的命运。"③

在重商主义时代,自发的市场经济必需面对的是脆弱的国内外市场,不时来袭的饥荒和瘟疫,国内外同行的激烈竞争,如果没有英国政府的干预,当饥荒或贸易危机发生时,整个国家就会陷入社会失序和经济倒退的泥潭,通过干预食品供应,调节工资,控制物价,实施济贫,多方解决就业,规范和促进国内各行各业的发展,开拓海外市场,英国成功地化解了市场化带来的经济和社会后果,实现了社会转型。

三、从一定角度来看,国家与市场经济的互动使得在一个农本社会里孕育了工业文明和城市文明。

文明的演进是一个复杂的历史过程。汤因比、施本格勒、奎格利、布罗代尔等文明史家对"文明"的概念给出了多种解释,对文明的动力和演进作了诸多哲学上的思考和理论上的分析,都值得借鉴。但从农业文明向工业文明变迁的路径来看,生产力仍是文明变革的基础。英国正是由于在重商主义时代通过商业的扩张推动了工业的发展和农业的增长,市场的庞大需求成为技术变革特别是机器发明的动因。正如斯塔夫里阿诺斯指出的那样,商业革命在好几个重要方面有助于工业革命:它为欧洲的工业,尤其是为制造纺织品、火器、金属器具、船舶以及包括制材、绳索、帆、锚、滑轮和航海仪器在内的船舶附件的工业提供了很大的、

---

① Heckscher, Eli. F., 1983: *Mercantilism*, Vol. I, New York, p. 257.
② *Ibid*, p. 258.
③ Polanyi, K., 2001: *The Great Transformation*, Boston, p. 79.

不断拓展的市场。为了满足这些新市场的需要，工业必须改善其组织和技术，如为了适应殖民地对钉子的不断增长的需要，研制出机械化的、提高了产量的轧制机和纵切机，这些技术进步为工业革命提供了一个稳固的机械基础。因而，工业革命的先驱者是在许多新研制出来的机械发明物的帮助下开始前进的，这些发明物包括印刷机、手摇织机、纺车、捻丝机、采矿设备、冶铁炉、自动织带机和织袜机。[①]

总之，发明创造不过是商业扩张体制下工业本身的副产品而已，在工业革命到来之前，制造业的技术变革已大量发生。采矿业、金属冶炼、纺织生产和造船等方面都采用了新的办法，风力和水力一天天地代替了人力和畜力。正是在此基础上，才有蒸汽机的突破，从此进入一个以煤炭、石油等不可再生资源为能源，以机器为动力的工业时代，英国社会得到彻底改造，工业和商业取代农业，成为文明发展的主导。由此可见，正是在重商主义时代，英国在一个农本社会里培育了新文明的要素，最终借助累积的技术变革，完成向工业文明过渡的最后一跃。

1650年以后，英国城镇人口增长速度高于全国人口增长速度。英国的农业人口在16世纪之初占全国总人口的80%，但是200年后，这一比例少于60%，甚至可能不到一半。城镇人口从10%或12%上升到22%或者23%。[②] 在17世纪晚期和18世纪早期，英国城镇化经历了一个意义非凡的阶段。在这一阶段，英国的城镇世界发展成为多中心的，而不是集中于单一城市。[③] 除了伦敦的高速发展外，有三类地方城镇经历了一个快速发展阶段：第一类是郡的首府，发展成为"小伦敦"，作为广阔地域的社会和政治中心，经常是郡巡回法院和季审法院开庭的地方，像英格兰东部的达勒姆、约克、林肯、斯坦福、诺威奇、金斯林、贝里圣埃德蒙兹，西部的切斯特、普累斯顿、什鲁斯伯里，南部的梅德斯通和索尔兹伯里；第二类是温泉镇，像巴斯、坦布里奇韦尔斯、哈罗盖特、汉普斯泰德和伦敦的伊斯林顿，伴随着洗温泉的时尚而不断扩展；第三类城镇是发展出特定经济功能的工业城镇和造船的港口，主要的制造业城镇是那些生产大宗商品的城镇，如纺织业城镇曼彻斯特、利兹和

---

① 〔美〕斯塔夫里阿诺斯：《全球通史——1500年以后的世界》，吴象婴等译，上海，上海社会科学院出版社，1999年，第277~278页。

② Clay, C. G. A., 1984: *Economic Expansion and Social Change*: *England 1500～1700*, Vol. I, Cambridge University Press, p. 165.

③ Coard, B., 1988: *Social Change and Continuity*: *England 1550～1750*, Longman, p. 18.

诺威奇，金属制造业城镇谢菲尔德和伯明翰，制袜业城镇德比、莱彻斯特和诺丁汉；发展起来的港口包括西部的利物浦、怀特哈弗恩、布里斯托尔和东北部的纽卡斯尔、桑德兰和赫尔，南部的造船城镇查塔姆、朴次茅斯和普利茅斯。地方城镇的增长不仅仅是数量的增长，而且是质量的增长，是消费和生活水平的提高，是城市文明和城市意识的发展，这主要反映在这一时期许多城镇公共文化设施的短时间内大幅完善上，如街道的拓宽和清洁，排污和供水工程，以及医院、市政大厅、教学等公共建筑等。这一与众不同的城镇文化还反映在城镇中有组织的休闲设施的发展上，许多过去只向富人开放的休闲活动现在向大众开放。[1]

四、英国为与欧洲强国争夺商业霸权，不断开辟世界市场，客观上促进了不同文明之间的交流。与此同时，正是在国家的帮助下形成了凌驾全球市场之上的工业优势。

英国商人积极探索和开拓世界市场的过程，虽然给他们到达的贸易之地和殖民地带去的是灾难，但是，英国商人遍布全球的足迹客观上促进了不同文明之间的交流。当1569年阿瑟·爱德华兹为了给英国呢绒开辟新市场来到波斯时，波斯国王的宫廷中没人听说过英国。当阿瑟·爱德华兹告诉波斯国王他来自于"英国"时，波斯国王没有听懂，转过头问他的朝臣是否听说过这样一个地方，回答是没有一个人听说过。当阿瑟·爱德华兹把本国的地名念了一遍以后，一位朝臣听说过一个城镇叫"伦敦"。可见，在非基督教国家，伦敦比英国更有名。波斯国王听了爱德华兹的描述以后，对自己不知道这样一个如此富有和强盛的国家大为吃惊，问了各种各样的问题。[2] 英国商人和探险家不仅让波斯人了解了英国，两位英国探险家谢利兄弟还受雇于萨菲王朝的阿拔斯一世，教授火炮技术，"这位颇有势力的波斯人学会了谢利兄弟的战略和战术。以前，他不知道使用大炮；现在，他已拥有500门大炮和6000名滑膛枪手。"[3] 在英国人所到之处，这种不同文明之间的相互理解和学习过程也在客观上逐步展开。

在重商主义时代，英国为了促进本国商业与航运业的发展，一方面

---

[1] Coard, B., 1988: *Social Change and Continuity: England 1550~1750*, Longman, pp: 77~78.
[2] Jones, N., 1993: *The Birth of the Elizabethan Age*, Oxford, p. 227.
[3] 转引自〔美〕斯塔夫里阿诺斯：《全球通史——1500年以后的世界》，吴象婴等译，上海，上海社会科学院出版社，1999年，第43页。

后来居上，积极推进海外探险和殖民活动，建立特许贸易公司，开拓世界市场，垄断对外贸易。在 1600 年到 1700 年间，英国在欧洲、非洲、美洲之间建立起跨大西洋贸易网，并建立起对亚洲进行贸易掠夺的通道。到 17 世纪后半期，伦敦成为跨大西洋多边贸易的中心；另一方面，不惜发动商业战争，向当时垄断大洋和殖民地贸易的西班牙、荷兰及其竞争对手法国发起挑战，成功崛起，为英国商人打开了一个世界市场。通过三次英荷战争就使伦敦拉开了取代阿姆斯特丹成为欧洲经济世界中心城市的序幕。伦敦成为世界商品的集散地，奴隶、烟草、蔗糖、靛蓝、沥青、松脂、丝绸、香料、棉布、葡萄干、茶叶、咖啡等商品源源不断输入伦敦，然后又输出到西欧各国。此外，英国的呢绒、五金制品等也不断出口欧洲等地。英国的商业霸权带来了工业优势，随着工业革命的开展，英国确立了"世界工厂"的优势地位。

第二节 国家控制对市场发展的阻碍

在看到重商主义国家与市场经济的发展具有积极影响的同时，也要清醒地认识到国家的有些干预和控制措施阻碍和扭曲了市场自由发展之路。亚当·斯密在《国民财富的性质和原因的研究》一书中，详细考察了国家的各种管制措施给市场经济带来的损害和束缚。[1] 伊克隆德和托利森根据寻租理论，对英国重商主义国家的寻租活动进行了分析，指出了国家干预市场经济活动带来的损害。[2] 从当时的史实中就可以清晰地看到，重商主义政府的许多政策是无效的、多余的，甚至起到了相反的作用。如面对 17 世纪 20 年代和 30 年代的呢绒出口危机，从生产者的观点来看，首要的任务就是要扩大需求。但英国王室政府在失业人口不断增长的压力下，把工作的重心放在了努力维持工资水平上。在 1631 年和 1636 年枢密院试图迫使呢绒商提高工资，这种措施对解决失业问题几乎没有帮助，对解决呢绒出口危机更没有帮助。枢密院在 1630 年 2 月同意了东地公司的请求，禁止私商与欧洲大陆进行贸易，这样限制了呢绒商的销售渠道。在 1634～1635 年冬天，枢密院不顾艾塞克斯和萨福克呢绒商的抗议，命令压制伦敦独立的呢绒经销商，在首都只允许商人冒险家

---

[1] 〔英〕亚当·斯密：《国民财富的性质和原因的研究》下卷，王亚南、郭大力译，北京，商务印书馆，1974 年，第四篇。

[2] Ekelund, R. E. Jr and Tollison, R. D., 1981: *Mercantilism as a Rent-Seeking Society*, Texas, A & M University Press.

公司和布料商店主公司成员从事批发和零售贸易。第二年，王室政府进一步剥夺了科尔切斯特的呢绒商直接与欧洲大陆从事贸易的权利。在1637年，枢密院命令艾塞克斯的治安法官逐渐停止当地一种呢绒的生产，仅仅因为枢密院认为这种商品不像以前那样时兴了。① 但是这些措施都直接或间接地关系到大多数人的利益，对他们来说，这些国家干预的措施比瘟疫来袭都更糟糕。

由于诸多经济史家已经对国家干预经济的危害进行了阐述，这里就不再赘述，仅就重商主义国家通过出售垄断特许权来干预市场经济活动的后果及引发的反弹进行简要分析，以期窥一斑而现全貌，既能说明国家管制给市场经济发展带来的阻碍，又能阐明市场力量通过反垄断活动对国家功能进行了改造。

垄断古已有之，反垄断也古已有之。从古希腊的亚里士多德，到罗马法制定者，再到中世纪和近代早期的经济学者，都谴责垄断。② 虽然他们所指的"垄断"具体内涵并不一致，但他们反对的都是经济意义上的"垄断"。根据纳克巴的看法，"垄断"这一词汇从经济意义上来看，指的是"在一个特定的市场只有一个出售商的情况"，或者"不在公开市场购买商品，试图影响价格"，也用来"描绘影响市场价格的任何行为"。③ 在近代早期，"垄断"这一词语的内涵进一步扩展，不仅指经济意义上形成的自然垄断，而且更多地指向王室授予的独占权。这种独占权的授予源于国王的传统特权。根据这一传统特权，国王有权通过特许状授予和出售垄断权，这一特权在伊丽莎白女王统治时期达到了登峰造极的地步。布莱克斯通认为，特许权"就是臣民所持有的一种王室特惠权，或国王的部分特权。既然这些都来自国王，它们也就必须产生于国王的特许；或在某些情况下可以根据预先假定的特许的惯例而持有这种权利。"④ 正是由于授予特许垄断权是国王的特权，伊丽莎白女王就要求议会"不要讨论、评价或干涉女王陛下的特权"。斯图亚特王朝的詹姆斯一世也从君权神授的理论出发，不止一次提出"正如人类质疑上帝可以做什么就属于无神论，犯了亵渎神灵之罪一

---

① Hunt, W., 1983: *The Puritan Moment*, Harvard University Press, p. 248.

② Roover, R. De., 1951: "Monopoly Theory Prior to Adam Smith: A Revision", *The Quarterly Journal of Economics*, Vol. 65, pp. 492~493.

③ Nachbar, T. B., 2005: "Monopoly, Mercantilism, and the Politics Regulation", *Virginia Law Review*, Vol. 91, pp. 1322~1323.

④ 〔美〕约翰·R. 康芒斯：《资本主义的法律基础》，寿勉成译，北京，商务印书馆，2003年，第64页。

样，臣民质疑国王运用其最大权力可以做什么就属于无礼犯上，犯了煽动叛乱之罪"①。但是由于国王无限度地行使这一特权给市场经济活动带来了极大的干扰和阻碍，因此近代早期英国反垄断活动的核心是反对国王授予的特许垄断权。这种特许垄断权涉及的范围广泛，种类繁多，要达到的政策目标各不相同，实际产生的经济效果也迥然不同。当时由国王颁发的特许垄断权主要有四种：第一种是授予个人或组织独占特定商品生产和销售的特许权；第二种是授予贸易组织或商业公司垄断特定的海外市场或殖民地的特许权，包括排斥外人加入公司的特权；第三种是授予发明创造者的专利特许权；第四种是对特定法律义务的免除或者授予监管一个特定行业的特许权。总之，授予特许人或特许公司、特许组织以排他性的经营和贸易权，通过提高进入门槛，限制竞争，以获取超额利润。

反对王室特许垄断的活动主要由新兴市场力量发动，主要从两个战场上展开，一是议会，二是普通法法院，并且相互呼应和支持。

随着市场经济的不断深化，社会各个阶层中参与到市场活动中的人越来越多。新兴经济力量兴起，他们的要求形成了对现有的国家结构和利益格局的挑战。前面已经提到，在16世纪形成了一个由乡绅、律师、小商人、企业主、零售商等组成的新经济阶层，这些人积极投身于市场活动，利用都铎王朝的经济变动，积累了相当的财富。到17世纪初，通过殖民扩张已经把欧洲、亚洲和西半球联系成世界经济，英国人迎来了一个广阔的世界市场，这一新的经济阶层积极投资于海外贸易和国内工商业。在17世纪前30年，英国有近5000人投资于海外贸易和殖民地拓殖。在1575～1630年间，投入海外探险的资金大约超过了5000000镑。②但是，在都铎王朝时期，通过国王的特许垄断政策，获益者是少数的朝臣、大商人、大金融家，多数人被排除在这一制度安排之外，即使想投资于合股公司，也会受到种种的限制。于是资本主义进入进攻的阶段，发动了持续不断的反对国王特许垄断权的活动，打算对政府加以控制。

在伊丽莎白女王统治时期，当工业扩展到全国市场时，国王特权中独占市场的特权也同时发展了。最初，伊丽莎白女王利用这一特权扶植矿产、新型工业、新的生产过程和新原料或新产品的发展，其中有的是新引进的，有的是新发明的。于是这一特权逐渐涉及无以计数的商品，

---

① 〔英〕威廉·布莱克斯通：《英国法释义》第1卷，游云庭等译，上海，上海人民出版社，2006年，第266页。

② Rabb, T. K., 1966: "Investment in English Overseas Enterprise 1575～1630", *Economic History Review*, Vol. 19, pp: 73、75.

且全然为特权受惠者所滥用。① 这种状况持续到詹姆士一世时期,限制了当时的投资和消费活动,这样自然引发了许多人的反对。早在1571年4月7日的议会上,国王的特许权问题就被提了出来,认为它使少数人得益,多数人受穷。1597年议会再次提出了垄断问题,伊丽莎白女王答应把垄断问题交付普通法法院审查。到1601年议会,垄断问题成为下议院广泛讨论的主题。在11月20日起草了一份废除王室垄断权的草案以供讨论,在随后五天的讨论中,下院议员们历数垄断的坏处。由于伊丽莎白女王多次警告议员们不要讨论国王的特权问题,议员们在是通过一项法案还是采取更温和的请愿方式上举棋不定。结果是伊丽莎白女王不得不顺应反对垄断的呼声,撤销了最不得人心的各种专卖权,再次重申其他的垄断将交给普通法法官去作出判决。② 女王并且发布王室公告,确认了要废除的各种专卖权。③

在1604年和1605～1606年召开的下议院会议中,特许公司的垄断权成为议员们集中攻击的目标。1604年4月24日下议院专门成立了一个自由贸易委员会,调查这一问题。在广泛听取各地商人意见的基础上,委员会在5月21日向下院提交了报告,埃德温·桑德斯是报告的发言人,他的长篇发言被认为是"自由贸易倡导者的宣言",④ 报告历数特许公司垄断的危害,认为"如果全英国只有10个人有权出售马匹,这就是垄断。商人冒险家公司更是垄断,因为不超过200人,掌握了全国2/3的呢绒出口,这本来可以养活几千个商人。"与此同时,极力宣扬自由贸易的好处,宣称"所有自由的臣民生而承袭土地,承袭经营产业的自由,致力于他们的行业,靠此为生"⑤。在讨论中,议员们对莫斯科公司掌握在少数几人手里,进行了抨击:"这是一项强大的和可耻的垄断、垄断中的垄断,不管是在国内还是在国外,通过这一手段,整个公司就如同一个人,他独自流通这么大一个国家的所有商品。"⑥ 下议院最后以压倒性

---

① 〔美〕约翰·R. 康芒斯:《资本主义的法律基础》,寿勉成译,北京,商务印书馆,2003年,第66页。

② Nachbar, T. B., 2005: "Monopoly, Mercantilism, and the Politics Regulation", *Virginia Law Review*, Vol. 91, pp: 1330～1331.

③ Hughes, P. L. and Larkin, J. F., 1969: *Tudor Royal Proclamations*, Vol. III, New Haven and London, pp: 236～237.

④ Rabb, T. K., 1963/4: "Sir Edwin Sandys and the Parliament of 1604", *American Historical Review*. Vol. LXIX, p. 666.

⑤ Thirsk, J. and Cooper, J. P., 1972: *Seventeenth - Century Economic Documents*, Oxford, pp: 436～444.

⑥ Tawney, R. H. and Power, E., 1953: *Tudor Economic Documents*, Vol. II, London, p. 88.

多数通过了自由贸易法案，随后送往上院。

但不久议会突然被詹姆士一世休会。直到 1605 年 11 月 5 日议会才召开第二次会议。在乔治·萨默斯爵士的推动下，成立了调查公司垄断的委员会。在 1605~1606 年下院会议上，对特许垄断的反对取得进一步的成果，通过了自由进入西班牙、葡萄牙和法国贸易法案，西班牙公司被解散。

西班牙公司在 1577 年从伊丽莎白女王那里首次获得特许状，后来由于英国与西班牙开战，公司成员停止召开理事会。1604 年随着和平的到来，公司成员于 3 月 16 日在伦敦复会，3 月 30 日大法官确认了公司的特权。1604 年下院在围绕取消公司垄断、自由贸易的讨论中并没有注意到这件事。但是，6 个月后，公司的特许状受到一伙零售商、店主以及其他被排除在贸易之外的人的质疑和挑战，他们的理由是，特许状在战争期间长期废止，已使它失效。事情最后摆到枢密院的面前，公司的理事会再次停开 4 个月。由于政府最终不赞成零售商们的争议，公司于 1605 年 1 月 30 日再次召开理事会，在 6 月 12 日理事会全体大会上，出示了一份由枢密院召集的一个委员会起草的新特许状。这份特许状降低了加入公司的门槛，照顾到了外港①和地方商人的利益，外人加入公司第一年只收会费 10 英镑，只把不能称作"纯商人"的人排除在外，在 61 名助手中至少 30 人来自外港，来自于 15 个商业中心的不少于 300 名商人被命名为创始成员。即使这份特许状做出如此"让步"，并且得到国王和枢密院的支持，但在 11 月 5 日仍遭到下院的攻击。公司意识到威胁的存在，三天后才采取行动，与委员会沟通。下院议员提出两项质询："第一，组成公司与西班牙及葡萄牙贸易的商人是否允许冒险入海捕鱼的各色人等可以向这些国家自由运送鱼，在那里按照他们自己的意愿出售，并按照自己的意愿从那里带回各种商品；第二，公司是否允许所有的乡绅、约曼、农夫以及所有其他品性不同的人向西班牙和葡萄牙运送谷物，并且按照他们自己的意愿从那里带回商品。"公司拒绝了这两项质询中的要求。1606 年两院通过了委员会起草的自由进入西班牙、葡萄牙和法国

---

① 所谓外港和地方，指相对于首都伦敦而言，由于当时伦敦已经成为全国经济中心、进出口中心，伦敦商人实力雄厚，当时成立的全国性的特许公司大都控制在伦敦商人的手里。所以外港和地方商人对伦敦商人的垄断地位一直十分不满。所以 A. Friis 认为 1604 年下院反对垄断的斗争是外港商人反对伦敦大商人控制特许公司的斗争。见 Grassby, R., 1995: *The Business Community of Seventeenth-Century England*, Cambridge, Cambridge University Press; Friis, A., 1927: *Alderman Cockayne's Project and the Cloth Trade*, London and Copenhagen.

贸易的法案，西班牙公司被解散。①

对 1604 年和 1605～1606 年召开的下议院任命的自由贸易委员会成员进行分析，就会发现，反对特许公司和伦敦商人垄断的乡绅和外港商人占了多数，1604 年自由贸易委员会 22 名成员中，9 人是乡绅，5 人是外港商人，1 名伦敦大商人。② 1605～1606 年议会委员会 37 名成员中，至少有 19 人是乡绅，只有 4 人是商人或以前是商人，其中 2 人是伦敦商人。正是在本届议会中，反对特许公司垄断、争取自由贸易成为会议主轴之一。"总而言之，下院在处理一个纯粹的商业问题时，没有努力选择精通商业的成员，委员会被乡绅控制。"③ 乡绅成为反对特许公司垄断的主力军。为什么？因为"乡绅不仅仅是商人的发言人，他们提倡自由贸易有自己的缘由，单单他们的利益就保证他们将采取决定性的行动"④。乡绅的经济利益何在？第一，乡绅是谷物、羊毛、呢绒等出口产品的生产组织者，出口通道被特许公司垄断，这显然不符合他们的利益，因为这些商人可以压低这些商品的价格；第二，到此时为止，他们被排除在获利最高的商业活动之外，政府的特许垄断政策、特许公司苛刻的接受新成员的条件妨碍了他们的投资；第三，早在 16 世纪下半期，乡绅等新兴社会阶层不管合法还是非法，已经深深地参与到从英国向西班牙、葡萄牙出口谷物或者在英国、纽芬兰和西班牙三角之间经营鱼类贸易之中。16 世纪末，西班牙的谷物需求走向拐点，从间歇性需求转变为持续性需求，对鱼类等蛋白质食物的需求也居高不下。这些贸易利润丰厚，主要由外港的乡绅和小商人等人经营，即使在与西班牙战争期间也在私下进行。⑤ 因此，当 1604 年与西班牙实现和平，新的贸易机会出现时，就不难理解乡绅这一新兴经济力量为什么会高举反对特许公司垄断、要求自由贸易的大旗了。

T. K. 拉比认为，1604 年下院反对的只是规约公司的垄断，不反对合股公司。因为合股公司与规约公司相比，不需要商业技能和亲自经营，只

---

① Croft, P., 1975: "Free Trade and the House of Commons 1605～1606", *Economic History Review*, Vol. 28, pp: 18～19.
② Rabb, T. K., 1963/4: "Sir Edwin Sandys and the Parliament of 1604", *American Historical Review*. Vol. LXIX, pp: 664～665.
③ Croft, P., 1975: "Free Trade and the House of Commons 1605～1606", *Economic History Review*, Vol. 28, pp: 22～23、25.
④ Rabb, T. K., 1963/4: "Sir Edwin Sandys and the Parliament of 1604", *American Historical Review*. Vol. LXIX, p. 663.
⑤ Croft, P., 1975: "Free Trade and the House of Commons 1605～1606", *Economic History Review*, Vol. 28, pp: 20～22.

需购买股份就能成为投资者，特别适合于乡绅等想投资海外冒险的新手。①
而 R. 阿什顿认为，1604 年两类公司同样都受到了攻击。② P. 克洛夫特
认为，1605～1606 年下院反对垄断的活动，是 1604 年活动的继续和深
化。如果把这两次下院活动结合起来并对后来的事态加以考虑，可大致
判断下院反对的是特许公司的垄断，而不管其是规约和合股。③ 实际上，
合股公司也是根据特许状建立的垄断公司，要想成为其成员并不容易。
如东印度公司就像规约公司一样，向新成员征收一种特殊的会费，而不
顾他已经从以前的成员手里购买了股份这一事实。能成为公司股东的首
先是公司的学徒，其次是雇员和代理人，原始股东的儿子也有优先权。
非洲公司、哈德逊湾公司也都如此。此外，合股公司经常会摇身一变，
成为规约公司，如利凡特公司、俄罗斯或莫斯科公司、东印度公司、非
洲公司等都有这样的经历。④

由于詹姆士一世没有满足前二届议会议员们提出的限制王室特权的
要求，他也没有从议会获得任何补助金，这打乱了英国政府的正常财政
运作，詹姆士不得不另辟财源，包括出卖专利特许状。詹姆士大量出售
专利特许状，然后例行公事地找个借口收回，再授予其他人，最后，在
发放专利特许状时，就包括了经枢密院决定可以收回的用语。由于管理
混乱，詹姆士从出售专利特许状上所得甚微。为此詹姆士不得不在 1621
年召开第三届议会。在本届议会上，下议院成立了一个由科克为主席的
委员会，起草上了一个反垄断法案，并在下院通过。尽管议员们对诸多
专利垄断进行了攻击，但焦点集中在旅馆、酒馆和金银丝线三项专利上。
詹姆士不得不撤销了这三项专利。第一次会议后，詹姆士还发布公告，
撤销了 18 项专利，把 17 项交给普通法法院裁决。随着第二次会议后议
会被解散，反垄断法案也就胎死腹中。詹姆士在 1623 年 2 月发布公告，
设立一个委员会，接受对垄断和额外收费等问题的投诉。在詹姆士的第
四届议会上，下议院成立了一个由埃德温·桑德斯领导的委员会，讨论

---

① Rabb, T. K., 1963/4: "Sir Edwin Sandys and the Parliament of 1604", *American Historical Review*, Vol. LXIX; Rabb, T. K., 1968: "Free Trade and the Gentry in the Parliament of 1604", *Past And Present*, Vol. XL.

② Ashton, R., 1967: "The Parliamentary Agitation for Free Trade in the Opening Years of James I", *Past And Present*, Vol. XXXVIII; Ashton, R., 1969: "Jacobean Free Trade Again", *Past And Present*, Vol. XLIII.

③ Croft, P., 1975: "Free Trade and the House of Commons 1605～1606", *Economic History Review*, Vol. 28.

④ Heckscher, Eli. F., 1983: *Mercantilism*, Vol. I, New York, pp: 397～398、375.

自由贸易的问题，审查专利特许状。下议院再次通过了垄断法案，经反复修改后，在1624年由上议院表决通过。随后下院予以批准。1624年垄断法案规定，禁止国王为了获得收入出售工业垄断权，但国王可以授予新的工业方法发明者14年的专利权。这一法案，一方面剥夺了国王对国内工业的垄断特许权，另一方面，也从保护知识产权方向上奠定了近代专利制度的基础。但这一法案有一个很大的漏洞，就是没有禁止国王向贸易公司出售特许权。

在整个斯图亚特王朝时期（包括复辟时期），除了国王为解决财政困难，特许成立了弗吉尼亚公司、萨默斯岛公司、马萨诸塞公司、皇家非洲公司、哈德逊湾公司等殖民公司以外，基本没有几家新公司成立。弗吉尼亚和马萨诸塞，是英国美洲13个殖民地中最初的和最重要的2个。在此殖民的公司最初拥有独占权和向其他经商者征税的权利。但是，这些特权很快失效，再也没有被恢复。在17世纪的最初25年之后，再也没有商业公司垄断哈德逊湾地区以南的美洲殖民地的贸易。[1] 大西洋贸易向所有英国人开放，据1686年伦敦港口簿记载，大约有1800人参与殖民地贸易，在一个时期多达1953人。[2] 同时，国王在向贸易公司颁发特许状的时候一般明确要求，向所有人和所有城市开放贸易，如1605年颁发给利凡特公司的特许状就规定："上述的贸易，不能对商人成员，对任何一座城市、集镇或地方作任何限制。同样，不能利用或享有任何程度的垄断，而要对从事商品买卖的所有臣民一律开放。"[3] 同样措辞的特许状也于1611年颁发给一家与法国贸易的公司。虽然在公司具体运作中，这些规定是一纸空文，不可能得到执行，但国王在颁发特许状时也不得不考虑和反映风起云涌的民意。这种"环境——通常以政治危机的形式出现——容许人们追求他们的私人利益，同时官方干预很少"[4]。同时，贸易本身的增长和市场的发展也削弱了特许公司的垄断权，被其称为私商的商人的活动范围也大大扩展。

早在12、13世纪期间，英国普通法法院就逐渐独立于国王。虽然法官由国王任命，但英国普通法是一个完全独立的权利体系，根植于法院

---

[1] Hamilton, E. J., 1948: "The Role of Monopoly in the Oversea Expansion and Colonial Trade of Europe before 1800", *American Historical Review*, Vol. 38, p. 49.

[2] Zahedieh, N., 1999: "Making Mercantilism Work: London Merchants and Atlantic Trade in the Seventeenth Century", *Transaction of the Royal Historical Society*, Vol. 9, p. 146.

[3] Heckscher, Eli. F., 1983: *Mercantilism*, Vol. I, New York, p. 386. 注57。

[4] Appleby, J. O., 1980: *Economic Thought and Ideology in Seventeenth - Century England*, Princeton, Princeton University Press, p. 99.

的实践，无论是在议会法内还是议会法外，都具有合法的基础。爱德华·科克爵士就认为普通法高于议会法。由于英国政治形势的发展，为普通法法院提供了影响经济条例的机会，普通法法理学家成为抵制国王特权的最强大的力量，特别是科克爵士，为议会下院反对王室特权提供了强大的智力武器。① 普通法法院在此类案件的判决中采纳的观点是，限制贸易是有害的。从 16 世纪起，英国已经发展出一条普遍承认的法律规则：普通法保护臣民的经济自由，不承认垄断。在 16 和 17 世纪的判决中，普通法法院表达了这样的观点："根据普通法，任何人都不能被禁止从事任何合法的贸易"；"形成垄断……就是剥夺自由贸易，而自由贸易是每一臣民生来具有的权利。"基于王室特权的垄断被认为是无效的。据此推导出，由城市当局和专业团体颁布的规章，如果仅仅基于王室特许状，只要确信其与工业自由相对立，同样遭到否决。当然，由议会法案创立的垄断得到了普通法法院的尊重，基于古老习惯的各种地方权利也得到了尊重。②

普通法法院对排他性贸易特权案件的态度反映在几个典型的例子上，如达文南特对赫迪斯案、达西对艾伦案等。

1599 年高等法院就达文南特对赫迪斯案做出判决，宣布伦敦成衣商公会的一项细则非法，该细则规定公会的每一个"弟兄"在给该公会成员以外的任何成衣工作制作衣服的衣料时，至少要必须给另一名"能操作成衣工人技艺"的弟兄提供同样多的制作材料，否则罚款 10 先令，并把他的货物作为强制执行的抵押品。这项细则在早年发给该公会的执照中得到核准，并得到历代国王和历届议会的确认，但还是被认为违反了普通法，违反了人民的自由，作为一项垄断，是无效的。③

1602 年，爱德华·达西向王座法庭起诉托马斯·艾伦侵犯了他的王室特许状，该特许状授予达西在英国制造、进口、出售纸牌的独占权，而艾伦在没有经过达西的许可下，就进口纸牌。法院认为，依照普通法，授予达西的特许状无效，因为"不能设想爱德华·达西先生和女王宫内便殿的一个侍臣会有机器制造纸牌的技艺；……禁止真正掌握这一技艺的人制造纸牌，而让毫无技艺的人专门去做纸牌将会使这种专卖完全无效"。这个案子的判决具有里程碑式的意义，因为它关心的不是被排除在垄断之外的人的利益，而是所有大众的利益，它宣布："任何机械技巧的

---

① Heckscher, Eli. F., 1983: *Mercantilism*, Vol. I, New York, p. 278.
② *Ibid*, pp: 278~285.
③ *Ibid*, p. 283.

单一经营，或任何其他垄断，不仅对经营同样生意的人是一种损害和歧视，而且对所有其他人民都是一种损害和歧视。"接着列举了三方面的危害，一是同一商品的价格将被抬高，因为拥有任何商品唯一销售权的人将按照他喜欢的价格出售；二是降低商品的质量；三是使技工及其家庭陷于贫困。①

1614年发生了伊普斯威奇成衣工人公会案件，该公会控告一名成衣工人的过失行为，因为他到市镇上来从事这一行业时无法出示他曾当过七年学徒的证明，他的合格工人身份并未得到师傅和监护人的承认。法院根据习惯法判定："不得禁止任何人从事任何合法的行业。"② 普通法法院通过一系列判决维护了自由贸易的原则，基于王室特权的垄断被视为无效，对整个工商业管制体系起到了瓦解的作用。

在1610年下议院反对国王管制伦敦的建筑的新规定的请愿、1624年关于垄断法的讨论、1641年废除星室法院的争论中，普通法法官和下议院议员们联手强调了这样的论点："既已存在的法律如果没有规定，就不能惩罚；一切法规只具有前涉力，而不具有溯及既往之力；所有行政官员的自由裁量权都应当受到法律的严格限制。其间，贯穿始终的支配性观点便是'法律应当为王'。"③ 正是从国王和议会的斗争中，在普通法法院的保驾护航中，出现了现代的个人自由。赫克歇尔也指出，对工业管制体系的最后一击来自于普通法法院，在国王失去独立的权威之后，法院的重要性与其他国家机构相比越来越大，影响越来越大，它的判决逐渐导致整个体系的瓦解，首先是行会，然后是以伊丽莎白时期的工匠法令为代表的一系列立法。④

反对国王出售垄断特许权的斗争最终通过政治革命才得以解决。虽然英国革命的起因和内容十分复杂，但取消国王特权和垄断权，包括贸易公司特许权和不经议会同意任意征税权，是商业社会参与斗争的中心之一，"商人抵制任何威胁他们生命和财产的政府、制度或政党"⑤。在斯图亚特王朝复辟之后，议会已经占了上风，特许垄断权不再是王室行

---

① Heckscher, Eli. F., 1983: *Mercantilism*, Vol. I, New York, p. 288.
② 〔美〕约翰·R. 康芒斯：《资本主义的法律基础》，寿勉成译，北京，商务印书馆，2003年，第291页。
③ 〔英〕弗里德利希·冯·哈耶克：《自由秩序原理》，邓正来译，北京，生活·读书·新知三联书店，1997年，第210~212页。
④ Heckscher, Eli. F., 1983: *Mercantilism*, Vol. I, New York, p. 305.
⑤ Grassby, R., 1995: *The Business Community of Seventeenth - Century England*, Cambridge, p. 209.

之有效的手段。正如布罗代尔所言:"公司的垄断在十七世纪还能勉强让人忍受,而到下个世纪却惹得怨声载道。"在英国,人们要求"凡在英国公司能够经商的地方,冒险商或其他未经登记的商人也能经商"。东印度公司于 1661 年已把印度洋贸易交给个体商人经营,1688 年光荣革命后,政府迫于舆论压力,宣布停止东印度公司的专营特权和开放印度贸易。东印度公司之所以能够如百足之虫,僵而不死,一直存在到 19 世纪,"只是因为它把持着当时最有利可图的贸易"①。根据议会法案,非洲贸易完全开放,几家非洲公司失去垄断权,但继续存在。百慕大公司于 1684 年被清算,一些殖民公司和较小的公司事实上被解散。②议会对海外贸易公司的垄断特权限制和相继取消被克里斯托夫·希尔称为"经济政策的完全翻转"。③

光荣革命后,王室特权被剥夺,英国确立了君主立宪政体。1689 年,首席法官约翰·霍尔特在南丁格尔诉布里奇斯案的判决中,给国王特权最后一击,扩展了普通法对财产权的保护,要求垄断特权必须得到议会的批准。④英国统治权力及机构走出了君主政体的私人性领域,演变为公共性的权力机构。宪政和法律为私有产权制度和契约性交换规则提供了法律保障系统。这种稳定的政治制度为社会和经济的长足发展提供了广阔的空间。在此前后,根据议会法案,许多特许公司的垄断权被完全取消或者受到限制。到 1688 年以后,没有特权的公司成为社会的普遍现象,以至于当时的人们对为什么有人为了得到公司的特权而向国家支付现金这一现象而迷惑不解,因为大多数同类企业没有特权也存在得很好。⑤市场机制逐步取代了国家权力的干预,城市经济发展成为民族经济,私人利益、个性自由和个人权利获得了空前的解放,得到了充分肯定和大力弘扬,国家权力在一定程度上出现了公共权力的面目。

新兴市场力量与以国王为代表的国家的特许垄断政策的斗争,生动地上演了国家与市场经济之间干预与反干预、控制与反控制的博弈,说

---

① 〔法〕费尔南·布罗代尔:《15 至 18 世纪的物质文明、经济和资本主义》第 2 卷,顾良译,北京,生活·读书·新知三联书店,1993 年,第 494、485 页。
② Grassby, R., 1995: *The Business Community of Seventeenth - Century England*, Cambridge, p. 219.
③ Hill, Christopher., 2002: *The Century of Revolution 1603 ~ 1714*, London and New York, p. 261.
④ Stump, W. D., 1974: "An Economic Consequence of 1688", *Albion: A Quarterly Journal Concerned with British Studies*, Vol. 6, p. 28.
⑤ Heckscher, Eli. F., 1983: *Mercantilism*, Vol. I, New York, p. 445.

明了国家对市场经济的干预并非全都是福音。当然,更为重要的负面后果是,重商主义时代国家与市场经济的结盟启动了英国国内下层民众和殖民地民众"血与火"的悲辛历程,拉开了世界各国、各地区、各民族被动现代化的序幕。

在重商主义时代的英国,商业化进程的深入、资本原始积累的进行和建立新生产方式的需要,农民的土地被剥夺,无产者被抛向劳动市场,开始书写他们"血与火"的历史:"这个不受法律保护的无产阶级,不可能像它诞生那样快地被新兴的工场手工业所吸收。另一方面,这些突然被抛出惯常生活轨道的人,也不可能一下子就适应新状态的纪律。他们大批地变成了乞丐、盗贼、流浪者,其中一部分人是由于习性,但大多数是为环境所迫。因此,15世纪末和整个16世纪,整个西欧都颁布了惩治流浪者的血腥法律。现在的工人阶级的祖先,当初曾因被迫变成了流浪者和贫民而受到惩罚。"① 更为悲惨的是,殖民地被征服以后当地居民的命运,他们或被屠杀,或遭奴役,接着黑奴又踏上了死亡之路——去往殖民地的贩奴船,"他们一个挤着一个,就像书架上的书本一样"②。即使活着到了殖民地,面临他们的是被奴役的悲惨命运。英国重商主义国内外政策的实施是以国内下层民众和殖民地民众的痛苦和鲜血为成本和代价的。

在重商主义时代,出于"不断扩大产品销路的需要,驱使资产阶级奔走于全球各地。它必须到处落户,到处开发,到处建立联系"③。资产阶级,由于一切生产工具的迅速改进,由于交通的极其便利,把一切民族甚至最野蛮的民族都卷到文明中来了。它的商品的低廉价格,是它用来摧毁一切万里长城、征服野蛮人最顽强的仇外心理的重炮,它迫使一切民族——如果它们不想灭亡的话——采用资产阶级的生产方式,它迫使它们在自己那里推行所谓文明制度,即变成为资产者,④ 极大地改变了世界历史发展格局。随着伦敦登临顶峰,欧洲和世界的经济史翻开了新的篇章,英国重商主义经济所具有的扩张性,使世界各国、各地区、各民族无论愿意与否,都被迫走上了现代化之路,从而对世界历史进程和人类发展都产生了深刻的影响。"历史上第一次,欧洲经济世

---

① 马克思:《资本论》第1卷,北京,人民出版社,1975年,第803页。
② 〔特立尼达-多巴哥〕艾里克·威廉斯:《资本主义与奴隶制度》,陆志宝等译,北京,北京师范大学出版社,1982年,第33页。
③ 《马克思恩格斯选集》第1卷,北京,人民出版社,1995年,第276页。
④ 同上书,第277页。

界排挤着其他的经济世界,谋求支配世界经济并在全球范围内与世界经济结为一体。普天之下,一切障碍都得首先为英国人,同时也为欧洲人让路。"①

第三节　市场经济发展促进国家构建

在重商主义时代,市场经济与民族国家同步演进、共同成长,市场经济成为国家依赖的物质基础,民族国家成为市场经济扩展的坚强后盾,重商主义成为民族构建的催化剂,使得民族国家产生在英国表现出与其他欧洲大陆国家不同的特点。

首先,在实施重商主义民族经济政策的过程中,英国开始形成了近代的民族国家观念,有限政府的观念和宪政的实践是近代英国民族国家的主要特点之一。

从都铎王朝开始,市场经济的发展推动英国人的国家观念不断演进,哈耶克认为:"15、16世纪发展起来的具有高度组织性的民族国家,凭借其新获致的权力,首次将立法作为实施那些经过缜密思考的政策的工具加以使用。从表面上看,这种新的立法权在当时有可能把英国导向君主专制政体,一如在欧洲大陆其他国家所发生的情况,而这种政体又将摧毁中世纪留存下来的种种自由。从17世纪英国人斗争中产生出来的有限政府的观念,则是一种新的发展,它在当时被用以对待新产生的各种问题。"② 正是由于英国在王朝国家阶段的一系列经济和社会变革,促使人们对民族国家和王权的关系进行了深入的思考,托马斯·莫尔在《乌托邦》一书中,借旅行家希斯拉德之口抨击了王朝国家的君主专制制度,谴责君主为了中世纪式的荣誉而对外侵略、为了聚敛财富而罔顾臣民幸福、不保护臣民利益的非理性统治行为,如支出时将货币升值,收入时将货币贬值,对不遵守长期废而不用的古老法典的人科以罚金,规定许多禁例对违者处以严厉处分,从中捞钱,将法官约束起来,听从国王的节制,等等,他指出:"国王的光荣,而且他的安全,系于老百姓的富裕,而不是系于他自己的富裕。"批驳了"凡是老百姓所有的都是国王所有的,连老百姓本身都是属于国王的,只是由于国王开恩而不曾取去

---

①〔法〕费尔南·布罗代尔:《资本主义的动力》,杨起译,北京,生活·读书·新知三联书店,1997年,第70页。

②〔英〕弗里德利希·冯·哈耶克:《自由秩序原理》上册,邓正来译,北京,生活·读书·新知三联书店,1997年,第205页。

的那一些才是每个人自己的财产"①的错误观念。正是在新的政治理念和市场经济实践的基础上,英国人形成了"未经议会同意不得征税"等诸多宪政理念,并且形成了一个惯例,那就是征税所得收入只能用于议会批准的目的,禁止将这些钱用于它所指定的目的之外的其他目的。②英国的国家观念正是沿着现代宪政的方向演进。

英国现代民族国家理论的理性建构过程历经哈灵顿、霍布斯等人,最终由洛克完成。洛克通过社会契约论,对君权神授理论进行了清算,对父权主义进行了批判,倡导代议制政府和三权分立原则,讨论了政府的合法性及其权限范围,提出了理性统治原则:"政府的一切权力,既然只是为社会谋幸福,因而不应该是专断的和凭一时高兴的,而是应该根据既定的和公布的法律来行使。"③因此,即使"立法或最高权力机关不能揽有权力,以临时的专断命令来进行统治,而是必须以颁布过的经常有效的法律并由有资格的著名法官来执行司法和判断臣民的权利"④。政府必须保护人民的财产不受侵夺,"最高权力,未经本人同意,不能取去任何人的财产的任何部分。因为,既然保护财产是政府的目的,也是人们加入社会的目的,这就必然假定而且要求人民应该享有财产权……在社会中享有财产权的人们,对于那些根据社会的法律是属于他们的财产,就享有这样一种权利,即未经本人的同意,任何人无权从他们那里夺去他们的财产或其中的任何一部分"⑤。这一思想在以后英国的历史实践中不断得到强化,如1762年威斯敏斯特路灯专员宣布,他有权对铁质路灯实行标准化,移除非标准的路灯,从而遭到了《比较》杂志的抨击:"在这个快乐的王国,保证财产安全是如此神圣,如果没有给他有效的补偿费用,以致议会都不能剥夺一个无辜臣民财产的任何部分,以致国家工具,也不能对财产予以裁定,只能由陪审团来裁决。即使是修路灯这样的事,也不能由强制性法律来完成,在极度需要的情况下才可能有例外,比如建造新的大街或扩展旧的大街,通过了修路法案,或通过了建造威斯敏斯特和布莱克弗里亚斯大桥法案等。尽管修路法案授权穿过任何个人土地开辟新路,但是没有给他们最大限度的补偿和修复所有的损

---

① 〔英〕托马斯·莫尔:《乌托邦》,戴镏龄译,北京,商务印书馆,1982年,第34~38页。
② 〔英〕F. W. 梅特兰:《英格兰宪政史》,李红海译,北京,中国政法大学出版社,2010年,第200页。
③ 〔英〕洛克:《政府论》下篇,叶启芳等译,北京,商务印书馆,1964年,第87页。
④ 同上书,第85页。
⑤ 同上书,第87页。

毁，就没有这样的自由。"① 洛克具体地主张，政府未经全体人民或者人民的代表即议会同意，就不能征税："政府没有巨大的经费就不能维持，凡享受保护的人都应该从他的产业中支出他的一份来维持政府。但是这仍须得到他自己的同意，即由他们自己或他们所选出的代表所表示的大多数的同意。因为如果任何人凭着自己的权势，主张有权向人民征课赋税而无须取得人民的那种同意，他就侵犯了有关财产权的基本规定，破坏了政府的目的。"② 洛克的理论构成了完整的现代国家理论，在18世纪由亚当·斯密、亚当·弗格森等人进一步完善。总之，光荣革命后，虽然有少数詹姆士二世党人在18世纪上半期仍持有君权神授观念，但到18世纪中期英国社会已经放弃了对君权神授观念的支持。③ 英国人在此时已经完全把民族国家的构建看作一个法律问题，与所有其他问题处于同一个立足点，像每个人一样，有责任证明自己行动的合法性，不能自己宣称它的行动具有前设的合法性，这一原则成为现代英国国家的锚石。④ 这些宪政和法治理念对英国国家管理机构的演变产生了重要影响。

其次，重商主义促进了英国民族国家机构的完善，扩张了民族国家政府的效能，精干、高效的政府是英国近代民族国家的另一个特点。

布雷迪克的研究表明，17世纪英国国家的形式和功能经历了重要的变化。在1640年以前，国家在经济和社会领域的作为表明了国家的兴起，但国家的政治功能失调和结构失败也是国家最为显著的特点，英国内战的原因在于英国国家功能无法胜任，导致政治破产。⑤ 英国光荣革命之后，以前由王室特权控制的经济领域，现在由议会接管，下议院对经济事务的影响力大增，对经济事务的立法不断增多。在都铎王朝和斯图亚特王朝早期对经济进行管理和控制的国家机构，其控制功能都大大减弱，一些专业的经济管理机构开始形成。枢密院在此前是中央政府管理经济事务的中心，根据枢密院的登记簿，枢密院每天都需处理经济问题，有时日程上摆满了各种各样的经济问题，以致没有时间处理其他重要事务，不得不把这些问题送交下属政府官员处理。V. 庞科认为，枢密

---

① Black, J., 2001: *Eighteenth – Century Britain*, 1688~1783, Palgrave, p. 185.
② 〔英〕洛克：《政府论》下篇，叶启芳等译，北京，商务印书馆，1964年，第89页。
③ Dickinson, H. T., 2002: *A Companion to Eighteenth – Century Britain*, Oxford, p. 4.
④ Heckscher, Eli. F., 1983: *Mercantilism*, Vol. I, New York, p. 296.
⑤ Braddick, M. J., 2004: *State Formation in Early Modern England c.*1550~1700, Cambridge University Press, pp: 1~2.

院对经济领域的权力和影响几乎无所不包。① 由于经济问题变得日益复杂，需要专门机构来处理。枢密院通过建立一些专门部门来管理经济事务，如1622年，枢密院为加强对海外贸易的管理，就建立了管理海外贸易事务的特别部门。1650年克伦威尔政府设立了第一个贸易部。1696年建立的贸易部成为管理贸易的常规机构。经过革命时期的混乱，枢密院在17世纪60年代恢复，到17世纪末，仍是英国中央政府运行的中心，下辖财政部、殖民部和海军部等部门。但是，随着国家权力向议会的转移，枢密院的全盛期成为过去，枢密院直接或间接通过新创设的法院实施司法权的功能完全消失了，它对地方行政和地方工业规章的控制权的痕迹也很少了。② 但是，国家承担的经济管理职能在光荣革命后不断增多，贸易政策制定后的管理主要由专业管理机构——贸易部及相关的部门来进行。随着贸易的繁荣，战争的增多，征税、借款、进行战争都要求扩展国家的官僚机构，政府部门的专业机构和职员日渐增多。在1690年关税部门有1313个职员，到1716年增加到1750个，消费税部门增加更多，从1211人增加到2247人，海军部日常文书在九年战争期间增加了两倍，在下一次战争时可能又一次翻番。在1696年成立了几个新机构，包括贸易部、关税总监和船舶登记处。③ 过去由大公司代为执行的国家功能现在也开始由政府部门来完成，国家向越来越多的国家派驻大使和领事，费用由国家负担，商业条约的谈判也由政府对政府来进行。由于建立起一支强大的舰队，从17世纪50年代开始，英国政府已经能够为英国商人提供更为有效的保护。④

与此同时，随着谷物成为普通商品，工资评定成为例行公事，物价由市场决定，工业条例被废置一边，基层官员治安法官对经济的监管功能逐渐消失。虽然过去干预和管理市场经济的政府机构及其功能逐渐消失，并不是说17世纪末以后英国政府就变得十分软弱，没有执行能力。相反，此时英国的国家权力，经历了一次制度上和程序上的演进，强化了政府体制和功能。J. R. 肯特的研究表明，这种国家权力的制度演进和创新使得地方政府行为更一致、更专业、更负责，在济贫和打击犯罪等

---

① Ponko, V., 1968: "The Privy Council and the Spirit of Elizabethan Economic Management", *Transactions of the American Philosophical Society*, Vol. 58, p. 54.
② Heckscher, Eli. F., 1983: *Mercantilism*, Vol. I, New York, p. 294.
③ Hoppit, J., 2000: *A Land of Liberty? England 1689~1727*, Oxford, p. 125.
④ Clay, C. G. A., 1984: *Economic Expansion and Social Change: England 1500~1700*, Vol. II, Cambridge University Press, p. 200.

方面很有成效，尤其是教区官员更积极主动地执行国家政策。① 这表明英国政府的功能向现代的转向，开始从控制市场经济更多地向治理市场社会转变。结果是英国政府的传统功能虽然受到了很大的限制，但比以前获得了更有效的工具。② 这样，"到1714年，英国拥有了欧洲最有效能的国家机器"③。

再次，通过重商主义的外交和商战等一系列民族经济政策，强化了英国人的民族意识和国家认同，在西欧民族国家体系间既激烈竞争又善于学习是英国民族国家构建的特点之一。

不管是实行国家干预政策或者自由贸易政策，重商主义都是一种民族经济政策，布罗代尔就指出："如果应有一种含义胜过其他含义的话，那就是防备别人的意思，因为重商主义首先是保护自己的一个法门。"④ 自从解决了与法国的封建领土纠葛，英国人就开始专注自身事务，追求自己的民族经济利益，民族意识日趋清晰，因为"只要英国由诺曼公爵或安茹伯爵统治着，只要盎格鲁—诺曼贵族在海峡两岸持有地产，其他贵族在英格兰和苏格兰持有地产，统治精英就不可能把自己仅仅视为英国人"⑤。随着百年战争的进行，对内排斥外国商人和对外扩张市场遇到的抵制进一步强化了英国人的民族意识。到1500年左右，英国人已经形成了民族优越感，据一位意大利访客的报告："英国人极端热爱他们自己和属于他们的一切事物，他们认为，除了英国人，没有其他人；除了英国，没有其他世界。当他们看到一个端庄体面的外国人时，就会说'他看起来像英国人'，就会说'很遗憾，他不是英国人'。"⑥

在重商主义时代，通过驱逐汉萨同盟，与西班牙、葡萄牙竞逐跨大西洋贸易，打败荷兰、法国强有力的竞争，英国在西欧民族国家体系间通过操纵外交的合纵连横和发动一系列的商业战争，追逐英国本身的经济利益，强化了英国人的国家认同，早在16世纪已"没有什么能够弱化

---

① Kent, J. R., 1995: "The Center and the Localities: State Formation and Parish Government in England, circa 1640~1740", *The Historical Journal*, Vol. 38, p. 363.
② Heckscher, Eli. F., 1983: *Mercantilism*, Vol. II, New York, p. 326.
③ 〔美〕伊曼纽尔·沃勒斯坦：《现代世界体系》第2卷，孙立田等译，北京，高等教育出版社，1998年，第363页。
④ 〔法〕费尔南·布罗代尔：《15至18世纪的物质文明、经济和资本主义》第3卷，顾良译，北京，生活·读书·新知三联书店，1993年，第39页。
⑤ Gillingham, J. and Griffiths, R. A., 2000: *Medieval Britain*, Oxford, Oxford University Press, pp: 149~150.
⑥ *Ibid*, p. 151.

英国人的英国意识"。① 从 16 世纪启动的国家建设进程到 18 世纪初基本完成,② 强化和巩固了国家认同。与此同时,英国人又是一个善于向其他民族学习的民族,无论是毛纺技术、采矿技术、腌制鱼类技术、金融技术、制陶技术、漆器技术等,都是从欧洲大陆低地国家、德国、法国甚至中国、日本等国家学习而来,一位瑞士印染工在 1766 年就注意到:"每个人都知道,这个民族的工业和克服任何障碍的不屈不挠的耐心是超乎想象的,他们不敢夸口许多发明是他们的,但敢夸口的是他们完善了别人的发明,因此就有一句谚语,一件完美的东西一定是法国发明、英国制造出来的。"③ 此外,民族语言——英语经过漫长的历史演变,在重商主义时代得到全国范围的普及和使用,马格努松注意到,英国重商主义作品大多数是用英语写成的,④ 通过重商主义作品的广泛传播,英语进一步得到推广和运用。共同的语言和民族意识已成为英国民族主义的纽带。

最后,英国重商主义在扩张市场经济的同时,同步实施社会政策,保护社会免受市场的侵害,成功地使民族国家在构建过程没有出现大的波折和反复,这是英国民族国家产生的最引人瞩目的特点之一。

重商主义不仅是一种经济思想和经济实践,而且是一种社会转型理论。赫克歇尔在《重商主义》中专门用一章讨论"作为社会概念的重商主义",认为某些典型的社会思想,如"社会作为一个整体概念,或者人类作为一种社会动物是如何被创造出来的,以及因此应该怎样对待人类",也是重商主义的主题。⑤ 向市场社会的转型需要国家的管理和控制,拉尔斯·赫利茨认为,重商主义社会发展概念一个很重要的组成部分就是国家权力的兴起,国家权力是维护国内和平、保护所有权、控制国民情绪、指导人们的抱负走向文明的目标的工具。⑥ 只有在市场化进程中,国家采取积极行动,不让普通人被迫承受高昂的代价,社会才会成功转型。科尔曼认为,在重商主义时代,国家在经济和社会领域的行

---

① Bradshaw, B. and Morrill, J. ed., 1996: *The British Problem* 1534~1707, London, p. 6.
② Bradshaw, B. and Roberts, P., ed., 1998: *British Consciousness and Identity: The Making of Britain* 1533~1707, Cambridge University Press, p. 5.
③ Wadsworth, A. P. and Mann J. de. L, 1931: *The Cotton Trade and Industrial Lancashire* 1600~1780, Manchester, p. 413.
④ Magnusson, L., 1995: *Mercantilism: Critical Concepts in the History of Economics*, Vol. I, London and New York, Introduction.
⑤ Heckscher, Eli. F., 1983: *Mercantilism*, Vol. II, New York, p. 269.
⑥ 拉尔斯·赫利茨:《重商主义的历史与社会概念》,载拉尔斯·马格努松主编:《重商主义经济学》,王根蓓、陈雷译,上海,上海财经大学出版社,2001 年,第 152 页。

动主要有四个相互交织在一起的目的:"维护社会稳定和社会秩序,促进和管制国内经济,促进和管制海外贸易和航运,增加岁入。"① 这四个目的之间可能互有抵制和冲突,科尔曼指出,在17世纪中期人口和价格下降之前,都铎和斯图亚特早期政府都竭力阻止农业变革进程,或者至少减缓穷人经受的苦难,控制物价,维持粮食产量,阻止土地利用过度转变为养羊。② 这样做的原因和后果,卡尔·波兰尼看得十分清楚:"英国遭受了圈地所带来的苦难,但却没有受到严重的毁坏,因为都铎王朝和早期的斯图亚特王朝一直运用王权来延缓经济发展进程,直到发展的速度达到了能被社会广泛承受的程度——利用中央政府的权力来减轻变迁的受害者的痛苦,并试图把变迁的过程引导到破坏性较小的方向上去。"③

总而言之,对于英国重商主义国家对市场经济发展的影响,应该进行全面具体的分析;对于市场经济的发展对现代国家形态形成的影响,应该进行实证的研究。事实上,现代自由主义经济史家对当时国家干预的抨击并不代表当时人的看法,伊曼纽尔·沃勒斯坦就道出了当时的市场参与者的态度:"在资本主义世界经济体中,所有者—生产者希望国家代表他们履行两个重要的职能。他们希望它以少于增加的利润的成本限制或扩大市场的'自由',从而获取或维护他们在市场中的利益,而不考虑国家的干预是积极的还是消极的……此外,这些所有者—生产者还希望国家帮助他们榨取到超过他们在其他方面所能榨取到的较大的剩余价值比率,同样要求其成本低于增加的利润,并且在这种情况下同样不关心国家的作用是积极的还是消极的。"④

第四节 国家与市场经济关系的整体结构

在重商主义时代,国家与市场经济在其历史演进过程中逐步展开为资本主义。因此,要理解这一进程,就必须首先将英国的重商主义与欧洲大陆的重商主义进行对比研究,然后对国家与市场经济关系演进的整体结构进行分析。当然,同时还需要分析,国家是否推动了资

---

① Coleman, D. C., 1977: *The Economy of England* 1450~1750, Oxford, p. 173.
② *Ibid*, p. 175.
③ Polanyi, K., 2001: *The Great Transformation*, Boston, p. 40.
④ 〔美〕伊曼纽尔·沃勒斯坦:《现代世界体系》第2卷,孙立田等译,北京,高等教育出版社,1998年,第128页。

本主义的前进？重商主义和市场经济是否促进了资本主义的发展？① 更为重要的是，重商主义时代国家与市场经济之间的互动关系是否有利于英国资本主义的发展和成熟，有利于英国从封建社会向资本主义社会的过渡？

一、与其他欧洲重商主义国家的对比

从英国重商主义时代国家与市场经济三阶段演进的历史进程来看，在每一个阶段都有可资对比的西北欧重商主义国家，那就是西班牙、瑞典和法国。

西班牙在16世纪就建起了一个庞大的贸易帝国，跨大西洋贸易闪电般增长，1510年至1550年间贸易总额增长8倍，1550年至1610年又增长3倍。② 科西莫·佩罗塔认为西班牙的重商主义虽然在时间上先于西欧其他国家的重商主义，却是西欧重商主义的负面典型，以至于"在重商主义时代，一个幽灵困扰着欧洲，这便是担心像西班牙一样，因富于黄金、贫于生产以及可怕的贸易逆差而被毁灭"③。与英国相比，西班牙通过重商主义发展资本主义失败的原因主要可以归结为以下几点，首先是西班牙没有发展出自己的工业生产，没有像英国一样走纺织业的道路，而只是一个原料出口国，西班牙重商主义者蒙卡达、莱若拉和玛塔都认识到，西班牙发展危机的真正本质是缺乏生产。④ 沃勒斯坦对西班牙资产阶级从海外投资转向粮食种植，而不去建设工业基础感到惊奇不已。⑤ 其次，西班牙未能建立强大的民族国家机器，行政管理腐败且效率低下，机构僵化，难以应付市场经济所带来的挑战，并且陷入了无法控制的财

---

① 布罗代尔对资本主义与市场经济作出了清楚的区分，他认为资本主义是奠基于底层物质生活和中层市场经济之上的最高点，通过垄断和剥削国际资源来追求高利润。当然，布罗代尔也指出，资本主义和市场经济的区分不会像油和水一样界线分明。见布罗代尔：《资本主义论丛》，顾良等译，北京，中央编译出版社，1997年，第86~93页。这一区分十分富有启发性。
② 〔美〕伊曼纽尔·沃勒斯坦：《现代世界体系》第1卷，孙立田等译，北京，高等教育出版社，1998年，第218页。
③ 〔西班牙〕科西莫·佩罗塔：《早期西班牙的重商主义：欠发达的首次分析》，见〔瑞典〕拉尔斯·马格努松主编：《重商主义经济学》，王根蓓、陈雷译，上海，上海财经大学出版社，2001年，第24~25页。
④ 〔瑞典〕拉尔斯·马格努松主编：《重商主义经济学》，王根蓓、陈雷译，上海，上海财经大学出版社，2001年，第51页。
⑤ 〔美〕伊曼纽尔·沃勒斯坦：《现代世界体系》第1卷，孙立田等译，北京，高等教育出版社，1998年，第231页。

政混乱，不得不靠赖债来弥补债务危机，最终导致信用破产。① 再次是在重建民族经济的过程中，西班牙贵族和牧主团获得了胜利，封建经济站稳了脚跟。"在西班牙，中低阶级被以浪费与纯粹的虚饰为基础的贵族的消费效应征服。不去追求与展示一种新的富有，西班牙是大重商主义国家中——在由庄园租金融资的贵族奢侈与由利润融资的中产阶级奢侈之间的竞争中，最终由贵族获得胜利的唯一国家。"② 最后，驱逐犹太人和摩尔人让西班牙的社会结构出现分裂，正如西班牙重商主义者观察到的那样："驱逐犹太人——剥夺了国家的最优秀的手工艺者和许多有知识的人，驱逐摩尔人——使西班牙失去了其努力工作的主要小农场主。"③ 由此可见，西班牙的重商主义并未能发展出成熟的资本主义，从美洲掠来的金银像潮水一样涌来，又像潮水一样退散到其他西欧国家，西班牙像一条干瘪的鱼被搁浅在了海滩上。

瑞典在17世纪建立了比较强大并且较有效率的国家机器，强化了国家力量，推行重商主义政策。古斯塔夫斯·阿道夫斯创立瑞典贸易公司，试图解除荷兰人对本国黄铜贸易的控制，虽然这一努力失败了，但瑞典却在创立新兴出口工业方面取得了成功，发展出冶铁业。在国家的扶持下，瑞典引进德意志技术工人，建立冶铁工场，并且实行严格的质量控制，使得瑞典铁在欧洲市场形成绝对优势地位。虽然后来国家放弃了对铁生产的直接管理，但国家鼓励铁的生产，大量购买铁制品用于军事装备。这样，瑞典几乎垄断了17世纪欧洲世界经济中的三种产品，那就是铜、高质量的铁和树脂。古斯塔夫斯·阿道夫斯建立了兵器工业，建立了一支强大的军事力量和一支相当可观的商业舰队。到17世纪中叶，瑞典把东波罗的海地区的爱沙尼亚、立窝尼亚、英格瑞亚以及科克斯霍姆变等成了瑞典—芬兰的殖民地，在波罗的海实行经济帝国主义。瑞典在18世纪甚至进入一个"自由时代"，专制主义让位于议会自由。瑞典的发展从表面上看呈现出与英国同步的历史进程。但是，瑞典的资本主义陷入了失败的困境，原因在于，一是瑞典的国家机器依赖于对贵族势力的羁縻，大贵族的政治经济势力日益增加，变得越来越富有，虽然瑞典

---

① 〔美〕伊曼纽尔·沃勒斯坦：《现代世界体系》第1卷，孙立田等译，北京，高等教育出版社，1998年，第232~233页。
② 〔西班牙〕科西莫·佩罗塔：《早期西班牙的重商主义：欠发达的首次分析》，见〔瑞典〕拉尔斯·马格努松主编：《重商主义经济学》，王根蓓、陈雷译，上海，上海财经大学出版社，2001年，第46~47页。
③ 〔瑞典〕拉尔斯·马格努松主编：《重商主义经济学》，王根蓓、陈雷译，上海，上海财经大学出版社，2001年，第50页。

出现了议会自由,但这种"腐败的贵族议会政治"并未能给瑞典带来新的经济优势;二是瑞典推行重商主义扩张政策,导致巨额的军费开支,然而瑞典不像英国拥有大量资源丰富的海外殖民地,瑞典人口相当少,自然资源贫乏并且逐渐在耗尽,因此,不足以支撑它的地位和资本主义的发展,实行重商主义政策的后果是国家处于破产的状态;三是瑞典的发展始终依赖外国的投资,国家收入则依赖普鲁士、法国等国家的津贴,这种寄生地位使瑞典成为法国等国家的争霸工具。[①]

法国从科尔伯主政时期开始大力推行重商主义,为了促进本国工业的发展,采取了优惠关税、禁止进口、垄断、利用经济手段引诱优秀工匠移民法国、免除同业公会的规则、贷款和提供资金、建筑、设备和原材料等一系列措施。正是在国家的大力扶持下,在整个18世纪,法国成为欧洲大陆最主要的工业大国。毛纺业、亚麻布纺织业、织袜业、丝绸业、煤炭和冶铁等行业都发展了起来,甚至铁钉、铜绿、草帽等毫无联系的行业也实现了专业化。[②] 虽然一些史家认为法国工业进步小于英国的工业进步,但正如另一些史家指出的那样,1700年到1750年,法国仍是世界上头号工业强国;虽然18世纪法国工业品出口比例同英国一样,但绝对量是英国的4倍。[③] 单从冶铁行业看,法国与英国处于同一工业化水平。[④] 即使如此,无论人口、领土面积等方面来看都更具优势的法国,在18世纪与英国的争霸中节节败退,最终在1750年至1815年间法国国力被英国超越。原因是多方面的,首先,法国政府的许多重商主义政策到18世纪越来越僵化,例如在大西洋贸易蓬勃发展的时期,法国却把朗格多克皇家工场生产的挂毯限制在利凡特市场。此外,虽然得到国家的鼎力扶持,但许多企业的发展并不成功,18世纪50年代在鲁昂外的达内特尔开办的大型原始织布厂享受皇家的特权、免税、大量的国家补贴和路易十五情人的恩惠,她甚至把公司的手帕分发给巴黎有影响的人物。即使如此,这家织布厂生产的也不过是二流货。[⑤] 也许更为重要的是,

---

[①] 〔美〕伊曼纽尔·沃勒斯坦:《现代世界体系》第2卷,孙立田等译,北京,高等教育出版社,1998年,第256~269页。

[②] 〔英〕罗伯特·杜普莱西斯:《早期欧洲现代资本主义的形成过程》,朱志强等译,沈阳,辽宁教育出版社,2001年,第305~307页。

[③] 〔美〕伊曼纽尔·沃勒斯坦:《现代世界体系》第2卷,孙立田等译,北京,高等教育出版社,1998年,第350页。

[④] Heckscher, Eli. F., 1983: *Mercantilism*, Vol. I, New York, p. 203.

[⑤] 〔英〕罗伯特·杜普莱西斯:《早期欧洲现代资本主义的形成过程》,朱志强等译,沈阳,辽宁教育出版社,2001年,第307页。

法国工业品结构不合理，不像英国形成了针对上中下三个社会层次的产品结构，特别是针对中等阶层的大众消费品，法国只生产最高端的奢侈品和最低廉的标准化产品，虽然使得海外贸易在18世纪增长了8倍，但在18世纪中叶以后就减速。其次，法国工业部门规模小，城市化率低。杜普莱西斯指出："在法国革命前夕，法国劳动人口只有五分之一在工业就业，而英国为三分之二多。尽管取得这样的成就，工业品只占法国贸易的五分之二，而英国则占三分之二。由于法国农民普遍生活水准低，法国人绝大部分是在田里工作，限制了国内对消费品的需求。"[①] 再次，法国政府没有英国政府强大。法国作为一个陆地大国，要实行有效的重商主义政策，需要在本土实现经济上和政治上的有效统一，但法国上层阶级只是部分地实现了政治和解，下层阶级特别是新教徒成为政治结构中的敌对势力，法国在18世纪不得不竭尽全力克服国内各种障碍，法国行政机构从来没有全面地控制国家。英国的政治结构决定了英国政府的信誉更好，能够克服战争带来的财政压力，吸引外来投资。因此，"这远不是自由主义的胜利，而是强大的国家政府的胜利"[②]。最后，虽然沃勒斯坦认为法国农业与英国农业间的差异比我们想象的少，但英国重商主义对农业的重视使得英国农业技术变革更为显著，从而为繁荣奠定了基石，构成了工业机械化的主要动力。[③]

西班牙、瑞典、法国虽然在重商主义时代的不同阶段，通过实施重商主义政策取得了一定程度的成功，但是它们最终却都未能超越英国的发展，在重商主义时代发展出成熟的资本主义，一个共同的原因就是国家与市场经济的关系固化僵硬，未能随着经济和社会的发展随时做出适当的调整。

二、英国重商主义演进的整体结构

从英国国家与市场经济关系演进的整体结构来看，重商主义国家对市场经济和资本主义发展的影响是无孔不入的，布罗代尔认为，国家"在十五至十八世纪期间，关系到所有事物和所有人，它是欧洲的新兴力量之一。……国家促进资本主义的发展，援手扶助资本主义，这无疑是对的。但反过来说，国家又不利于资本主义的发展，资本主义也能够给

---

① 〔英〕罗伯特·杜普莱西斯：《早期欧洲现代资本主义的形成过程》，朱志强等译，沈阳，辽宁教育出版社，2001年，第312页。
② 〔美〕伊曼纽尔·沃勒斯坦：《现代世界体系》第2卷，孙立田等译，北京，高等教育出版社，1998年，第364~365、352页。
③ 同上书，第347、350~351页。

国家增加困难"①。因此，国家、市场经济和资本主义的关系错综复杂，不易把握。下面，从英国国家与市场经济关系演进的三阶段整体结构角度对资本主义的兴起作一个简单的分析，从而有助于全面理解重商主义时代国家与市场经济关系演变的发展趋势。

在都铎王朝时期和斯图亚特王朝早期，英国国家形态是王朝国家，市场经济形态是特许垄断市场经济。此时，国家与市场力量之间是互相利用的关系。王权要与旧贵族相抗争，便在财政上依赖有钱的资产阶级，并给予他们市场的垄断权。此时的重商主义国家追求一种对市场经济进行全面控制的政策，市场力量还完全屈从于国家权力，因为"没有政治作后台，谁也不可能独揽经济，更不能有驾驭市场的能力。为了对经济活动设置非经济的栅栏，为了让桀骜不驯的价格惟命是从，或为了保障非优先项目的采购，必须由某一政治权威施行强制"②。当然，应该看到，与西欧其他国家相比，"在英国，国家在动员资本与管理工业两方面所起的直接作用极小。"③ 英国国家机构大多数时候没有直接参与到经济生活中来，没有像法国那样由国家直接投资兴办大规模的工矿企业，只把金银矿收归国有，英国国家更多的是作为立法者和协调者而不是所有者，对市场经济进行控制。

在这一阶段，国家制定这种政策的依据，是出于对社会失序和对战争的担忧。当时国内的市场化程度已经相当高，形成了以伦敦为中心的统一市场，海外贸易市场还主要集中在欧洲。商业的发展对旧的生产方式有一种自发的"分解作用"，虽然资本主义刚刚构建立起一个狭窄的平台，但是，市场经济和资本主义的快速发展已经给一个脆弱的农业社会带来了前所未有的后果，流浪汉和乞丐日塞于途，失业人口不断增多，物价上涨，加上饥荒不时光顾，与欧洲大陆国家的战争和战争威胁无时不在，而且英国的军需品几乎全部依赖国际市场。所有这些导致国家对整个市场经济体系的重组进行了有力的干预。④

在刚刚走出中世纪农本经济的都铎王朝时期，资本主义已经开创了

---

① 〔法〕费尔南·布罗代尔：《15 至 18 世纪的物质文明、经济和资本主义》第 2 卷，顾良译，北京，生活·读书·新知三联书店，1993 年，第 612 页。

② 〔法〕费尔南·布罗代尔：《资本主义论丛》，顾良等译，北京，中央编译出版社，1997 年，第 36 页。

③ 〔美〕王国斌：《转变的中国——历史变迁与欧洲经验的局限》，李伯重等译，南京，江苏人民出版社，1998 年，第 112 页。

④ Stone, L., 1947: "State Control in Sixteenth-Century England", *Economic History Review*, Vol. 17, p. 103.

一些工业生产部门，这些部门以世界市场生产为基础，也以世界市场造成的生产条件为基础，是在一个农业社会的汪洋大海中搭建的狭窄平台，依靠国王的特许状来保证垄断地位，得到了国家的全力支持，主要活跃在工矿企业和外贸公司的活动场域，当然，"资本主义所在的经济部门总是倾向于进入最活跃和最有利可图的国际贸易洪流。资本主义的活动场所因而比普通的市场经济，比国家及其特殊关注，更要宽广得多"①。但此时的资本主义还处于自卫的阶段，还需要求助于政府，政府能够帮助资本主义开拓发展空间，"就像现在一样，资本主义发现某些政府活动能够促进其谋利的目的，重商主义的专门辩论给了我们一个早期的例证，资本主义是以何种强度达到其金钱目标的"②。了达到这一目的，"资本主义在其发展过程中并不取消传统的活动，而是有时把传统活动'当作拐棍'一样依赖；同样，国家也迁就以往的政治构造，并且挤进这些政治构造中去，尽可能推行它的权力、货币、税收、司法和号令"③。

到了国家与市场经济关系的第二阶段，即斯图亚特王朝到光荣革命时期，英国的市场经济全面发展，已沛然成潮，随着殖民活动的深入，一个世界市场呈现在人们面前，市场社会开始解构国家权力，驱除封建社会的残余，要求自由贸易。此时的国家形态呈现出过渡性形态，近代国家理性开始出现，市场经济则进入了反特许垄断阶段。英国的商业社会在 17 世纪就已经形成了自己的自由主义经济意识形态，经济领域是一个受供求力量调节的独立体系的观念逐渐深入人心，重商主义第一次从物质关系出发论证了市民社会的存在和国家理性的必要。

资本主义打算乘机扩大自己的基础，进入了进攻的阶段，开始对政府加以控制。因为"'封建主义'无疑衰败了，但支配封建有机体的武士阶级却没有衰败。相反，他们继续统治了几个世纪之久，而新兴资产阶级不得不服从这种统治。他们为了达到自己的目的，甚至成功地攫取了很大一部分新创造的财富。由此而确立的政治结构虽然增进了但同时也损害了资产阶级的利益，在性质和精神上都不是资产阶级的，而是运行在资本主义基础之上的封建主义，是依靠资本主义为生

---

① 〔法〕费尔南·布罗代尔：《15 至 18 世纪的物质文明、经济和资本主义》第 2 卷，顾良译，北京，生活·读书·新知三联书店，1993 年，第 613 页。
② Johnson, E. A. J., *Some Origins of the Modern Economic World*, in Heaton, H., 1937: "Heckscher on Mercantilism", *Journal of Political Economy*, Vol. XIV, p. 393.
③ 〔法〕费尔南·布罗代尔：《15 至 18 世纪的物质文明、经济和资本主义》第 2 卷，顾良译，北京，生活·读书·新知三联书店，1993 年，第 572 页。

的贵族军事社会,是一种两栖物,完全不受资产阶级的控制"①。因此,"在英国,国君一方面希望创建一个立足于新兴势力基础上的民族经济,以便在新的世界经济体中成功地参与竞争,另一方面,它又是基于各种社会保守力量而形成的身份与特权系统中的顶端,因此陷入了一种矛盾境地"②。资产阶级还需要积聚力量,摆脱这些中世纪的残余因素,最终实现对国家的控制。资产阶级第二梯队,也就是在16世纪发财致富的乡绅、零售商、律师等人组成的新阶层,"都认为能从更加强大的民族经济中有所收获",③ 但现实的致富机会都被特许公司垄断,于是他们在议会和普通法法院展开了反对国王特权的斗争,这场斗争最终引发了革命,通过革命把封建土地保有制和监护法庭废除,使土地所有者免除一切封建义务。布罗代尔认为,"资本主义之所以能在欧洲乃至法国阔步前进,这是因为在一个重要历史发展关头,市场社会破除了封建制国家"④。革命之后,英国政府成为君主立宪制下的代议制政府,国王和政府对市场经济干预的职能都受到限制,资本主义通过革命实现了对国家力量的控制。这从航海法案的出台就可看出,这一法案"标志着一种对政府调节的新态度。过去,公共权力进入经济领域是为了防止社会动乱,现在政府主动促进英国企业,把国家权力置于民族经济发展之后"⑤。国家成为市场经济和资本主义发展的坚强后盾,英国的资本主义力量开始打击自己在世界市场上的主要竞争对手荷兰。与此同时,资本主义为了更好地为世界市场服务,开始插手生产过程,由商人来支配生产,虽然不时发生贸易危机,但"资本主义的生产关系——在艰难的年代里并没有逆转,而是巩固了下来。很快,它们以新的条件互相产生作用,启动了新一轮的经济增长"⑥,完成了资本主义生产方式过渡的关键一步。

到了国家与市场经济关系的第三阶段,也就是光荣革命之后,此时英国的国家从形态上来说,已经完全进入现代国家形态,市场经济形态

---

① 〔美〕约瑟夫·熊彼特:《经济分析史》第1卷,朱泱等译,北京,商务印书馆,2001年,第228页。

② 〔美〕伊曼纽尔·沃勒斯坦:《现代世界体系》第1卷,孙立田等译,北京,高等教育出版社,1998年,第332页。

③ 同上。

④ 〔法〕费尔南·布罗代尔:《资本主义论丛》,顾良等译,北京,中央编译出版社,1997年,第55页。

⑤ Appleby, J. O., 1980: *Economic Thought and Ideology in Seventeenth - Century England*, Princeton, Princeton University Press, p. 103.

⑥ 〔英〕罗伯特·杜普莱西斯:《早期欧洲现代资本主义的形成过程》,朱志强等译,沈阳,辽宁教育出版社,2001年,第192页。

也发展到自由市场经济阶段。这一时期国家与市场经济的关系总体趋势是政府丧失对市场经济进行干预的合法性，市场经济体制基本形成，市场的自发活动导致诱致性制度变迁，而不再是由国家主导的强制性制度变迁。但是，英国资本主义此时要建立世界市场上的商业霸权和垄断地位，它仍然有一个实力相当的竞争对手，那就是法国。资本主义还需要国家通过关税保护等间接手段削弱法国的竞争，通过战争和外交等手段帮助争夺殖民地，而不是直接干预日常的交易和生产活动。过去，许多学者认为，在这一时期托利党支持自由贸易，而辉格党支持重商主义。这实际上是对英国光荣革命后重商主义理论和实践的一种误解，是把重商主义等同于国家干预观念的延续。W. D. 斯塔姆布就指出，这种对"自由贸易"和"保护主义"的区分太过简单，因为由地主占统治地位的托利党讨厌自由贸易，实际上，在1688年革命以前，托利党支持王室特权，光荣革命后，托利党人开始采纳辉格党人的自由贸易观点，来反对议会对外贸的干预，用辉格党的理论来保护托利党的特权。只是在18世纪上半期辉格党长期执政，使得一些现代历史学家错误地把辉格主义等同于重商主义，自由贸易理论等同于托利主义。① 可见，在光荣革命后，市场经济的发展要求实行自由贸易，而资本主义扩张却要求通过保护主义实现垄断利润，但这种保护已经不可能采取过去国家直接干预的手段，因此一般采用的是间接干预手段。

赫克歇尔注意到，1688年光荣革命之后，国家的兴趣越来越多地转向外部活动，首先是贸易和殖民政策，然后才是新合股公司，以及信用的提供、保险制度和国内资本市场，最后是农业保护。这样，手工业和国内产业条例退居这些新的兴趣之后。② 资本主义在此时开始伸展自己的拳脚，不但在殖民地贸易、转口贸易、三角贸易上获利甚丰，而且在国内进一步拓展自己的领地，商业资本开始向产业资本转化，越来越重视国内的生产和消费，在资本主义摧枯拉朽力量的推动下，英国完成了生产方式的大变革，通过18世纪的议会圈地，彻底剥夺了农民赖以生存的生活条件，切断了耕织结合的传统。随后到来的产业革命加速了这一进程，从而最终完成了从封建农本社会向资本主义工业社会的过渡。

市场经济主体和资本主义力量从一开始就懂得，某些政府活动能够促进其谋利的目的，必须控制和利用国家的力量来拓展自己的平台；同

---

① Stump, W. D., 1974: "An Economic Consequence of 1688", *Albion: A Quarterly Journal Concerned with British Studies*, Vol. 6, pp. 33~35.

② Heckscher, Eli. F., 1983: *Mercantilism*, Vol. I, New York, p. 300.

时，市场经济越深入越活跃，它的基础就越深厚，它就越有伸展的空间。因此，资本主义既从国家获得力量，又从市场经济中汲取能量，最终从国家与市场经济的互动结构中脱颖而出。英国重商主义极大地推动了资本主义的发展，有利于向资本主义社会的过渡，因为重商主义"取消了中世纪的限制，为建立统一的强盛的民族国家立下了功劳。这些因素反过来又成了推动贸易的强有力的工具，直至早期资本主义发展为成熟的工业资本主义"[①]。

---

① 〔英〕埃里克·罗尔：《经济思想史》，陆元诚译，北京，商务印书馆，1981年，第84~85页。

参考文献

一、中文文献

1. 〔美〕乔万尼·阿瑞吉，贝弗里·J. 西尔弗等：《现代世界体系的混沌与治理》，王宇洁译，北京，生活·读书·新知三联书店，2003年。

2. 〔英〕佩里·安德森：《绝对主义国家的系谱》，刘北成等译，上海，上海人民出版社，2001年。

3. 〔英〕杰夫里·巴勒克拉夫：《当代史学主要趋势》，杨豫译，上海，上海译文出版社，1987年。

4. 〔法〕米歇尔·博德：《资本主义史：1500~1980》，吴艾美译，北京，东方出版社，1986年。

5. 〔法〕让·波德里亚：《消费社会》，全志钢译，南京，南京大学出版社，2001年。

6. 〔法〕费尔南·布罗代尔：《15至18世纪的物质文明、经济和资本主义》第1~3卷，顾良译，北京，生活·读书·新知三联书店，1993年。

7. 〔法〕费尔南·布罗代尔：《资本主义的动力》，杨起译，北京，生活·读书·新知三联书店，1997年。

8. 〔法〕费尔南·布罗代尔：《资本主义论丛》，顾良等译，北京，中央编译出版社，1997年。

9. 〔英〕威廉·布莱克斯通：《英国法释义》第1卷，游云庭等译，上海，上海人民出版社，2006年。

10. 〔法〕马克·布洛赫：《封建社会》上下卷，张绪山译，北京，商务印书馆，2004年。

11. 〔英〕查尔斯·达维南特：《论英国的公共收入与贸易》，朱泱等译，北京，商务印书馆，1995年。

12.〔英〕罗伯特·杜普莱西斯：《早期欧洲现代资本主义的形成过程》，朱志强等译，沈阳，辽宁教育出版社，2001年。

13.〔英〕弗里德利希·冯·哈耶克：《自由秩序原理》上册，邓正来译，北京，生活·读书·新知三联书店，1997年。

14.〔美〕塞缪尔·P. 亨廷顿：《变化社会中的政治秩序》，王冠华译，北京，生活·读书·新知三联书店，1989年。

15. 侯建新：《社会转型时期的西欧与中国》，济南，济南出版社，2001年。

16. 金志霖：《英国行会史》，上海，上海社会科学院出版社，1996年。

17.〔英〕约翰·梅纳德·凯恩斯：《就业、利息和货币通论》，高鸿业译，北京，商务印书馆，1999年。

18.〔美〕约翰·R. 康芒斯：《资本主义的法律基础》，寿勉成译，北京，商务印书馆，2003年。

19.〔英〕约翰·克拉潘：《简明不列颠经济史》，范定九等译，上海，上海译文出版社，1980年。

20.〔英〕约翰·克拉潘：《现代英国经济史》中卷，姚曾廙译，北京，商务印书馆，1986年。

21.〔英〕伊丽莎白·拉蒙德编：《论英国本土的公共福利》，马清槐译，北京，商务印书馆，1989年。

22.《列宁选集》第1卷，北京，人民出版社，1972年。

23.〔英〕埃里克·罗尔：《经济思想史》，陆元诚译，北京，商务印书馆，1981年。

24.〔美〕W. W. 罗斯托：《这一切是怎么开始的——现代经济的起源》，黄其祥等译，北京，商务印书馆，1997年。

25.〔德〕威廉·罗雪尔：《历史方法的国民经济学讲义大纲》，朱绍文译，北京，商务印书馆，1981年。

26.〔瑞典〕拉尔斯·马格努松：《重商主义经济学》，王根蓓、陈雷译，上海，上海财经大学出版社，2001年。

27. 马克思：《资本论》第1卷，北京，人民出版社，1975年。

28.《马克思恩格斯选集》第1卷，北京，人民出版社，1995年。

29. 马克垚：《英国封建社会研究》，北京，北京大学出版社，1992年。

30. 马克垚主编：《中西封建社会比较研究》，上海，学林出版社，1997年。

31. 〔荷〕伯纳德·曼德维尔：《蜜蜂的寓言》，肖聿译，北京，中国社会科学出版社，2002 年。

32. 〔法〕保尔·芒图：《十八世纪产业革命——英国近代大工业初期的概况》，杨人楩等译，北京，商务印书馆，1991 年。

33. 〔美〕A. E. 门罗编：《早期经济思想》，蔡受百等译，北京，商务印书馆，2011 年。

34. 〔英〕托马斯·孟：《英国得自对外贸易的财富》，袁南宇译，北京，商务印书馆，1965 年。

35. 〔英〕托马斯·孟、尼古拉斯·巴本、达德利·诺思：《贸易论（三种）》，顾为群等译，北京，商务印书馆，1982 年。

36. 〔美〕罗伯特·金·默顿：《十七世纪英格兰的科学、技术与社会》，范岱年等译，北京，商务印书馆，2000 年。

37. 〔英〕托马斯·莫尔：《乌托邦》，戴镏龄译，北京，商务印书馆，1982 年。

38. 〔美〕道格拉斯·诺斯：《经济史中的结构与变迁》，厉以平译，上海，上海三联书店，1994 年。

39. 〔美〕道格拉斯·诺斯，巴里·温加斯特：《宪政和承诺：17 世纪英国公共选择制度的变迁》，见《比较》第 6 辑，北京，中信出版社，2003 年。

40. 〔美〕杰弗里·帕克等著：《剑桥战争史》，傅景川译，长春，吉林人民出版社，1999 年。

41. 〔英〕威廉·配第：《配第经济著作选集》，陈冬野等译，北京，商务印书馆，1981 年。

42. 〔美〕彭慕兰：《大分流——欧洲、中国及现代世界经济的发展》，史建云译，南京，江苏人民出版社，2003 年。

43. 〔意〕卡洛·M. 齐波拉：《欧洲经济史》第 2 卷，贝昱译，北京，商务印书馆，1988 年。

44. 〔英〕约翰·F. 乔恩：《货币史》，李广乾译，北京，商务印书馆，2002 年。

45. 〔英〕亚当·斯密：《国民财富的性质和原因的研究》，王亚南、郭大力译，北京，商务印书馆，1974 年。

46. 〔德〕维尔纳·桑巴特：《奢侈与资本主义》，王燕平、侯小河译，上海，上海人民出版社，2000 年。

47. 〔美〕斯塔夫里阿诺斯：《全球通史——1500 年以后的世界》，

吴象婴等译，上海，上海社会科学院出版社，1999年。

48. 〔美〕王国斌：《转变的中国——历史变迁与欧洲经验的局限》，李伯重等译，南京，江苏人民出版社，1998年。

49. 〔美〕约瑟夫·熊彼特：《经济分析史》第1卷，朱泱等译，北京，商务印书馆，2001年。

50. 阎照祥：《英国史》，北京，人民出版社，2003年。

51. 〔英〕T. G. 威廉斯：《世界商业史》，陈耀昆译，北京，中国商业出版社，1989年。

52. 〔特立尼达-多巴哥〕艾里克·威廉斯：《资本主义与奴隶制度》，陆志宝等译，北京，北京师范大学出版社，1982年。

53. 〔美〕伊曼纽尔·沃勒斯坦：《现代世界体系》第1~2卷，孙立田等译，北京，高等教育出版社，1998年。

54. 吴于廑主编：《十五十六世纪东西方历史初学集》，武汉，武汉大学出版社，2005年。

55. 沈汉、王建娥：《从封建社会向资本主义社会过渡研究——形态学的考察》，南京，南京大学出版社，1993年。

56. 吴承明：《经济学理论与经济史研究》，载《经济研究》1995年第4期。

57. 向荣：《英国"过渡时期"的贫困问题》，载《历史研究》2004年第4期。

二、英文文献

1. Andrew, T., 1738: *An Enquiry into the Causes of the Encrease and Miseries of the Poor of England*, London.

2. Appleby, A. B., 1973: "Disease or Famine? Mortality in Cumerland and Westmorland 1580~1640", *The Economic History Review*, Vol. 26.

3. Appleby, J. O., 1980: *Economic Thought and Ideology in Seventeenth-Century England*, Princeton, Princeton University Press.

4. Ashton, R., 1967: "The Parliamentary Agitation for Free Trade in the Opening Years of James I", *Past And Present*, Vol. XXXVIII.

5. Ashton, R., 1969: "Jacobean Free Trade Again", *Past And Present*, Vol. XLIII.

6. Beckett, J. V. and Turner, M. 1990: "Taxation and Economic Growth

in Eighteenth-Century England", *The Economic History Review*, Vol. 43.

7. Beer, G. L., 1908: *The Origins of the British Colonial System 1578 ~ 1660*, New York, The Macmillan Company.

8. Beier, A. L., 1974: "Vagrants and the Social Order in Elizabethan England", *Past and Present*, Vol. 64.

9. Beier, A. L., 1975: "Industrial Growth and Social Mobility in England 1540 ~ 1640", *The British Journal of Sociology*, Vol. 26.

10. Berg, M., 2002: "From Imitation to Invention: Creating Commodities in Eighteenth-Century Britain", *The Economic History Review*, Vol. 55.

11. Bernard, G. W., 1986: *War, Taxation and Rebellion in Early Tudor England*, Sussex, Harvester Press.

12. Besant, W., 1902: *London in the Eighteenth Century*, London, Adam & Charles Black.

13. Black, J., 2001: *Eighteenth-Century Britain 1688 - 1783*, New York: Palgrave.

14. Bland, A. E. Brown, P. A and Tawney, R. H. ed., 1915: *English Economic History, Select Documents*, London, G. Bell and Sons, LTD.

15. Borsay, P., 1990: "The Emergence of a Leisure Town: Or an Urban Renaissance", *Past and Present*, Vol. 126.

16. Braddick, M. J., 2004: *State Formation in Early Modern England c. 1550 ~ 1700*, Cambridge University Press.

17. Bradshaw, B. and Morrill, J. ed., 1996: *The British Problem 1534 ~ 1707*, London, Macmillan Press Ltd.

18. Bradshaw, B. and Roberts, P., ed., 1998: *British Consciousness and Identity: The Making of Britain 1533 ~ 1707*, Cambridge University Press.

19. Brenner, R., 1972: "The Social Basis of English Commercial Expansion 1550 ~ 1650", *Journal of Economic History*, Vol. 32.

20. Brewer, J. and Porter, R. eds., 1993: *Consumption and the World of Goods*. London, Routledge.

21. Canny, N., 1998: *The Origins of Empire: British Overseas Enterprise to the Close of the Seventeenth Century*, Oxford University Press.

22. Carr, C. T. ed., 1913: *Select Charters of Trading Companies*

A. D. 1530~1707, London, Quaritch.

23. Carter, W., 1678: *The Ancient Trades Decayed*, London.

24. Cary, J., 1695: *An Essays on the State of England in Relation to its Trade*, Bristol, Printed by W. Bonny.

25. Cary, J., 1745: *A Discourse on Trade*, London.

26. Clark, G. N., 1928: "War Trade and Trade War 1701~1713", *Economic History Review*, Vol. 1.

27. Clark, J. C. D., 1986: *Revolution and Rebellion: State and Society in England in the Seventeenth and Eighteenth Centuries*, Cambridge University Press.

28. Clark, P., 2008: *The Cambridge Urban History of Britain*, Vol. II, Cambridge University Press.

29. Clay, C. G. A., 1984: *Economic Expansion and Social Change: England 1500~1700*, 2 Vols, Cambridge, Cambridge University Press.

30. Coard, B., 1988: *Social Change and Continuity: England 1550~1750*, Longman.

31. Coats, A. W., 1958: "Changing Attitudes to Labour in the Mid-Eighteenth Century", *Ecnomic History Review*, Vol. 11.

32. Coke, R., 1671: *A Treatise Wherein is Demonstrated*, London, Printed by J. C.

33. Coleman, D. C., 1956: "Labour in the English Economy of the Seventeenth Century", *Economic History Review*, Vol. 2.

34. Coleman, D. C. ed., 1969: *Revisions in Mercantilism*, London, Methuen & Co Ltd.

35. Coleman, D. C., 1977: *The Economy of England 1450~1750*, Oxford, Oxford University Press.

36. Coleman, D. C., 1980: "Mercantilism Revisited", *The Historical Journal*, Vol. 4.

37. Craske, M., 1999: "Plan and Control: Design and the Competitive Spirit in Early and Mid-Eighteenth-Century England", *Journal of Design History*, Vol. 12.

38. Croft, P., 1975: "Free Trade and the House of Commons 1605~1606", *Economic History Review*, Vol. 28.

39. Davies, K. G., 1952: "Joint-Stock Investment in the Later Seventeenth Century", *The Economic History Review*, Vol. 4.

40. Davis, R., 1966: "The Rise of Protection in England 1689 ~ 1786", *Economic History Review*, Vol. 19.

41. Defoe, D., 1704: *Giving Alms No Charity*, London.

42. Dickinson, H. T., 2002: *A Companion to Eighteenth-Century Britain*, Oxford, Blackwell.

43. Digges, D., 1915: *The Defence of Trade*, London, Printed by William Stansby.

44. Dodgshon, R. A., 1998: *Society in Time and Space*, Cambridge, Cambridge University Press.

45. Dyer, C., 1989: "The Consumer and the Market in the Later Middle Ages", *Economic History Review*, Vol. 42.

46. Edwards, P., 2001: *The Making of the Modern English State 1460 ~ 1660*, New York, Palgrave.

47. Ekelund, R. E. Jr and Tollison, R. D., 1981: *Mercantilism as a Rent-Seeking Society*, Texas A& M University Press.

48. Ekelund, R. E. Jr and Tollison, R. D., 1997: *Politicized Economies: Monarchy, Monopoly, and Mercantilism*, Texas A & M University.

49. Elton, G. R., 1974: *England Under the Tudors*, London&New York, Routledge.

50. Elton, G. R., 1982: *Tudor Constitution*, Cambridge, Cambridge University Press.

51. Fetter, F. W., 1935: "The Term 'Favorable Balance of Trade'", *The Quarterly Journal of Economics*, Vol. 49.

52. Fisher, F. J., 1940: "Commercial Trends and Policy in Sixteenth-Century England", *Economic History Review*, Vol. 10.

53. French, H. R., 2000: "The Search for the 'Middle Sort of People in England 1600 ~ 1800", *The Historical Journal*, Vol. 43.

54. French, H. R., 2007: *The Middle Sort of People in Provincial England 1600 ~ 1750*, Oxford, Oxford University Press.

55. Friis, A., 1927: *Alderman Cockayne's Project and the Cloth Trade*, London, Oxford University Press.

56. Fritze, R. H. and Robison, W. B., 1996: *Historical Dictionary of Stuart England* 1603~1689, London, Greenwood Press.

57. Furniss, E. S., 1920: *The Position of the Laborer in a System of Nationalism*, Boston and New York, Houghton Mifflin Company.

58. Gauci, P., 2001: *The Politics of Trade: The Overseas Merchant in State and Society* 1660~1720, Oxford, Oxford University Press.

59. Gillingham, J. and Griffiths, R. A., 2000: *Medieval Britain*, Oxford, Oxford University Press, .

60. Glassey, L. K. J., 1997: *The Reigns of Charles II and James VII & II*, Macmillan Press Ltd.

61. Grampp, W. D., 1952: "The Liberal Elements in English Mercantilism", *Quarterly Journal of Economics*, Vol. 4.

62. Gras, N. S. B., 1918: *The Early English Customs System*, London, Oxford University Press.

63. Gras, N. S. B., 1926: *The Evolution of the English Corn Market from the Twelfth to the Eighteenth Century*, London, Oxford University Press.

64. Grassby, R., 1995: *The Business Community of Seventeenth-Century England*, Cambridge, Cambridge University Press.

65. Guy, J., 1997: *The Tudor Monarchy*, London, Arnold.

66. Hamilton, E. J., 1948: "The Role of Monopoly in the Oversea Expansion and Colonial Trade of Europe before 1800", *American Historical Review*, Vol. 38.

67. Heaton, H., 1920: *The Yorkshire Woollen and Worsted Industries*, Oxford, Oxford University Press.

68. Heaton, H., 1937: "Heckscher on Mercantilism", *Journal of Political Economy*, Vol. XIV.

69. Heckscher, Eli. F., 1983: *Mercantilism*, 2 Vols. New York, Carland Publishing, Inc.

70. Heckscher, Eli. F., 1950: "Multilateralism, Baltic Trade, and the Mercantilists", *Economic History Review*, Vol. 2.

71. Heinze, R. W., 1969: "The Pricing of Meat: A Study in the Use of Royal Proclamation in the Reign of Henry VIII", *The Historical Journal*, Vol. 12.

72. Hill, C., 2002: *The Century of Revolution* 1603~1714, London

and New York, Taylor &Francis e-Library.

73. Hopcroft, R. L., 1994: "The Social Origins of Agriarian Change in Late Medieval England", *The American Journal of Sociology*, Vol. 99.

74. Hoppit, J., 2000: *A Land of Liberty? England 1689~1727*, Oxford, Clarendon Press.

75. Hoskins, W. G., 1976: *The Age of Plunde: King Henry's England 1500~1547*, London and New York, Longman.

76. Hughes, P. L. and Larkin, J. F., 1964: *Tudor Royal Proclamations*, 3 Vols, New York, Yale University.

77. Hunt, W., 1983: *The Puritan Moment*, Harvard University Press.

78. Hutchinson, T. W., 1988: *Before Adam Smith*, Oxford, Blackwell.

79. Jack, S. M., 1977: *Trade and Industry in Tudor and Stuart England*, London, George Allen & Unwin.

80. Jones, N., 1993: *The Birth of the Elizabethan Age*, Oxford, Blackwell.

81. Kalm, P., 1892: *Kalm's Account of His Visit to England on His Way to America in 1748*, London, Macmillan.

82. Kent, J. R., 1995: "The Center and the Localities: State Formation and Parish Government in England, Circa 1640~1740", *The Historical Journal*, Vol. 38.

83. Kiernan, V. G., 1980: *State & Society in Europe 1550~1650*, Oxford, Basil Blackwell Ltd.

84. King, C., 1721: *The British Merchant; or, Commerce Preserv'd*, Vol. I, London.

85. Larkin, J. F. and Hughes, P. L. ed., 1973: *Stuart Royal Proclamations*, 2 Vols, Oxford, The Clarendon Press.

86. Lemire, B., 1988: "Consumerism in Preindustrial and Early Industrial England: The Trade in Secondhand Clothes", *The Journal of British Studies*, Vol. 27.

87. Lemire, B., 1990: "The Theft of Clothes and Popular Consumerism in Early Modern England", *The Journal of Social History*, Vol. 24.

88. Leonard, E. M., 1900: *The Early History of English Poor Relief*, Cambridge, Cambridge University Press.

89. Lockyer, R. , 1989: *The Early Stuarts: A Political History of England* 1603 ~ 1642, London and New York, Longman.

90. Magnusson, L. , 1978: "Eli Heckscher, Mercantilism, and the Favourable Balance of Trade", *Scandinavian Economic History Review*, Vol. XXVI.

91. Magnusson, L. , 1994: *Mercantilism: The Shaping of an Economic Language*, London and New York, Routledge.

92. Magnusson, L. , 1995: *Mercantilism: Critical Concepts in the History of Economics*, 4 Vols, London and New York, Routledge.

93. Malynes, G. , 1622: *Lex Mercatoria and Maintenance of Free Trade*, London, Printed by I. L.

94. Manley, T. , 1669: *Usury at Six Per Cent. Examined*, London.

95. Mathias, P. , 2006: *The Transformation of England*, London and New York, Routledge, Reprinted.

96. McInnes, A. , 1988: "The Emergence of a Leisure Town: Shrewsbury 1660 ~ 1760", *Past and Present*, Vol. 120.

97. McKendrick, N. , Brewer, J. and Plumb, J. H. , 1982: *The Birth of a Consumer Society*, London, Europa Publications Limited.

98. Misselden, E. , 1622: *Free Trade, or the Meanes to Make Trade Florish*, London, Printed by John Legatt.

99. Misselden, E. , 1623: *The Circle of Commerce, or the Balance of Trade*, London, Printed by John Dawson.

100. Murphy, A. E. , 1997: *Monetary Theory* 1601 ~ 1758, London and New York, Routledge.

101. Nachbar, T. B. , 2005: "Monopoly, Mercantilism, and the Politics Regulation", *Virginia Law Review*, Vol. 91.

102. Nef, J. U. , 1942: "War and Economic Progress 1540 ~ 1640", *Economic History Review*, Vol. 12.

103. Nicholls, G. , 1854: *A History of the English Poor Law*, Vol. I, London, P. S. King & Son.

104. Outhwaite, R. B. , 1981 : "Dearth and Government Intervention in English Corn Market 1590 ~ 1700", *The Economic History Review*, Vol. 34.

105. Pearce, B. , 1942: "Elizabeth Food Policy and the Armed

Forces", *The Economic History Review*, Vol. 12.

106. Petyt, W., 1689: *Britannia Languens*, London, Printed for Rechard Baldwin.

107. Polanyi, K., 2001: *The Great Transformation*, Boston, Beacon Press.

108. Ponko, V., 1968: "The Privy Council and the Spirit of Elizabethan Economic Management", *Transactions of the American Philosophical Society*, Vol. 58.

109. Postlethwayt, M., 1757: *Britain's Commercial Interest Explained and Improved*, London.

110. Powell, K. and Cook, C., 1977: *English Historical Facts* 1485 ~ 1603, London, Macmillan.

111. Price, J. M., 1989: "What did Merchant Do? Reflections on British Overseas Trade 1660 ~ 1790", *The Journal of Economic History*, Vol. 49.

112. Rabb, T. K., 1963/4: "Sir Edwin Sandys and the Parliament of 1604", *American Historical Review*. Vol. LXIX.

113. Rabb, T. K., 1966: "Investment in English Overseas Enterprise, 1575 ~ 1630", *Economic History Review*, Vol. 19.

114. Ramsay, A., 1762: *A Dialogue on Taste*, London, the 2nd edition.

115. Ramsay, G. D., 1942: "The Report of the Royal Commission on the Clothing Industry, 1640", *English Historical Review*, Vol. 57.

116. Ramsay, G. D., 1946: "Industrial Laisser-Faire and the Policy of the Cromwell", *The Economic History Review*, Vol. 16.

117. Roover, R. De., 1951: "Monopoly Theory Prior to Adam Smith: A Revision", *The Quarterly Journal of Economics*, Vol. 65.

118. Rule, J., 1992: *The Vital Century: England's Developing Economy* 1714 ~ 1815, London and New York, Longman.

119. Schmoller, G., 1931: *The Mercantile System and Its Historical Significance*, New York, Van Rees Press.

120. Scott, W. R., 1912: *The Constitution and Finance of English, Scottish and Irish Joint-Stock Companies to* 1720, Vol. I, Cambridge, Cambridge University Press.

121. Sherman, A. A., 1976: "Pressure from Leadenhall: The East India Company Lobby 1660~1678", *The Business History Review*, Vol. 50.

122. Smythe, S. S. and Waterman, E. L., 1928: "Some New Evidence of Wage Assessments in the Eighteenth Century", *The English Historical Review*, Vol. 43.

123. 1993: *Statutes of the Realm*, New York, William S. Hein & Co., Inc.

124. Stearns, P. N., 1997: "Stages of Consumerism: Recent Work on the Issues of Periodization", *The Journal of Modern History*, Vol. 69, No. 1.

125. Stephenson, C. and Marcham, F. G. ed., 1937: *Sources of English Constitutional History*, New York and London, Harper & Brothers Publishers.

126. Stone, L., 1947: "State Control in Sixteenth-Century England", *The Economic History Review*, Vol. 17.

127. Stump, W. D., 1974: "An Economic Consequence of 1688", *Albion: A Quarterly Journal Concerned with British Studies*, Vol. 6.

128. Styles, J., 2000: "Product Innovation in Early Modern London", *Past and Present*, Vol. 168.

129. Styles, J., 2007: *The Dress of the People: Everyday Fashions in Eighteenth-Century England*, New Haven, Yale University Press.

130. Tawney, R. H. and Power, E., 1953: *Tudor Economic Documents*, 3 Vols, London, Longmans, Green and CO.

131. 1673: *The Grand Concern of England Explained in Several Proposals Offered to the Consideration of Parliament*, London.

132. Thirsk, J. and Cooper, J. P., 1972: *Seventeenth-Century Economic Documents*, Oxford, Clarendon Press.

133. Thirsk, J., 1978: *Economic Policy and Projects: The Development of a Consumer Society in Early Modern England*, Oxford, Clarendon Press.

134. Townsend, J., 1787: *Dissertation on the Poor Law*, London.

135. Trevelyan, G. M., 2002: *England Under the Stuarts*, London, Routledge.

136. Tucker, J., 1758: *Instructions to Travellers*, Dublin.

137. Tucker, J., 1776: *Four Tracts on Political and Commercial Subject*, Gloucester.

138. Viner, J., 1930: "English Theories of Foreign Trade before Adam Smith", *The Journal of Political Economy*, Vol. 38.

139. Viner, J., 1960: "The Intellectual History of Laissez Faire", *The Journal of Law and Economics*, Vol. 3.

140. Wadsworth, A. P. and Mann J. de. L, 1931: *The Cotton Trade and Industrial Lancashire* 1600~1780, Manchester, Manchester University Press.

141. Walsh, C., 1995: "Shop Design and the Display of Goods in Eighteenth-Century London", *Journal of Design History*, Vol. 8.

142. Walter, J. and Wrighson, K., 1976: "Dearth and the Social Order in Early Modern England", *Past and Present*, Vol. 71.

143. Weatherill, L., 1988: *Consumer Behaviour and Material Culture in Britain* 1600~1760, London and New York, Routledge.

144. Wheeler, J., 1601: *A Treatise of Commerce*. London, Printed by John Harison.

145. Wiles, R. C., 1968: "The Theory of Wages in Later English Mercantilism", *Economic History Review*, Vol. 21.

146. Wiles, R. C., 1974: "Mercantilism and the Idea of Progress", *Eighteenth-Century Studies*, Vol. 8.

147. Wilson, C., 1965: *England's Apprenticeship* 1603~1763, London, Longman.

148. Wilson, C., 1971: *Mercantilism*, London, The Historical Association.

149. Wilson, C. and Parker, G. ed., 1977: *An Introduction to the sources of European Economic History* 1500~1800 (Vol 1): *Western Europe*, London, George Weidenfeld and Nicolson Ltd.

150. Woodward, D., 1980: "The Background to the Statute of Artificers: The Genesis of Labour Policy 1558~1563", *The Economic History Review*, Vol. XXXIII.

151. Woodward, D., 1994: "The Determination of Wage Rates in the Early Modern North of England", *The Economic History Review*, Vol. 47.

152. Worsley, B., 1652: *Free Ports*, London, Printed by William Du-Gard.

153. Wrigley, E. A. and Schofield, R. S., 1989: *The Population History*

of England 1541~1871, Cambridge, Cambridge University Press.

154. Young, G. M. and Handcock, W. D. ed., 1956: *English Historical Documents* 1833~1874, Vol. 7, London, Eyre & Spottiswoode.

155. Zahedieh, N., 1999: "Making Mercantilism Work: London Merchants and Atlantic Trade in the Seventeenth Century", *Transaction of the Royal Historical Society*, Vol. 9.

附录一：英国重商主义思想的分期问题

过去学术界一般都把英国重商主义思想划分为早期和晚期两个发展阶段，雅格布·维纳对早期和晚期重商主义思想的区别作了较为详细的论述。① 但是，这种把重商主义思想划分为两个时期的做法是建立在对 18 世纪上半期重商主义思想研究缺失基础上的，赫克歇尔在其两卷本的巨著《重商主义》中，虽然把重商主义的时间段定位在中世纪到自由放任时代之间，但赫克歇尔自己也承认，他的研究到 1714 年为止，没有对以后的重商主义思想进行深入分析，如果能对这一时段进行研究，会取得富有成效的成果。② 随着近年来对 18 世纪上半期重商主义作品研究的深入，这种笼统粗略的分期已经不利于深化对重商主义的认识。把重商主义思想历时性地放在历史时间尺度内，就会看到，其演变经历了三个时期——雏形时期、成熟时期、完善时期，这反映了重商主义对经济现象的把握不断深入，对经济语言的运用不断成熟的过程。

一、雏形时期

第一时期，是从 1500 年到 17 世纪 20 年代前，重商主义思想处于初期阶段。为了应对社会转型初期的混乱经济社会秩序，为了满足日益膨胀的财政需求，推进市场化的进程，重商主义者从思想上主张国家对经济生活进行控制，但此时的思想还比较粗糙，有时还同政策建议混同在一起。

在 16 世纪下半期由于英国呢绒出口遭遇危机，引发了一系列的经济问题，于是爆发了一场经济大讨论。费希尔注意到，在这次讨论中，尽管主要是从过去汲取思想，但已经用一种不同的语言来进行，过去重要的思想家都是传教士和社会改革家，现在是商人和政治家；过去表达的

---

① Viner, J., 1930: "English Theories of Foreign Trade before Adam Smith", *The Journal of Political Economy*, Vol. 38, pp: 252~254.

② Heckscher, Eli. F., 1983: *Mercantilism*, Vol. II, New York, p. 183.

典型媒介是布道和文章，现在是更讲究技巧的备忘录或便函；过去检验当时生活的是社会正义，现在是经济私利；过去最大的讨论题目是农业，现在是商业和工业。面对周期性爆发的危机，16世纪下半期的人把中世纪的观念装入一个松散结合的学说体，运用这一学说，他们给经济体制强加了一系列的管制，从根本上影响了它后两个世纪的运转。① 当时的议会和政府也召开了许多调查会，"鼓励并且也训练了人们讨论当时的经济问题，有关经济问题的讨论由此而在整个十六世纪得到了很大改进，有时甚至具有'科学'意义。当时讨论的问题有：圈地、行会、公司、中心市场制度、垄断、税收、通货、关税、济贫、工资、工业管理等许许多多问题。人们就这些问题向各皇家委员会（例如1564年建立的皇家汇兑委员会）作证，发表讲演，递交请愿书，出版小册子"②。查理·威尔逊也指出，正是在这种请愿的洪流、持续不断的讨论中，经济需求和国家需求的妥协中，重商主义思想应运而生。③

此次讨论的思想结晶就是重商主义思想的初期形态，熊彼特对当时重商主义的思想水平作了精要的总结，认为由于重商主义者讨论的都是新兴民族国家所面临的问题，而这些问题又都是与经济政策有直接关系的实际问题，而他们又多借助常识的力量提出自己的论点，这就使得重商主义的"大量文献实质上处于分析前的阶段，不仅如此，而且是粗糙的——是非专业人员的著作，甚或是未受过教育的人的著作，这些人往往缺乏阐明基本原理的技巧"④。因此，熊彼特十分怀疑他们的理论水平。但应该看到，他们讨论的虽然是具体的经济问题，却是在新的理论框架内讨论问题，由此发展出的新原则已经触及到了如何获得国民财富这一问题。

从思想内容来说，这一阶段的"重商主义的概念意味着差不多等同于相信国家对经济活动干预的正义和有效"⑤，主要有以下思想主张：

第一，只有金银才是一国真正的财富。在1530年左右的一篇文章中，宣布："农民的工作增加食物的富有，工匠的工作增加货币的富

---

① Fisher, F. J., 1940: "Commercial Trends and Policy in Sixteenth-Century England", *Economic History Review*, Vol. 10, p. 105.
② 〔美〕熊彼特：《经济分析史》第1卷，北京，商务印书馆，2001年，第260页。
③ Magnusson, L., 1994: *Mercantilism: The Shaping of an Economic Language*, New York, p. 98.
④ 〔美〕熊彼特：《经济分析史》第1卷，北京，商务印书馆，2001年，第531页。
⑤ Stone, L., 1947: "State Control in Sixteenth-Century England", *Economic History Review*, Vol. 17, p. 110.

有。"作者心中的理想还是"为了衣食",要拥有大量的货币和食物。① 这种观点一次又一次地重现,直到 17 世纪初,马林斯仍抱有这种想法。要使本国富有,就要禁止本国货币和金银的输出。他们主张对外贸易的原则是少买多卖,只有出超才能使金银进口,杜绝本国财富外流。早在 1381 年,铸币局的官员就已经持有这一思想。② 黑尔斯告诫人们:"务必使我们向外国人购买的货物不超过我们销售给他们的货物,要不然我们就会自趋贫穷,让他们发财致富。"③《论法人》的作者指出:"我们运出去的东西在价钱上要超过运进来的东西,否则将很快造成我们土地贫瘠,人民贫穷。"④ 不过,此时追求的是单项交易的入超,而不是整个国家的贸易平衡。重商主义者也主张发展农业,因为这样"可以把多余的粮食运往国外以换取大笔钱财"⑤。

第二,对外贸易是财富的真正源泉,国内贸易不会引起货币的外流,对财富无所增减,对外贸易应按照贱买贵卖的原则进行,促进本国商品的出口。在这一阶段,马林斯是全面而清楚地了解国际汇兑机制的第一人,这一机制是通过价格水平和金银流动起作用的,在《论英格兰公共福利之积弊》一书中,他巧妙地指出,如果一个国家的通货跌到铸币平价以下,因而硬币外流的话,那么该国的物价将下跌,而外国的物价将上涨,因为外国的通货数量将增加,从而外国的货物的价格将上涨。这一分析被熊彼特认为是"一个巨大的理论贡献。一直到 18 世纪,人们才得出该论点表明的结论"⑥。

第三,提倡保护关税,使用本国的产品,发展本国的加工工业。"我们最好还是付出较高的代价向我们自己人购买那些货物,而不要以低价向外国人购买",同时,"我特别希望不要使用海外任何以我们的原料如羊毛、兽皮、锡等制造的、返销到这里来的商品",因为如果本国建立这

---

① Tawney, R. H. and Power, E., 1953: *Tudor Economic Documents*, Vol. III, London, p. 127.
② Bland, A. E. Brown, P. A and Tawney, R. H. ed., 1915: *English Economic History*, Select Documents, London, p. 220.
③ 〔英〕伊丽莎白·拉蒙德编:《论英国本土的公共福利》,北京,商务印书馆,1989 年,第 73 页。
④ Tawney, R. H. and Power, E., 1953: *Tudor Economic Documents*, Vol. III, London, p. 267.
⑤ 〔英〕伊丽莎白·拉蒙德编:《论英国本土的公共福利》,北京,商务印书馆,1989 年,第 71 页。
⑥ 〔美〕熊彼特:《经济分析史》第 1 卷,北京,商务印书馆,2001 年,第 526 页。

样的工业，既"可以安排2万人就业"，又可避免货币外流。①

第四，要求统一市场，要求经济资源和市场要素在全社会范围内的自由流动，让人们"有随意销售商品的自由"。在《论英国本土的公共福利》中，博士与爵士关于如何让人们投身于种地的对话已经涉及由市场来调节价格。②重商主义者对世界市场的价格、供需等运行机制及市场的利益驱动机制进行了初步考察，并要求人们按照市场规律来开展商业活动。熊彼特也承认，事实上《论英国本土的公共福利》的作者对市场机制的推理已经超越了常识水平，实际上已经接近于理论分析。③

二、成熟时期

第二阶段，是从17世纪20年代到17世纪90年代，随着市场力量的增强和对经济规律认识的深化，出现了重商主义思想革命，在英国逐渐形成了"贸易科学"，④重商主义思想逐渐走向成熟。

威尔逊把重商主义称作"危机经济学"⑤，有一定的道理。重商主义思想正是在17世纪20年代贸易危机的讨论中成熟起来的。这次危机的主要表现是英国呢绒出口锐减，许多呢绒商濒临破产的边缘，大量纺工失业，货币短缺。此时，市场的扩展使得经济联系"不再是看得见、摸得着的，经济变得不可理解"⑥。当时的议会、枢密院、贸易公司以及相关的商人都围绕究竟是什么原因导致了这场危机展开了激烈的讨论。⑦国家成立了几个皇家委员会来调查危机的原因，讨论应对的举措。在围绕外汇和贸易平衡的问题进行激烈的争论中，以马林斯为代表形成一方，米塞尔登和孟为代表形成另一方，前者想通过直接干预来控制外汇，要求恢复皇家汇兑署，后者超越了外汇的概念，认为贸易平衡是金属流入和流出的决定性因素，主张按照市场供需规律来开展贸易活动。虽然许多人的思想可能都是为了维护本利益集团，但是"更为重要的是要认识

---

① 〔英〕伊丽莎白·拉蒙德编：《论英国本土的公共福利》，北京，商务印书馆，1989年，第75、130页。
② 同上书，第70~71页。
③ 〔美〕熊彼特：《经济分析史》第一卷，北京，商务印书馆，2001年，第262~263页。
④ Magnusson, L., 1994: *Mercantilism*: *The Shaping of an Economic Language*, New York, p. 11.
⑤ Wilson, C., 1971: *Mercantilism*, London, The Historical Association, p. 11.
⑥ Appleby, J. O., 1980: *Economic Thought and Ideology in Seventeenth - Century England*, Princeton University Press, p. 26.
⑦ Thirsk, J. and Cooper, J. P., 1972: *Seventeenth - Century Economic Documents*, Oxford, Clarendon Press, pp: 1~33.

到，完全与维护其利益无关，随着工商业者在社会结构中的地位不断上升，他的思想也愈来愈多地灌输给了社会"①。这些委员会以孟的贸易平衡理论为指导，提出了许多政策建议，相当部分建议成为以后实施的重商主义政策，这样，贸易平衡理论渐渐注入 17 世纪经济立法。②

正是在这场著名的争论中，重商主义者开始使用共同的术语来处理共同面临的问题，出现了重商主义思想革命。根据马格努松的意见，这种思想革命体现在开始对如何创造和分配财富进行了集中明确的讨论；在讨论中运用了培根式的科学程序和逻辑原则，而且强调这样的争论应该基于具体的事实上，比如，国际贸易状况，支付平衡，等等；大多数重商主义思想家对人类和社会做出了"物质的"解释，16 世纪的那种道德考虑已经退居幕后，人经常被看作是利己主义者，在许多作品中，出现了在一定的条件下自私自利能够服务于社会目标的思想；把经济看作一个体系，拥有自己独立的范畴和独特的规律，把市场过程与经济变量，如价格、工资、利率、货币价值和汇率等联系在一起；坚持市场供给和需求的相互作用决定了经济的增长和衰落。③重商主义思想革命就在于创立了一种新的理论框架来解释日益超出人们日常理解范围之内的复杂经济现象，这些理论在此后被用来讨论各种短期和长期的经济问题。这一成熟的理论框架主要有以下几点内容值得关注：

一、贸易平衡理论是这一时期重商主义思想的核心之一。贸易平衡的观念在 16 世纪已经很普遍。④据考证，最先使用"贸易平衡"这一名词的是米塞尔登⑤，他在《商业循环或贸易平衡》一书中，对贸易平衡的含义作了解释，指出出口商品在价值上超过进口商品，是一个国家致富的准则。⑥与米塞尔登处在同一战壕的托马斯·孟赋予贸易平衡或贸易差额理论以较为系统的理论形态，强调指出："对外贸易是增加我们的财富和现金的通常手段，在这一点上，我们必须时时谨守这一原则：在

---

① 〔美〕熊彼特：《经济分析史》第 1 卷，北京，商务印书馆，2001 年，第 129 页.
② Wilson, C., 1971: *Mercantilism*, London, The Historical Association, p. 12.
③ Magnusson, L., 1994: *Mercantilism: The Shaping of an Economic Language*, New York, p. 11.
④ Viner, J., 1930: "English Theories of Foreign Trade before Adam Smith", *The Journal of Political Economy*, Vol. 38, p. 257.
⑤ Fetter, F. W., 1935: "The Term 'Favorable Balance of Trade'", *The Quarterly Journal of Economics*, Vol. 49, p. 622.
⑥ Misselden, E., 1623: *The Circle of Commerce, or the Balance of Trade*, London, p. 116~117.

价值上,每年卖给外国人的货物,必须比我们消费他们的为多。"① 孟从对单项交易顺差的关注,转向强调国家整体顺差,从而成功地超越了限制外汇交易和管制货币的思想,主张通过贸易规则的间接手段来增加国内的金银存量。

二、经济领域有自己的规律,是一个由供需力量调节的体系。17世纪的重商主义者对市场机制已相当了解,他们运用供需机制来解释价格形成、工资波动等经济现象。在重商主义者的作品里表达了一种很普遍的思想,就是通过立法手段不可能影响经济生活的进程。② 因此他们主张要利用市场规律开展商业竞争,托马斯·孟就主张用低价战略排挤其他纺织品竞争者。③ 巴本认为,一切商品的价值来自商品的用途,"市场是价值最好的裁判,因为从买方和卖方的汇集能够最清楚地知道商品的数量和它们出售的机会。物品能卖多少钱,它就正好值那么多钱"④。诺思指出:"货币的来去和多少,会自行调节,并不需要政治家们帮忙。"⑤

三、强调自由贸易,反对国家干预和贸易垄断。巴本反对靠国家干预和限制贸易达到贸易平衡的做法,"任何国家制定禁止一切外国货物的法律,都会使其他国家也制定同样的法律,后果将是毁掉一切对外贸易"⑥。诺思在他的著作中也反复阐述贸易自由的思想:"阻碍贸易的法律,不论是关于对外贸易或是国内贸易,不论是关于货币或其他商品,都不是使一个民族富裕、使货币和资本充裕的要素。"⑦ 达维南特也认为贸易本质上是自由的,限制贸易的法律服务于私人的特殊目的,很少有利于公众。⑧ 蔡尔德明确反对市场控制,认为商人会受利润引导,从而满足市场的需求。⑨ 一些重商主义作家走得更远,以至于达到一种类似普世自由主义的态度,其中的代表人物之一就是罗格·科克,他就极端反对垄断,要求实现经济自由发展。

---

① 〔英〕托马斯·孟:《英国得自对外贸易的财富》,北京,商务印书馆,1965年,第4页。
② Heckscher, Eli. F., 1983: *Mercantilism*, Vol. II, New York, p. 310.
③ 〔英〕托马斯·孟:《英国得自对外贸易的财富》,北京,商务印书馆,1965年,第7页。
④ 〔英〕托马斯·孟等:《贸易论(三种)》,北京,商务印书馆,1982年,第58页。
⑤ 同上书,第122页。
⑥ 同上书,第79页。
⑦ 同上书,第119页。
⑧ Magnusson, L., 1995: *Mercantilism: Critical Concepts in the History of Economics*, Vol. II, London and New York, p. 220.
⑨ Magnusson, L., 1995: *Mercantilism: Critical Concepts in the History of Economics*, Vol. III, London and New York, pp: 52~53.

三、完善时期

第三阶段，是 17 世纪 90 年代到 18 世纪 50 年代，重商主义思想又一次经历革命性转变，出现了国际贸易的互利概念，承认地域分工和专业化是国际贸易的基础，在思想上日益完善，已与亚当·斯密仅距咫尺之遥。

17 世纪 90 年代是英国重商主义思想发展的一个承上启下的关键时期，一方面，重商主义思想进一步成熟，另一方面，又开启了下一世纪的思想转折。蔡尔德、巴本、诺思等人既沿袭了许多旧有的命题，又提出了许多理论创见，这些创见被 18 世纪上半期的重商主义者进一步发扬光大。土地银行、约翰·劳的纸币重商主义等构想和实践，也为重商主义作者提供了大量的思考素材。① 对作为货币体系的重商主义来说，当不用实现贵金属进口剩余也能增加货币数量时，重商主义的多数实践结论就不得不改变，② 从而开启了一个重商主义思想的新时代。在此时的重商主义者看来，经济发展是一个经济体制的长期目标，这一目标可以通过国内经济的持续增长和国际贸易领域的相互发展来实现，这两个领域是紧密联系的。

第一，形成了国际贸易的互利概念。传统看法认为，重商主义的信条之一就是世界上的经济资源是固定的，一国之所得，必然是另一国之所失。科尔曼也指出："的确有大量证据表明，在 17 世纪后期许多作者持有这一信条"。③ 因此，重商主义要求实现贸易顺差，来增进本国的财富。人类的进步只有通过其他国家的损失来实现，赫克歇尔把这种零和游戏称之为"重商主义的灾难"④。这实际上是根据对 18 世纪以前重商主义思想的研究得出的结论。威利斯通过深入研究 17 世纪晚期到 18 世纪上半期的重商主义作品，认为传统看法与这一阶段的重商主义思想严重不符，在达维南特、迪福、塔克等人的著作中，已经暗示出国际贸易的互利概念。⑤ 波斯特勒维特指出："如果他们只希望出售，而不购买任

---

① Heckscher, Eli. F., 1983: *Mercantilism*, Vol. II, New York, pp: 235~236.
② *Ibid*, p. 231.
③ Coleman, D. C., 1980: "Mercantilism Revisited", *The Historical Journal*, Vol. 4, p. 786.
④ Heckscher, Eli. F., 1983: *Mercantilism*, Vol. II, New York, pp: 25~26.
⑤ Wiles, R. C., 1974: "Mercantilism and the Idea of Progress", *Eighteenth-Century Studies*, Vol. 8, p. 62.

何商品作为回报,没有一个商业民族能够维持与其他人的商业往来。"①西蒙·克莱门特认为,如果一个外贸商人"拒绝购买邻国要求他必须购买的东西,他不可能如此方便地从邻国有所收益,因为邻国没有机会与他作金钱交易"②。

第二,互利的源泉在于国际贸易的专业化。此时的重商主义已经得出一个19世纪古典经济学家得出的结论,国际劳动分工是国际贸易互利的基础。虽然其表达不够完善,但足以证明过去批评重商主义忽视要素禀赋基础是站不住脚的。熊彼特指出,他们对地域分工的利益作了"技术高超的理论表述,这种表述在某种程度上预示了十九世纪国际价值理念的最重要的因素。"③ 在这一阶段的重商主义作品中,经常可以看到以专业化作为贸易的基础。1701年一本匿名的小册子描述了专业化的好处:"我们的国内需求可以通过我们航海到其他国家得到供应。只需花费轻松细微的劳动,我们就可以品尝阿拉伯半岛的香料,却从来不用感受培育它们的酷热阳光;我们可以享受丝绸,却从来不用我们的双手去纺织;我们畅饮葡萄酒,却从来不用种植葡萄树;这些矿产财富是我们的,我们却从来没有挖过一锹;我们只是深耕土地,然后收获世界上每一个国家的果实。"④ 杰维斯从专业化的角度讨论了生产资源配置问题,认为不管关税、禁令会给被保护的工业部门带来多大的直接可见的利益,由于妨碍了最有利的资源配置,因而对整个国家是不利的。⑤重商主义者从专业分工角度强调国际合作也与重商主义的传统立场背道而驰。

第三,其他国家的发展可以是促进本国进步的源泉,在一定程度上承认世界经济的相互依赖性。福斯特强调了进口的好处:"如果不考虑任何其他部门,一个商业部门的实际效用不在于实现了贸易顺差,而在于带来了大量的生活必需品和有用的东西,使得更多的个人能够分享这种

---

① Postlethwayt, M., 1757: *Britain's Commercial Interest Explained and Improved*, Vol. I, London, p. 71.

② Magnusson, L., 1995: *Mercantilism: Critical Concepts in the History of Economics*, Vol. III, London and New York, p. 374.

③ 〔美〕熊彼特:《经济分析史》第一卷,北京,商务印书馆,2001年,第567页。

④ Wiles, R. C., 1974: "Mercantilism and the Idea of Progress", *Eighteenth - Century Studies*, Vol. 8, p. 67.

⑤ Magnusson, L., 1995: *Mercantilism: Critical Concepts in the History of Economics*, Vol. II, London and New York, pp: 11~12.

富足。"① 迪福认为，巴西人的富裕和消费也促进了欧洲的富裕。② 塔克进一步指出："我们可以拟定一条很少有例外的普遍规律：一个勤奋的民族从来不会因为邻国的工业不断增长而受到伤害。就如天意所定，所有人对其他国家的农产品和制成品都有强烈的偏爱……结果是，当这种偏爱得到适当的调节，各民族各自的工业能使他们成为更好的消费者，能促进友好交往，相互都能得到好处。"③

第四，贸易顺差理论被外国支付收入理论所取代。前者强调一个国家获得货币或金银的重要性，后者强化了国内生产、就业和制造业对国民财富的作用。17世纪90年代的许多重商主义者已经在强调就业和制造业的作用了。1700年以后，它逐渐发展成为一种成熟的经济发展"外国支付收入"理论。这一理论认为，组织良好的贸易意味着"劳动出口"最大化，高附加值产品的出口意味着外国将为出口国家支付工资和利润。这样的产品出口越多，英国从外国获得的收入就越多。通过成为世界制造商，英国将雇佣成千上万的工人，通过"外国支付收入"获得大量的资本。④

英国重商主义思想的三个阶段的演进体现了人们对市场经济发展及其运作机制认识的不断深化，也反映了重商主义思想在思想内容和分析技巧上正无限趋近于古典经济学，只等亚当·斯密对现有的思想加以整理即可完成。

(原载《武汉大学学报（人文科学版）》2008年第6期)

---

① Wiles, R. C., 1974: "Mercantilism and the Idea of Progress", *Eighteenth - Century Studies*, Vol. 8, p. 65.
② *Ibid*, p. 71.
③ Tucker, J., 1776: *Four tracts on Political and Commercial Subject*, Gloucester, p. 43.
④ Magnusson, L., 1994: *Mercantilism: The Shaping of an Economic Language*, New York, pp: 134~135.

附录二：论英国重商主义政策的阶段性演进

在英国重商主义时代，封建农本经济逐渐瓦解，市场经济无孔不入，国家对经济的干预和控制广泛而深入，正如赫克歇尔所言，"国家是重商主义经济政策的主题和目标"，① 甚至民众的日常生活也难逃其影响。随着市场经济的发展，国家的权力受到抑制，经济自由的诉求逐步得到表达和实践。英国重商政策的演进经历了3个阶段，每个阶段的内容、特点和政策重心都超出了学界过去的认知范围。通过了解英国重商主义政策的演进史，可以加深对重商主义思想的理解，推进对重商主义的深入研究。

一、国家的全面控制

在都铎王朝时期，国家通过实施重商政策对经济进行了全面的控制，当时干预经济的范围、规模和深度都远远超越了亚当·斯密在《国富论》中的视野，主要呈现出以下几个特点：

第一，国家对经济的干预范围十分广泛。国家不仅大力促进海外贸易，而且逐步消除了阻碍国内贸易的种种中世纪羁绊，改变了度量衡、币制和税收混乱的局面；不但通过进出口禁令或保护性关税来促进本国制造业的发展，而且制定了一系列（手）工业法规来规范生产。更为重要的是，把对农业的保护置于与对商业及工业的保护具有同等重要的地位。许多现代学者站在现代立场上，以为重商主义只重视商业特别是海外贸易的发展。W. D. 格拉普指出，"商业"一词在现代用法中意义狭窄得多，仅指流通过程的一个方面，这一用法误导人们认为重商主义者忽视农业、制造业、航运业和其他产业，事实上根本不是这样。② 在重商主义时代，英国不但十分重视海外贸易的发展，对国内其他产业也十分重视，从农业来说，"即使那些最热烈拥护重商主义的人，也承认农业对

---

① Heckscher, Eli. F., 1983: *Mercantilism*, Vol. I, New York, p. 21.
② Grampp, W. D, 1952: "The Liberal Elements in English Mercantilism", *Quarterly Journal of Economics*, Vol. 4, p. 471.

这个国家经济发展所具有的重要性（在这一点上，他们与其他国家那些头脑僵化、目光短浅的重商主义者有着显著的不同），商业资本家与新兴资产阶级也完全承认农业的重要性"①。赫克歇尔也认为，英国与大陆国家在重商政策的差异最终体现在英国重商主义保护的特殊形式，即农业保护和工业保护的紧密结合。②

第二，国家的权力深入到民众的日常生活。控制物价，特别是在发生饥荒的时候，采取措施稳定基本食品的价格，打击囤积居奇者，是都铎政府强力推行的一项政策。国家当时对谷物买卖完全根据国内谷物价格和供给等实际情况掌控，以保持本国粮食稳定供给，具有鲜明的重商主义特征。1534年，政府规定，没有国王颁发的出口许可证，不能出口粮食。③ 1555年议会通过法令，禁止运送食物出海。④ 1556年枢密院更是设立了粮食管制委员会，一系列关于谷物贸易的法规出台。在发生食物短缺时，还采取其他临时性强制措施。如1597年，一艘威尼斯商船驶入朴茨茅斯后，由于当地食物短缺，船上的谷物经估价后被强制出售给朴茨茅斯和南安普顿及其附近乡村的居民。⑤ 此外，早在1514年和1515年就制定了全国最高工资额，从1660年起，政府试图在全国范围内控制劳动力工资。1563年的《工匠法令》授权治安法官每年根据情况规定劳动力的工资额。国家还对穷人进行救济，伊丽莎白时于1572年、1576年、1597年先后通过了一系列济贫法，⑥ 1601年又重申了1597年的济贫法。这些法律第一次把救济贫民定为国家的责任，并开征济贫税，1562年规定自愿纳税，1572年以征代募，规定按每个居民的财产比例交纳，到1650年，税收收入和私人捐赠的数目大体相当，有效地保障了济贫资金的来源。⑦ 此外，国家还采取许多措施促进就业。

第三，国家控制经济的措施全面、细致。以工业法规为例，1552年

---

① 卡洛·M. 奇波拉主编：《欧洲经济史》第2卷，北京，商务印书馆，1988年，第278页。
② Heckscher, Eli. F., 1983: *Mercantilism*, Vol. I, New York, p. 226.
③ Hughes, P. L. and Larkin, J. F., 1964: *Tudor Royal Proclamations*, Vol. I, Yale University, p. 151.
④ 1993: *Statutes of the Realm*, Vol. IV, New York, William S. Hein & Co., Inc., pp: 243~244.
⑤ Tawney, R. H. and Power, E., 1953: *Tudor Economic Documents*, Vol. I, London, p. 165.
⑥ 1993: *Statutes of the Realm*, Vol. IV, New York, William S. Hein & Co., Inc., pp: 590、610、896.
⑦ Grassby, R., 1995: *The Business Community of Seventeenth-Century England*, Cambridge University Press, p. 228.

制定的布品法规，详细规定了 22 种毛织品的标准。著名的《工匠法令》规定了全国最高工资额和学徒章程，① 这部劳动法典详细规定，任何人如果没有学徒满七年，都不得在英国从事一种职业。此外，为了保证呢绒的长度和质量，并作为征税的根据，英国很早就开始了对销售的呢绒进行检验和盖印的制度。在 15、16 世纪英国通过了许多法令，这些法令错综复杂，甚至详细规定了每种呢绒尺寸。此外，为了对食品进行管制，治安法官甚至向贩卖黄油和奶酪的小贩颁发经营执照，具体规定了经营的地理范围和食物品种。②

第四，国家对海外贸易的干预最为明显。英国对外贸易实行特许制度，由国王向商人集团颁发特许状，成立海外贸易或殖民公司，垄断特定地区的贸易。这些特许公司主要包括规约公司和股份公司。规约公司主要包括 14、15 世纪就建立的商站商人公司和冒险商人公司。从 16 世纪 50 年代起，英国相继成立了莫斯科公司、东印度公司等特许股份公司。这些公司借助国家的力量一方面向东北方向开拓了北海和波罗的海贸易路线，向东南方向开辟了地中海地区和远东地区的贸易路线；另一方面，在 17 世纪初开始在北美建立弗吉尼亚等殖民地，殖民地贸易在英国对外贸易中日益占有举足轻重的地位。此外，国家还通过向进口产品征税、减免本国产品出口关税、禁止金银出口、与外国签订商业条约等重商政策影响海外贸易。

由此可见，都铎时期重商政策对经济的控制是全面而深入的。但是，都铎时期英国市场化程度已经很高，为什么这一时期的商人和企业家能够容忍国家如此全面深入的干预？我们必须将这一问题放到广阔的经济和社会背景中去考察。

在 16 世纪上半期，英国的海外市场集中在安特卫普，贸易路线单一。呢绒出口贸易只有 55% 掌握在本国商人手中，其余 45% 掌握在汉萨商人和其他外国商人手中。③ 当时欧洲与美洲和非洲的贸易控制在西班牙和葡萄牙的手里，英国商人还势单力薄，迫切需要国家支持去争夺海外市场。都铎王朝通过和平谈判的方式，与许多国家缔结了互惠互利的商业条约，据统计，当时英国与其他国家共签订双边或多边条约 92 项，

---

① 1993: *Statutes of the Realm*, Vol. IV, New York, William S. Hein & Co., Inc., pp: 414~422.

② Tawney, R. H. and Power, E., 1953: *Tudor Economic Documents*, Vol. I, London, pp: 167~168.

③ Stone, L., 1947: "State Control in Sixteenth-Century England", *Economic History Review*, Vol. 17, p. 105.

其中，许多是商业条约。① 同时，英国大商人在政府的支持下，大踏步开始了海外探险的旅程，涌现出一大批特许公司。这些公司由于出资向国家购买了垄断权，可以获得垄断利润。伊丽莎白女王不仅向这些公司颁发特许状，还向一些公司投资，如向利凡特公司投资一半作为合伙人。② 伊丽莎白还取消了汉萨商人的特权，积极支持德雷克等人对西班牙殖民贸易的海盗式劫掠，并打败了无敌舰队的进攻，为英国的大西洋贸易奠定了基础。

英国国内工业种类单一，据估计，在16世纪初，呢绒和羊毛出口占到了出口总值的79%。虽然纺织业一枝独秀，但是此时尚不强大，仍需国家保护，另一方面也需要国家支持发展新产业。英国引进和发展了新工业，开辟了新的财富来源。这些新工业主要满足两类市场的需求，即国家的军事需要和劳苦大众的基本生活物质，于是，大量资本开始涌向采煤、炼铜、炼锌、冶铁、炼铅、炼锡等新的冶金工业，酿造业、建筑业、制炮业、火药业、钢铁业、金属丝业、肥皂业、制盐业等行业也都发展了起来，为英国工业的全面发展奠定了坚实的基础。没有政府的支持，这些新兴工业不可能发展起来。以采矿和冶金业为例，"只有政府做出持续大量购买铜的保证，才能诱使资本家承担必需的巨额投资"③。

商人、企业家需要国家维持社会稳定，并迫使有劳动能力的人按照较低工资就业。由于16世纪上半期呢绒出口增长势头迅猛，从伦敦出口的窄幅呢绒数量50年增长了150%。④ 在这种形势带动下，乡村工业发展很快，大量资本和新手涌入这一行业，使得耕地荒废，谷物依赖进口，农业和城市手工业劳动力短缺。到16世纪下半期，英国呢绒出口出现衰退，涌入呢绒行业的许多人因此失业，只能去乞讨或偷盗，引发社会秩序混乱。处于上升阶段的商人和乡绅在经济不景气的情况下，一方面由于害怕下层民众的骚乱，希望国家整顿秩序，他们也意识到，正是他们的市场化行为导致了社会秩序的变动和混乱，所以他们能够接受国家对

---

① Powell, K. and Cook, C., 1977: *English Historical Facts* 1485~1603, London, Macmillan, pp: 168~171.

② Ekelund, R. E. Jr and Tollison, R. D., 1997: *Politicized Economies: Monarchy, Monopoly, and Mercantilism*, Texas A & M University, p. 156.

③ Stone, L., 1947: "State Control in Sixteenth-Century England", *Economic History Review*, Vol. 17, pp: 104、108、112.

④ Fisher, F. J., 1940: "Commercial Trends and Policy in Sixteenth-Century England", *Economic History Review*, Vol. 10, p. 96.

他们工商业活动的限制。① 另一方面,他们希望在物价不断上升的情况下固定劳动者的工资,提高进入这一行业的门槛,以增加他们的利润。正因如此,才有了国家控制济贫、工资、就业及调整学徒制度的一系列法令。

二、市场力量对国家权力的解构

从斯图亚特王朝到光荣革命期间,英国重商政策有两个重点,一是反对王室特权垄断权,表明了商业化社会反抗专断权力、保障财产权、要求自由的主张和实践;二是实施航海法,借助国家的力量打击海上强国荷兰。这一时期,商人和社会新兴经济力量虽然极力主张经济自由,但对政府干预的态度还是矛盾的,他们"希望把对他们事务的干预减小到最低程度,喜欢只在他们提出要求时才采取行动"②。

经过都铎王朝的商业化浪潮,到17世纪,一种新的商业社会秩序已经形成。新的贸易模式把欧洲、亚洲和西半球联系成世界经济。海外市场扩张之路已经铺展在英国人面前。"在英国扩张史上,没有比17世纪前30年更活跃的时期了。"③ 与此同时,在16世纪的经济变动中,"乡绅、律师、小商人、企业主、零售商、中间商等作为一个新的阶层"④ 迅速崛起,积累了相当的财富,这些人长期浸润于市场经济浪潮中,目光如炬,迅速看到了这一千载难逢的机遇,积极投资于海外贸易。T. K. 拉比对1575~1630年海外商业冒险投资的研究表明,乡绅投资人数显著增加,特别是17世纪头12年。⑤ 但海外市场被特许公司垄断,于是在1604年和1605~1606年召开的下议院会议中,特许公司的垄断权成为会议的中心议题之一。对公司垄断权的反对已经从民间舆论层面上升到立法机构层面。

1604年4月24日,下议院专门成立了一个自由贸易委员会,调查这一问题。在广泛听取各地商人意见的基础上,委员会在5月21日向下院

---

① Stone, L., 1947: "State Control in Sixteenth – Century England", *Economic History Review*, Vol. 17, p. 116.
② Grassby, R., 1995: *The Business Community of Seventeenth – Century England*, Cambridge University Press, p. 213.
③ Rabb, T. K., 1966: "Investment in English Overseas Enterprise 1575~1630", *Economic History Review*, Vol. 19, p. 70.
④ Stone, L., 1947: "State Control in Sixteenth – Century England", *Economic History Review*, Vol. 17, p. 120.
⑤ Rabb, T. K., 1966: "Investment in English Overseas Enterprise 1575~1630", *Economic History Review*, Vol. 19, p. 70.

提交了报告，埃德温·桑德斯是报告的发言人，他的长篇发言被认为是"自由贸易倡导者的宣言"，① 报告历数特许公司垄断的危害，极力宣扬自由贸易的好处，抨击不足 200 人控制了英国呢绒贸易的 2/3，而这本来可以供养几千个商人。在讨论中，议员们对莫斯科公司掌握在少数几人手里，进行了抨击："这是一项强大的和可耻的垄断，垄断中的垄断，不管是在国内还是在国外，通过这一手段，整个公司就如同一个人，它独自流通这么大一个国家的所有商品。"② 下议院最后以压倒性多数通过了自由贸易法案。但不久议会突然被詹姆士一世休会。直到 1605 年 11 月议会才召开第二次会议，成立了调查公司垄断的委员会，对特许垄断的反对取得进一步的成果，通过了自由进入西班牙、葡萄牙和法国贸易法案，西班牙公司被解散。

西班牙公司在 1577 年获得特许状，后来由于英国与西班牙开战，公司业务停止。1604 年随着和平的到来，公司成员于 3 月 16 日在伦敦恢复理事会，3 月 30 日大法官确认了公司的特权。1604 年下院在反对公司垄断的讨论中并没有注意到此事。但是，6 个月后，公司的特许状受到一伙零售商、店主以及其他被排除在贸易之外的人的质疑和挑战，他们的理由是特许状在战争期间长期废止，已使它失效。事情最后摆到枢密院的面前，公司的理事会再次停开 4 个月。由于政府最终不赞成零售商们的争议，公司于 1605 年 1 月 30 日再次召开理事会，在 6 月 12 日理事会全体大会上，出示了一份由枢密院召集的一个委员会起草的新特许状。这份特许状降低了加入公司的门槛，照顾到了外港和地方商人的利益，外人加入公司第一年只收会费 10 英镑，只把不能称作"纯商人"的人排除在外，在 61 名助手中至少 30 人来自外港，来自于 15 个商业中心的不少于 300 名商人被命名为创始成员。即使做出如此"让步"，并且得到国王和枢密院的支持，但在 11 月 5 日仍遭到下院的攻击。公司慢慢意识到威胁的存在，3 天后才采取行动，与委员会沟通。下院议员提出两项质询："第一，组成公司与西班牙与葡萄牙贸易的商人是否允许冒险入海捕鱼的各色人等可以向这些国家自由运送鱼，在那里按照他们自己的意愿出售，并按照自己的意愿从那里带回各种商品；第二，公司是否允许所有的乡绅、约曼、农夫以及所有其他品性不同的人向西班牙和葡萄牙运

---

① Rabb, T. K., 1963/4: "Sir Edwin Sandys and the Parliament of 1604", *American Historical Review*. Vol. LXIX, p. 666.

② Tawney, R. H. and Power, E., 1953: *Tudor Economic Documents*, Vol. II, London, p. 88.

送谷物，并且按照他们自己的意愿从那里带回商品。"① 公司拒绝了这些要求。1606 年两院通过了委员会起草的自由进入西班牙、葡萄牙和法国贸易的法案，西班牙公司被解散。

在这两次下院任命的自由贸易委员会成员中，反对特许公司和伦敦商人垄断的乡绅和外港商人占了多数，1604 年自由贸易委员会 22 名成员中，9 人是乡绅，5 人是外港商人，1 名伦敦大商人。② 1605～1606 年议会委员会 37 名成员中，至少有 19 人是乡绅，只有 4 人是商人或以前是商人，其中 2 人是伦敦商人。③ 乡绅成为反对特许公司垄断的主力军。"乡绅不仅仅是商人的发言人，他们提倡自由贸易有自己的缘由，单单他们的利益就保证他们将采取决定性的行动。"④ 乡绅的经济利益何在？第一，乡绅是谷物、羊毛、呢绒等出口产品的生产组织者，出口通道被特许公司垄断，这显然不符合他们的利益，因为这些商人可以压低这些商品的价格；第二，他们被排除在获利最高的商业活动之外，政府的特许垄断政策妨碍了他们的投资；第三，早在 16 世纪下半期，乡绅等新兴社会阶层不管合法还是非法，已经深深地参与到从英国向西班牙、葡萄牙出口谷物或者在英国、纽芬兰和西班牙三角之间经营鱼类贸易之中。16 世纪末，西班牙的谷物需求走向拐点，从间歇性需求转变为持续性需求，对鱼类等蛋白质食物的需求也居高不下。这些贸易利润丰厚，主要由外港的乡绅和小商人等人经营，即使在与西班牙战争期间也在私下进行⑤。因此，当 1604 年新的贸易机会出现时，就不难理解乡绅为什么会高举反对特许公司垄断、要求自由贸易的大旗了。

从当时的主流民意来说，从 17 世纪初开始，不仅仅是乡绅，反对英国特许公司的垄断权、要求经济自由也成为国内小商人等其他新兴社会阶层的共识。特别是 17 世纪 20 年代，英国主要出口产品呢绒出口减少，大量纺织者失业，货币短缺，出现了所谓的贸易危机。究竟是什么原因导致了这场危机，当时的议会、政府、特许公司等都围绕这一问题展开

---

① Croft, P., 1975: "Free Trade and the House of Commons 1605～1606". *Economic History Review*, Vol. 28, pp: 18～19.

② Rabb, T. K., 1963/4: "Sir Edwin Sandys and the Parliament of 1604", *American Historical Review*. Vol. LXIX, pp: 664～665.

③ Croft, P., 1975: "Free Trade and the House of Commons 1605～1606". *Economic History Review*, Vol. 28, pp: 22～23.

④ Rabb, T. K., 1963/4: "Sir Edwin Sandys and the Parliament of 1604", *American Historical Review*. Vol. LXIX, p. 663.

⑤ Croft, P., 1975: "Free Trade and the House of Commons 1605～1606". *Economic History Review*, Vol. 28, pp: 20～22.

调查或讨论。许多人都把矛头指向了商人冒险家公司、东印度公司等特许公司，认为是公司垄断贸易所致。虽然商人冒险家公司的约翰·惠勒、米塞尔登和东印度公司的托马斯·孟都极力为自己公司的垄断辩护，①但特许公司已成过街之鼠。

英国重商主义者逐渐成为反对国家特许垄断权、要求开放所有贸易的主力军。至此，重商主义思想形成了自己的完整内容：不但主张国家干预，也主张经济自由。他们不但要求统一市场，而且要求经济资源和市场要素在全社会范围内的自由流动。早在16世纪黑尔斯就已经提出由市场来调节价格。② 重商主义者对世界市场的价格、供需等运行机制及市场的利益驱动机制进行了初步考察，并要求人们按照市场规律来开展商业活动。正是出于对市场机制的信赖，重商主义者如巴本、诺思、科克、迪克尔、达维南特、蔡尔德、佩蒂、格维斯等人或反对垄断，或反对外贸管制，提倡自由竞争；或从供求关系阐述价格机制。巴本反对靠国家干预和限制贸易达到贸易平衡的做法，他认为："任何国家制定禁止一切外国货物的法律，都会使其他国家也制定同样的法律，后果将是毁掉一切对外贸易。"③ 诺思也指出供求关系决定价格。④ 蔡尔德明确反对市场控制，认为商人会受利润引导，满足市场的需求。⑤ 实际上，巴本等人甚至已经揭示了市场的"看不见的手"，只不过没有像斯密那样做出清晰的表达而已。总之，重商主义者是经济自由和市场机制的理论先驱。雅格布·维纳注意到，有些重商主义者甚至比斯密更相信自由贸易。⑥ 格拉普指出："重商主义者预见了古典经济学的许多重要成分，包括利己主义的古典概念，价格机制，交换的互利和国家在经济组织中的地位。"⑦因此，"17世纪是我们称之为'现代经济学'的东西的诞生地。

---

① 见 Wheeler J., 1601: *A Treatise of Commerce.* London, p. 54; Misselden, E., 1622: *Free Trade, or the Meanes to Make Trade Florish*, London; 托马斯·孟等，《贸易论（三种）》，北京，商务印书馆，1982年。

② 伊丽莎白·拉蒙德编：《论英国本土的公共福利》，北京，商务印书馆，1989年，第70～71页。

③ 托马斯·孟等，《贸易论（三种）》，北京，商务印书馆，1982年，第79、58页。

④ 同上书，第119页。

⑤ Magnusson, L., 1995: *Mercantilism: Critical Concepts in the History of Economics*, Vol. III, London and New York, pp: 52～53.

⑥ J. Viner, J., 1960: "The Intellectual History of Laissez Faire", *The Journal of Law and Economics*, Vol. 3, p. 56.

⑦ Grampp, W. D, 1952: "the Liberal Elements in English Mercantilism", *Quarterly Journal of Economics*, Vol. 4, pp: 466～467, 495.

产下这个新生儿的人是重商主义者。"① 正是从这一意义上来说,亚当·斯密与重商主义者本是同根生。② 英国的商业社会在 17 世纪就已经形成了自由主义经济意识形态。

在一片反对垄断和要求自由的呼声中,国家政策开始转向。整个斯图亚特王朝时期包括复辟时期,除了特许成立了弗吉尼亚公司、皇家非洲公司等几家殖民公司以外,在其他时间基本没有新公司成立。弗吉尼亚公司和马萨诸塞公司最初拥有独占权和向其他经商者征税的权利。但是,这些特权很快失效,再也没有被恢复。在 17 世纪的最初 25 年之后,再也没有商业公司垄断哈德逊湾地区以南的美洲殖民地的贸易。③ 大西洋贸易向所有英国人开放,据 1686 年伦敦港口簿记载,大约有 1800 人参与殖民地贸易,在一个时期多达 1953 人。④ 同时,国王在向贸易公司颁发特许状的时候一般明确要求,向所有人和所有城市开放贸易,如 1605 年颁发给利凡特公司的特许状就规定:"上述的贸易……不能利用或享有任何程度的垄断,而要对从事商品买卖的所有臣民一律开放。"⑤ 同样措辞的特许状也于 1611 年颁发给一家与法国贸易的公司。可见,国王在颁发特许状时也不得不考虑风起云涌的民意。虽然英国革命的起因十分复杂,但取消国王特权,包括贸易公司特许权,是商业社会斗争的中心之一。特许公司很难保持旧有的特许权,自由进入市场成为时代主题。

这一时期国家对经济的控制逐渐减弱。到 1663 年,英国给予贵金属出口合法地位,允许自由出口,不再限制海外贸易商人输出货币。到 17 世纪中期以后,连年丰收,食物成为与其他东西一样的商品,饥馑的消失使得政府的食物管制措施失去了合法性,⑥ 并逐渐寿终正寝。粮食贸易兴盛起来,从 17 世纪 60 年代开始鼓励出口,1672 年后英国还采取了谷物出口奖励制度。⑦ 学徒制度、工资评定制度等逐渐松弛,劳动力可

---

① Magnusson, L., 1994: *Mercantilism: The Shaping of an Economic Language*, New York, p. 7.
② 李新宽:《本是同根生——亚当·斯密与重商主义关系研究》,载《学习与探索》2007 年第 6 期。
③ Hamilton, E. J., 1948: "The Role of Monopoly in the Oversea Expansion and Colonial Trade of Europe before 1800", *American Historical Review*, Vol. 38, p. 49.
④ Zahedieh, N., 1999: "Making Mercantilism Work: London Merchants and Atlantic Trade in the Seventeenth Century", *Transaction of the Royal Historical Society*, Vol. 9, p. 146.
⑤ Heckscher, Eli. F., 1983: *Mercantilism*, Vol. I, New York, pp: 386 页注 57.
⑥ Appleby, J. O., 1980: *Economic Thought and Ideology in Seventeenth - Century England*, Princeton University Press, p. 101.
⑦ 1993: *Statutes of the Realm*, Vol. V, New York, William S. Hein & Co., Inc., pp: 780 ~ 782.

以自由流动。封建土地保有制度的彻底废除，使得"土地和劳动力——社会的基本要素——进入商业系统"①。从17世纪40年代到60年代，英国加强了与地中海市场的联系，生产他们喜爱的新织物，这意味着针对老式呢绒制定的都铎工业法规更加过时了。政治的混乱阻止了新法律的制定，旧有法律的执行除了在发生严重危机的时候，基本上被弃置一边。17世纪中叶以后，英国开始取消对家庭工业的许多限制性规定。尽管复辟时期商人曾达成共识，需要控制呢绒质量，压制原料羊毛出口，但是这些目标都没有实现。②

该时期另一项重商政策是航海法案的颁布实施。"这一法案标志着一种对政府调节的新态度。过去，公共权力进入经济领域是为了防止社会动乱，现在政府主动促进英国企业，把国家权力置于民族经济发展之后。"③ 一方面说明，英国新兴社会阶层在开拓世界市场和开拓殖民地过程中，仍需借助国家的力量。另一方面也表明，国家权力运用和国家功能开始向现代转向。英国要想后来居上，必须向荷兰、法国等当时的欧洲强国发起挑战，因为"在欧洲呢绒市场上，荷兰和法国的竞争使得英国呢绒商永远处于防卫状态，贸易世界看起来像生存斗争而不是共享财富"④。为了打击海上强国荷兰，英国出台了一系列的航海法。1651年颁布了著名的航海条例，规定凡进入英国的商品必须用英国的或生产国的船只运输，禁止外国商人染指英国与其殖民地之间的贸易，只有英国商人和英国船只或殖民地的船只，才能在殖民地内从事商业活动。⑤ 荷兰作为当时欧洲航运业最为发达的国家，实际上被剥夺了不列颠与其殖民地之间甚至与欧洲其他各国之间的航运业务，割断了荷兰捕鱼业向英国的供给联系，这个法案不仅可以打击荷兰世界贸易中心的地位，而且可以帮助英国取得海外贸易和殖民地贸易的霸权，同时极大地促进了国内的造船和航运业。此后，荷兰的海上霸权开始衰落，英国取而代之，逐渐成为世界贸易仓库和中心。

---

① Appleby, J. O., 1980: *Economic Thought and Ideology in Seventeenth - Century England*, Princeton University Press, p. 245.

② *Ibid*, p. 100.

③ *Ibid*, p. 103.

④ *Ibid*, p. 161.

⑤ Thirsk, J. and Cooper, J. P., 1972: *Seventeenth - Century Economic Documents*, Oxford, pp: 502~505.

三、经济自由的初步实现

光荣革命后，英国确立了君主立宪政体，英国统治权力及机构走出了君主政体的私人性领域，演变为公共性的权力机构。宪政和法律为私有产权制度和契约性交换规则提供了法律保障系统。这种稳定的政治制度为社会和经济的长足发展提供了广阔的空间。市场机制逐步取代了国家权力的干预，这一时期重商政策的重心是通过关税保护等间接手段，而不是通过直接干预，来培育国内工业的竞争优势。

首先，特许公司成为过去时。东印度公司于1661年已把印度洋贸易交给个体商人经营，1688年光荣革命后，政府迫于舆论压力，宣布停止东印度公司的专营特权和开放印度贸易。根据议会法案，非洲贸易完全开放，几家非洲公司失去垄断权，但继续存在。百慕大公司于1684年被清算，一些殖民公司和较小的公司事实上被解散。[1] 东地公司也于1673年丧失了覆盖瑞典、挪威和丹麦的部分特权，公司随即变得无足轻重。1688年革命后，根据议会法案，冒险商人公司向低地国家和德国北部口岸出口呢绒的垄断立刻被取消。英国政府向特许公司出售特许垄断权的原因，很大程度上是因为"在政府的长期财政困境中，公司充当了摇钱树。"[2] 光荣革命后，议会有效地制止了国王通过出售特许权牟利的行为。更为重要的是，议会通过创建英格兰银行发行国债，确立了现代财税体制，可以有效解决英国的财政需求，使得国家不再需要通过出售特许权来筹资。这也是光荣革命后特许公司没有再成批出现的原因之一。当然，这并不是说，从此英国公司成立的数目减少，相反，公司数量急剧增加。不过，这些新成立的公司都是没有特许权的公司，投资范围也扩展到修建运河、银行、保险等诸多新兴行业。这些公司抛弃了在过去特许公司中普遍存在的对吸纳新成员的诸多限制。没有特许权的公司成为经济和社会发展的潮流，"没有特权的私人公司在1688年革命后是如此普遍的一种现象，人们不能不提出疑问，为什么有人为了得到公司的特权而向国家支付现金，而大多数同类企业没有特权也存在得很好。"[3]

其次，政府取消了对家庭工业的许多限制性规定，如1694年废除了乡村毛织业的学徒训练规定。虽然对工资的规定直至1813年才最后消

---

[1] Grassby, R., 1995: *The Business Community of Seventeenth-Century England*, Cambridge University Press, p. 219.

[2] Heckscher, Eli. F., 1983: *Mercantilism*, Vol. I, New York, pp: 375. 439.

[3] *Ibid*, pp: 411~414、445.

逝，对七年学徒制度的规定在1814年废除，但这些规定许多时候并未得到执行，自由劳资制度早已引入，国家对呢绒工业的控制和检查制度名存实亡，① 约克郡的呢绒商向税收承包人购买检查印花纸，自己贴到呢绒上面即可。虽然在18世纪上半叶，国家还专为蓬勃发展的约克郡西区制定了管理阔幅呢绒和窄幅呢绒的法令，并将执行法令的权限交给郡司法官和检查员。但到18世纪中期这些法令也成为一纸空文。此外，政府逐渐丧失对日常经济活动干预的合法性，工资和物价获得弹性。道路交通和安全得到改善，使得各地的经济联系更为紧密，竞争也更为激烈。国内贸易完全处于政府控制范围之外，海外贸易不断扩展，制造业和航运业的效率逐步提高，货币能够自由流动，贷款利率下降，金融活动十分活跃。经济活动的目标集中在消费和需求的满足上，商品交换和社会劳动基本上从政府指令下解放了出来，"市场参与者的经济理性主义能够为经济提供秩序，以前是通过权力提供的。"②

第三，重商政策从过去的直接干预逐渐转变为通过关税等间接手段来实施。英国从都铎王朝开始，就逐步减免出口税，降低原料进口税。但在光荣革命前，关税对保证国家的财政收入至关重要。在革命期间和此后，出口免税的重商主义政策逐步得到执行，开始降低或免征出口税。1700年，废除了毛纺织品的所有出口关税。1722年，通过沃波尔的关税改革，这项免税工程得以完成。与此同时，对进口商品征收的关税在光荣革命后逐渐提高，1690年和1693年征收进口附加税，税率为5%或10%，有时达到20%，涉及进口商品值的2/3。从此进入一个关税壁垒不断增高的过程，威廉和安妮统治时期，是增长最快的阶段。从前，大多数进口商品仅征收5%的关税，现在多数商品增加到20%~25%，或者更多，这种现代关税体制的形成对英国工业形成了真正的保护。③ 在这种高额关税的保护下，英国人以机器同印度人灵巧的双手展开了竞争，并最终胜出。此外，英国还对谷物等商品出口给予奖励金或补贴，并在1635年建立了转口退税体制，从而促使英国的出口和转口贸易发展迅猛，很快占领了世界市场。

英国重商主义政策的阶段性演进是市场力量与国家权力合谋和不断

---

① Ramsay, G. D., 1942: "The Report of the Royal Commission on the Clothing Industry, 1640", *English Historical Review*, Vol. 57, pp: 482~483.

② Appleby, J. O., 1980: *Economic Thought and Ideology in Seventeenth - Century England*, Princeton University Press, p. 188.

③ Davis, R., 1966: "The Rise of Protection in England 1689~1786", *Economic History Review*, Vol. 19, pp: 310~311.

博弈的结果。这一政策以国家之手和市场之力推进了商业化进程,促进了英国商业的繁荣、财富的积累和经济的增长。到 17 世纪早期,英国伦敦以外的地区商人资产一般在 2000 镑至 4000 镑之间,而伦敦作为经济中心,其商人财富积累得较快,大约有 50 多名伦敦商人的资产在 2 万镑至 10 万镑之间。[①] 农业经营方式发生了历史剧变,亩产量和粮食商品率都增加了。工业的部类不断增多,出口数量不断攀升,以 1700 的出口指数为 100,到 1730 年就增长到 142,到 1750 年增长到 176。[②] 据查尔斯·达维南特的推算,英国的社会财富在 1600 年达到 1700 万镑,到 1630 年增加近一倍,达 2800 万镑,1660 年增加一倍,达 5600 万镑,到 1688 年增加 50% 以上,达 8800 万镑,[③] 为工业革命奠定了坚实的基础。

(原载《世界历史》2008 年第 5 期)

[①] Jack, S. M., 1977: *Trade and Industry in Tudor and Stuart England*, London, p. 42.
[②] Wilson, C. and Parker, G. ed., 1977: *An Introduction to the sources of European Economic History* 1500~1800, Vol. 1: Western Europe, London, p. 122.
[③] 查尔斯·达维南特:《论英国的公共收入与贸易》,北京:商务印书馆,1995 年,第 160 页。

主要人名地名译文对照表

Allen, Thomas	托马斯·艾伦
Antilles	安的列斯
Antwerp	安特卫普
Appleby	埃普利贝
Ashley	阿什利
Ashton	阿什顿
Aylmer	艾尔默
Backhouse, James	詹姆士·班克豪斯
Baeshe, Edward	爱德华·巴希
Barbadoes	巴巴多斯
Barbon, Nicholas	尼古拉斯·巴本
Barlow	巴洛
Bath	巴斯
Beckett	贝克特
Bedford	贝德福德
Berg	伯格
Berkshire	波克郡
Bermuda	百慕大
Besant	贝赞特
Beverley	贝弗利
Birmingham	伯明翰
Blackfriars	布莱克弗里亚斯
Blackwell	布莱克沃尔
Bocking	博金
Borsay, Peter	彼得·邦塞
Boulton	博尔顿

Box, William	威廉·邦克斯
Brabant	布拉班特
Braddick	布雷迪克
Braydon	布雷顿
Brescia	布雷西亚
Bridges	布里奇斯
Bridgwater	布里奇沃特
Briscoe, John	约翰·布里斯科
Bristol	布里斯托尔
Buckinghamshire	白金汉郡
Burlington	伯林顿
Bury	伯里
Bury St Edmunds	贝里圣埃德蒙兹
Cabot, John	约翰·卡伯特
Cabot, Sebastian	塞巴斯蒂安·卡伯特
Caesar, Julius	朱利叶斯·凯撒
Cambridge	剑桥
Campbell, Colin	科林·坎贝尔
Canterbury	坎特伯雷
Canvey Island	坎威岛
Carmarthen	卡马森
Carter, William	威廉·卡特
Cary, John	约翰·卡利
Cecil, William	威廉·塞西尔
Chamberlen	张伯伦
Charles I	查理一世
Chatham	查塔姆
Cheapside	齐普赛
Cheere, Henry	亨利·彻利
Chelmsford	切姆斯福德
Cheshire	柴郡
Chest	切斯特
Child	蔡尔德
Chute, Robert	罗伯特·丘特

Clark	克拉克
Clay	克莱
Clement, Simon	西蒙·克莱门特
Coats	考茨
Coke, Edward	爱德华·科克
Coke, Roger	罗格·科克
Colbert	科尔伯
Colchester	科尔切斯特
Coleman	科尔曼
Collins, John	约翰·科林斯
Cornwall	康沃尔
Covent Garden	康文特园
Cranfield, Leonel	莱昂内尔·克兰菲尔德
Craske	克雷斯克
Croft	克洛夫特
Cromwell	克伦威尔
Culpeper, Thomas	托马斯·卡尔佩珀
Cumbria	坎布里亚
Cumerland	坎伯兰
Cunningham, William	威廉·坎宁安
Danzig	但泽
Darcy, Edward	爱德华·达西
Dartmouth	达特茅斯
Davenant	达维南特
Davis	戴维斯
Defoe, Daniel	丹尼尔·迪福
Derby	达比
Digges, Dudley	达德利·迪格斯
Dobbs, Arthur	阿瑟·多布
Dorchester	多尔切斯特
Dover	多佛
Drake	德雷克
Drury Lane	特鲁里街
Durham	达勒姆

Durston, Thomas	托马斯·德斯顿
Dyer, Christopher	克里斯托弗·戴尔
Earle, Peter	彼得·厄尔
East Anglian	东盎格利亚
Edwards, Arthur	阿瑟·爱德华兹
Edward VI	爱德华六世
Ekelund	伊克隆德
Elizabeth	伊丽莎白
Elton	埃尔顿
Essex	埃塞克斯
Exeter	埃克塞特
Eye	艾尔
Fakenham	费肯汉姆
Fisher	费希尔
Flander	佛兰德尔
Fleet	弗利特
Flitcroft, Henry	亨利·弗利特克罗夫特
Forster	福斯特
Friedman, Milton	米尔顿·弗里德曼
Furniss, Edgar	埃德加·弗尼斯
Gardner	加德纳
Gee	吉
Gervaise	杰维斯
Gibbs, James	詹姆士·吉布斯
Gilbert, Adrian	艾德里安·吉尔伯特
Gloucestershire	格洛斯特郡
Grampp	格拉普
Gras	格拉斯
Grassby	格拉斯拜
Greenland	格陵兰
Gresham, Thomas	托马斯·格雷欣
Grey	格雷
Grindal	格林多尔
Guildford, Henry	亨利·古尔德福德

Haddington	哈丁顿
Hale, Matthew	马修·黑尔
Hales, John	约翰·黑尔斯
Halifax	哈利法克斯
Hallam	哈勒姆
Hampshire	汉普郡
Hampstead	汉普斯泰德
Hansard	汉萨
Hanseatic League	汉萨同盟
Harleston	哈兰斯顿
Harrogate	哈罗盖特
Hartlib, Samuel	塞缪尔·哈特利布
Hatfield	哈特菲尔德
Heaton	希尔顿
Heckscher	赫克歇尔
Heinze	黑恩兹
Henry VIII	亨利八世
Hertford	赫特福德
Hewins	赫文斯
Hill, Christopher	克里斯托夫·希尔
Hill, Francis	弗朗西斯·希尔
Holt, John	约翰·霍尔特
Houghton, John	约翰·霍顿
Howard	霍华德
Hudson Bay	哈德逊湾
Hull	赫尔
Hurdis	赫迪斯
Iceland	冰岛
Ipswich	伊普斯威奇
Isle of Wight	怀特岛
Islington	伊斯林顿
Jamaica	牙买加
James I	詹姆士一世
Janssen	詹森

Johnson	约翰逊
Johnston, Samuel	塞缪尔·约翰斯顿
Judges	贾吉斯
Kayll, John	约翰·凯尔
Kendal	肯德尔
Kent	肯特
Kent, William	威廉·肯特
King, Charles	查尔斯·金
King, Gregory	格雷戈里·金
King's Lynn	金斯林
Lancashire	兰开夏郡
Langford, Paul	保罗·兰福德
Langlois, Pierre	皮埃尔·朗洛伊斯
Laud	劳德
Law, John	约翰·劳
Leadenhall	兰登霍尔
Lee, Joseph	约瑟夫·李
Lee, William	威廉·李
Leeds	利兹
Leicestershire	莱斯特郡
Lemire	勒米尔
Leonard	伦纳德
Leoni, Giacomo	吉科莫·利奥尼
Levant	利凡特
Leyland	莱兰德
Lincoln	林肯
Liverpool	利物浦
Locke, John	约翰·洛克
London	伦敦
Macky, John	约翰·麦凯
Magnusson, Lars	拉尔斯·马格努松
Maidstone	梅德斯通
Maldon	莫尔登
Malynes	马林斯

Manchester	曼彻斯特
Mandeville	曼德维尔
Manley, Thomas	托马斯·曼利
Mansfield	曼斯菲尔德
Massachusetts	马萨诸塞
Massie, Joseph	约瑟夫·马西
McCulloch	麦卡洛克
McInnes	麦金尼斯
McKendrick	麦克肯德里克
Middlesex	米德尔塞克斯
Midland	密德兰
Misselden	米塞尔登
Moner, Anthony	安东尼·蒙那
Moore, John	约翰·穆尔
Mun, Thomas	托马斯·孟
Nachbar	纳克巴
Nef, John	约翰·内夫
Newark	纽沃克
Newcastle	纽卡斯尔
Newfoundland	纽芬兰
Newman	纽曼
Newport	新港
Nicholls	尼古拉斯
Nightingale	南丁格尔
Norfolk	诺福克
North	诺思
Northampton	北安普敦
Norwich	诺威奇
Nottingham	诺丁汉
Oxford	牛津
Papillon	帕皮隆
Parker, Henry	亨利·帕克
Pearce	珀斯
Pembroke	彭布罗克

Petyt, William	威廉·佩蒂特
Plymouth	普利茅斯
Polanyi	波兰尼
Ponko	庞科
Portsmouth	普次茅斯
Postlethwayt	波斯特勒维特
Potter, William	威廉·波特
Povey, Charles	查尔斯·波威
Powell	鲍沃尔
Preston	普雷斯顿
Rabb	拉比
Raleigh, Walter	瓦尔特·罗利
Ramsay	拉姆齐
Ranelagh Gardens	雷恩拉夫园
Reading	雷丁
Reignolds, Thomas	托马斯·里格诺德斯
Roberts, Lewes	刘易斯·罗伯茨
Robinson, Henry	亨利·鲁宾逊
Roscher	罗雪尔
Rule, John	约翰·鲁尔
Rupert	鲁珀特
Rutlandshire	拉特兰德郡
Salford	索尔福德
Salisbury	索尔兹伯里
Sandys, Edwin	埃德温·桑德斯
Sandys, William	威廉·桑迪斯
Saxmundham	萨克斯蒙德汉姆
Schmoller	施穆勒
Scott	斯科特
Seville	塞维利亚
Shaftesbury	沙夫茨伯里
Sheffield	设菲尔德
Sheppard, William	威廉·谢泼德
Shrewsbury	什鲁斯伯里

Shropshire	萨罗普郡
Smarte，William	威廉·斯马特
Sombart	桑巴特
Somerset	萨默塞特
Southampton	南安普顿
Spitalfields	斯宾特菲尔茨
Staffordshire	斯塔福德郡
St Albans	圣奥尔本
Stamford	斯坦福
Stearns	斯特恩斯
Steuart，James	詹姆斯·斯图尔特
Somers，George	乔治·萨默斯
Stone	斯通
Strafford	斯特拉夫德
Stump	斯塔姆布
Styles，John	约翰·斯蒂尔斯
Sudbury	萨德伯里
Suffolk	萨福克
Sunderland	桑德兰
Supple	苏普莱
Surrey	萨利
Sussex	苏塞克斯
Swaffham	斯旺夫汉姆
Tewkesbury	坦克斯伯里
Thames	泰晤士
The fair of St. Ives	圣艾夫斯市集
The North Riding of Yorkshire	约克郡北区
The town of Lincoln	林肯镇
The West Riding of Yorkshire	约克郡西区
Thorne	桑恩
Tollison	托利森
Tucker，Josiah	约书亚·塔克
Tunbridge Wells	坦布里奇韦尔斯
Turner	特纳

Utrecht	乌得勒支
Vanbrugh	范布勒
Vanderlint, Jacob	雅各布·范德林特
Vauxhall	沃克斯礼堂
Vermuyden	费尔默伊登
Viner, Jacob	雅格布·维纳
Virginia	弗吉尼亚
Walpole	沃波尔
Walsh, Claire	克莱尔·沃尔什
Walsh, John	约翰·沃尔什
Walsingham	沃尔辛厄姆
Warwick	沃里克
Wealdon	威尔登
Weatherill	韦瑟里尔
Wedgwood	韦奇伍德
West Derby	西达比
Westminster	威斯敏斯特
Westmorland	威斯特摩兰
Wheeler, John	约翰·惠勒
Whitehaven	怀特哈弗恩
Wiles	威利斯
Wilson	威尔逊
Wiltshire	威尔特郡
Winchester	温彻斯特
Witham	威塔姆
Woodward	伍德沃德
Worsley, Benjamin	本杰明·沃斯利
Worcester	伍斯特
Wymondham	威芒德汉姆
Yarranton, Andrew	安德鲁·亚伦顿
York	约克
Yorkshire	约克郡